Bioethics Law

생명 윤리법론

김현철 | 고봉진 | 박준석 | 최경석

박영사

법은 사회현상을 규율하는 규범이기 때문에, 법을 공부하고 실현하는 사람들은 법이 규율하는 바로 그 사회현상에 대한 깊은 관심과 이해가 있어야 할 것입니다. 자신이 다루는 법이 관여하는 사회현상에 대해 깊은 성찰을 하지 못하는 법률가는 법기술자로 전락할 뿐입니다. 현대사회를 특징짓는 징표는 여러 가지가 있습니다만 그 중에서도 가장 대표적인 것은 과학기술사회로 파악하는 것입니다. 최근 이런 과학기술의 비약적 발전은 삶의 패턴을 변화시키고, 사람들의 생각을 바꾸어 놓는 등 사회현상에 깊은 영향을 미치고 있습니다. 그 과학기술 중에서도 인간의 생명과 몸을 다루는 생명과학 기술은 인간의 삶과 생각에 미치는 영향이 더 직접적이라고 할 수 있습니다. 법률가라면 이런 생명과학기술이 가져오는 세상의 변화에 대해 깊은 관심과 성찰이 있어야 할 것입니다.

이 교재는 이러한 문제의식을 가지고, 법학전문대학원에서 공부하는 예비 법률가들에게 생명과학기술과 그것이 사회에 미치는 영향을 숙고할 기회를 제공하려는 의도로 만들어졌습니다. 생명윤리는 단순히 윤리만의 문제는 아니고, 법을 포함한 다양한 규범적 접근이 동시에 이루어지는 학제적인 분야입니다. 그럼에도 불구하고 사회적 갈등을 일으키는 생명윤리 문제들은 궁극적으로 법원의 재판이나 국회의 입법과 같은 법의 권위를 통해 처리될 수밖에 없습니다. 법률가는 아무리 사회적 갈등이 근원적이고 복잡하더라도 공동체를 위해 이 갈등에 맞서 싸워 나가야만 합니다. 법학전문대학원 학생들은 이 교재와 관련 강좌를 학습하면서 단순히 이 분야에 대한 지식만 얻으려 할 것이 아니라, 이런 근원적인 갈등이 있는 분야 혹은 기존에 답을 갖고 있지 못해서 새롭게 답을 찾아야 할 경우가 많은 분야에서 스스로 어떻게 대처해 나가야 할 것인가에 대한 숙고와 성찰을 동시에 해 보는 것이 자신에게 더 많은 도움이 될 것이라고 생각합니다.

이 교재는 생명윤리법 강좌를 개설하고 있는 이화여자대학교, 제주대학교, 전북대학교 법학전문대학원에 재직중인 4명의 교수에 의해 집필되었습니다. 4명의 저자는 모두 생명윤리법에 대한 선도적인 연구기관인 이화여자대학교 생명의료법연구소와 보건복지부 지정 생명윤리정책센터에서 같이 연구했던 경험을 공유하고 있습니다. 저는 그 경험이 추억만이 아니라 이 교재와 같은 유익한 성과물로 남을 수 있다는 것에 대해 보람을 느낍니다. 참고로 이 교재의 제1장, 제3장, 제9장, 제13장은 제가 집필하였으며, 제2장, 제5장, 제6장은 제주대학교의 고봉진 교수가, 제4장, 제11장, 제12장은 전북대학교의 박준석 교수가, 제7장, 제8장, 제10장은 이화여자대학교의 최경석 교수가 각각 집필하였다는 것을 알려드립니다. 각 장을 집필한 사람은 서로 다르지만 모든 저자가 전체적인 내용에 대해 검토하였기 때문에, 혹시 이 교재 내용에 오류나 문제점이 있다면 그것은 저자 모두의 책임일 것입니다.

그리고 이 교재는 한국연구재단 2010년 대학교육과정개발(법학전문대학원 교재개발) 지원사업을 통해 작성된 초안을 바탕으로, 일부 법령 등의 변화에 따른 내용을 수정하여 박영사에서 출판하게 된 것임을 알려드립니다. 아울러 이 교재의 문장과 내용을 일일이 검토하고 번거로운 편집의 수고까지 맡아 준 연세대학교 박사과정의 박성헌 선생님께 고맙다는 말을 전하고, 이화여자대학교 생명의료법연구소에서 동고동락하는 장영민, 조균석, 권복규, 배현아 교수님께도 깊은 존경과 감사를 드립니다.

저자들을 대표하여 이화여자대학교 법학전문대학원 **김 현 철**

C차 례ontents

제 1 장   생명윤리법이란 무엇인가?

제 6 장 낙 태

제 9 장 동물실험

제10장 죽음의 기준과 장기이식

제13장 인간존엄과 인권

제 1 장

Law and Bioethics

생명윤리법이란
무엇인가?

제1장
생명윤리법이란 무엇인가?

I. 개 요

Law and Bioethics

1. 생명윤리란 무엇인가?

　의학과 생명과학이 급속도로 발전하면서, 많은 사람들은 생명 현상도 어느 정도는 인간에 의해 조작 가능하다고 생각하고 있다. 이런 믿음은 장차 의학과 생명과학을 통해 인간의 질병과 노화를 극복하여 우리의 삶이 더 풍요롭게 될 것이라는 낙관론과 생명 현상을 인간이 조작하려는 것은 오만이며 궁극적으로 인간의 삶 자체를 파괴할 수도 있다는 비관론을 동시에 낳고 있다. 실제로 제2차 세계대전에서 독일군과 일본군이 인간을 대상으로 끔찍한 실험을 저질렀던 일, 심장이 멎어 있는 상태에서도 생명을 유지하는 심장이식수술의 개발, 체외에서 난자와 정자를 수정하여 인간을 탄생시키는 이른바 시험관아기 시술, 동일한 유전자를 가진 생명체를 개체단위로 복제하는 데 성공한 복제양 돌리의 탄생, 인간의 DNA 정보를 해독한 인간유전체프로젝트 등 지난 몇 십년간 이루어진 가시적인 생명과학의 결과물들은 그때마다 찬성론과 반대론을 야기하면서 커다란 사회적 논란거리가 되어왔다.

그래서 최근의 의학과 생명과학은 그 이전 시대보다 훨씬 더 많은 사회적 관심의 대상이 되고 있으며 더 많은 사회적 책임을 부담하게 되었다. 이러한 상황 속에서 의학과 생명과학은 스스로 자신의 정당성과 가치에 대해 진지한 성찰을 하지 않을 수 없게 되었다. 그러한 성찰의 방식으로 새롭게 제기된 것이 생명윤리(Bioethics)이다. 생명윤리란 용어가 처음 사용된 것은 1970년대 초로서, 생명윤리는 불과 40년 정도 밖에 되지 않은 새로운 규범체계이며, 학문이라고 할 수 있다. 이 용어를 처음 사용한 미국의 종양학자 포터(Van Rensselaer Potter)는 생명윤리를 "생물학 지식과 인간의 가치체계에 대한 지식을 결합한 새로운 학문분야"로 정의하였다.[1] 이 교재에서는 이 정의를 약간 수정하여 생명윤리를 "의학과 생명과학의 새로운 지식체계에 대한 사회적 함의와 정당성을 비판적으로 고찰하는 규범체계 및 학문"이라고 정의하기로 한다. 이렇게 정의된 생명윤리를 편의상 '좁은 의미의 생명윤리'라고 부르기로 하자.

이 정의는 크게 네 부분으로 구성되어 있다.

첫째, 생명윤리는 의학과 생명과학의 새로운 지식체계를 전제로 한다. 따라서 의학과 생명과학 및 이와 관련된 것 이외의 지식체계는 주요 논점으로 다루지 않는다. 그리고 의학과 생명과학 내에서도 특히 새롭게 제기되는 지식체계가 주된 관심이 된다.

둘째, 생명윤리는 이 지식체계들의 사회적 함의와 정당성을 고찰한다. 이 지식체계 자체의 논리성과 학문성은 의학과 생명과학이라는 학문이 자체적으로 담당할 문제이다. 이처럼 생명윤리는 사회적 함의와 정당성을 고찰하기 때문에 이를 고찰하기 위한 철학, 윤리학, 사회과학, 법학 등의 다양한 접근방법을 필요로 한다.

셋째, 생명윤리는 비판적으로 고찰하는 학문이다. 이는 두 가지 의미를 가지고 있는데, 먼저 비판적으로 고찰한다는 것은 그 지식체계 자체의 성립요건조차도 고찰의 대상이 될 수 있다는 것을 의미한다. 다음으로, 비판적으로 고찰한다는 것은 그 시대의 지배적인 의견이나 가치에 매몰되지 않고 이성적인 관

---

1 A. R. Jonsen, *The Birth of Bioethics* (Oxford University Press, 1998), p. 27.

점에서 생명과학의 결과물을 바라본다는 것을 의미한다. 황우석 박사 등의 연구결과물이 전 국민을 환호하게 했을 때를 생각해 보면, 비판적으로 고찰한다는 것이 생명윤리에서 얼마나 어려운 일이며 중요한 것인지를 이해할 수 있을 것이다.

넷째, 생명윤리는 규범체계이기도 하고 학문분야이기도 하다. 생명윤리는 단순한 학문이 아니라 의사나 생명과학자에게 실천적으로 주어지는 전문직 윤리이기도 하며, 그 전문직 윤리를 형성시키는 토대로서의 학문분야이기도 하다. 즉, 헬싱키 선언이나 유네스코 생명윤리와 인권에 관한 보편선언 등의 전문직 윤리 자체도 생명윤리라고 할 수 있을 것이고, 이것을 연구하는 학문도 생명윤리라고 할 수 있는 것이다. 이것이 생명윤리가 가지는 특별한 성격 중의 하나이다.

그런데 영어인 'Bioethics'가 기본적으로 의학과 생물학, 생명과학을 전제로 하는 것과는 달리 생명윤리라는 우리말은 더 포괄적으로 이해될 소지가 있다. 이렇게 이해한다면 생명윤리는 궁극적으로 인간 생명의 의의와 가치라는 포괄적인 주제에 대한 윤리적, 종교적 접근까지 포함할 수도 있을 것이다. 이런 의미의 생명윤리는 의학과 생명과학이 가져온 최근의 놀라운 결과물을 전제 하지 않더라도 인간 생명의 탄생이 있고 질병이 있고 죽음이 있는 곳이라면 어느 시대, 어느 장소든 늘 논의되어 왔던 주제일 것이다. 이런 관점에서 접근하는 생명윤리를 편의상 '넓은 의미의 생명윤리'라고 부르기로 하자.

이 교재에서는 주로 좁은 의미의 생명윤리를 중심으로 다루게 될 것이다. 그렇다고 넓은 의미의 생명윤리를 배제하는 것은 아니고 배제할 수도 없다. 그럼에도 불구하고 주로 좁은 의미의 생명윤리를 중심으로 다루는 이유는, 최근의 생명윤리에 관한 사회적 논란은 최신 생명과학의 결과물에서 비롯된 것이 대부분이며, 법률가의 주된 관심도 이러한 사회적 논란 속에서 어떤 법적 대안을 제시할 것인가에 있기 때문이다.

2. 생명윤리에 대한 법적 접근

그렇다면 왜 법률가가 생명윤리에 관심을 가져야 하는지 생각해 보자. 법률가가 생명윤리에 관심을 가져야 하는 이유는 다음 몇 가지로 정리할 수 있다.

첫째, 생명윤리의 주제는 최근 사회에서 가장 논란이 되는 사회적 쟁점들이다. 법은 사회적 갈등을 관리하고 공존 가능한 사회적 가치를 형성해 감으로써 공동체를 유지하고 개선해 가는 권위적 규범이기 때문에, 가장 논란이 되는 사회적 쟁점에 대해서는 다양한 법적 이해와 평가가 필요하다.

둘째, 생명윤리의 쟁점에 대해서는 생명에 대한 근본적인 입장에 근거한 양립불가능하게 대립되는 주장들이 제기되는 경우가 많다. 따라서 그와 관련된 사회적 갈등이 있다면 이는 자체적으로 해소되기 어렵다. 그렇기 때문에 공동체의 유지와 공존을 위해 법적 권위에 의한 해결이 요구된다.

셋째, 생명윤리에서 문제가 되는 사례들은 새롭게 생겨나는 대표적인 사회 현상이기 때문에 기존의 법리로는 해결하기 어려운 경우들도 많다. 이처럼 생명윤리 문제를 다룸으로써 기존의 법리가 가지고 있는 한계를 이해할 수 있고, 새로운 법리의 형성도 가능할 것이다.

이런 점에서 생명윤리는 법률가에게 대단히 매력적인 분야가 될 수 있다.

그런데 법률가가 생명윤리에 관심을 가져야 한다는 주장에 대해서는 다음과 같은 반론이 가능할 수도 있다. 즉, '생명윤리는 윤리의 영역인데, 법이 윤리의 영역에 개입하는 것이 과연 바람직한가?'라는 물음이 있을 수 있다. 물론 법이 윤리의 영역에 개입하는 것이 바람직한가라는 물음 자체는 법철학적으로 의미 있는 것이라고 할 수 있다. 그러나 그 전제가 되는 것 즉 생명윤리를 순전히 윤리의 영역으로만 이해하는 것은 바람직하지 않다. 우리가 여기서 다루고자 하는 생명윤리는 앞서 설명한, 정의한 바와 같이 의학과 생명과학의 사회적 함의와 정당성을 탐구하는 규범체계 혹은 학문을 전반적으로 일컫는다. 그렇기 때문에 생명윤리는 윤리학자들만의 학문분야가 아니며, 인문학자와 사회과학자 그리고 법과 정책 등을 다루는 사람 모두 생명윤리와 관련된 핵심적인 사람들이다.

그렇다면 왜 '생명윤리'라는 용어를 사용하고 있는가? 이는 최초로 '생명윤리'라는 용어를 사용하였을 때, 윤리학이 가치체계를 다루는 대표적인 분야라고 생각해서 그렇게 표현하였던 것으로 이해할 수 있다. 실제로 생명과학 연구에 관한 실천적 생명윤리적 고찰의 대표적인 프로그램으로 널리 사용되고 있는 'ELSI'는 윤리적(ethical), 법적(legal), 사회적(social) 함의(또는 연구)(implication/investigation)의 첫

글자를 따서 만들어진 용어이다.

3. 생명윤리법의 개념과 특징

생명윤리법의 개념은 아직 확립되어 있지는 않다. 외국의 사례를 보면, 법과 생명윤리(Law and bioethics), 생명의료법(Biomedical law)라는 이름 등으로 생명윤리에 대한 법적 접근이 이루어지고 있다. 우리나라에서는 "생명윤리안전법(이 교재에서는 '생명윤리안전법'으로 함)"이 제정되어 있고 이 법률을 약칭하여 생명윤리법이라고 부르고 있으나, 이 교재에서 말하는 생명윤리법은 일반적으로 우리나라의 현행법인 "생명윤리안전법"을 줄여서 쓰는 이름처럼 구체적인 어떤 법률로 한정하지 않고, 생명윤리와 관련된 법을 보다 포괄적으로 부르는 이름이라고 할 수 있다.

앞서 언급한 것처럼 생명윤리는 그 자체로 법적 접근을 포함하고 있다. 그런 의미에서 생명윤리법은 '생명윤리에 대한 법적 접근 일반'을 의미한다고 할 수 있다. 따라서 생명윤리법의 대상은 생명윤리의 대상과 외연을 같이 한다고 할 수 있다. 생명윤리의 대상은 일반적으로 출산, 낙태, 보조생식, 질병치료, 유전자검사와 유전자연구, 유전정보의 보호, 인간대상연구, 장기와 조직 등의 이식, 뇌사, 동물실험, 유전자조작, 안락사와 연명치료중단 등 대단히 포괄적이라고 할 수 있으며, 마찬가지로 생명윤리법 또한 그 주제들에 대한 법적 접근을 의미하기 때문에 그 대상이 대단히 포괄적이다. 따라서 이런 의미로 생명윤리법을 정의한다면 생명윤리법에 속하는 개별 법률들에는 "생명윤리안전법" 이외에 "장기등 이식에 관한 법률", "모자보건법", "인체조직 안전 및 관리 등에 관한 법률", "의료법", "약사법", "동물보호법", "실험동물에 관한 법률" 등 상당히 많은 것들이 포함될 수 있다. 이와 더불어 이런 개별 법률들 이외에 연명치료중단, 인공수정, 대리모 등에 관한 다수의 관련 판례들도 생명윤리법에서 다루어야 할 대상이 된다. 그리고 이러한 생명윤리법 분야를 다루는 학문을 생명윤리법학이라고 할 수 있을 것이다. 따라서, 이 교재에서 "생명윤리법"이라고 하는 경우에는 특별한 사유가 없는 한 당연히 '생명윤리법학'을 포함하고 있는 것으로 이해하면 된다.

이러한 생명윤리법은 어떤 특징을 가지고 있을까? 생명윤리법이 가지고 있는 특징은 다음의 몇 가지로 정리해 볼 수 있다.

첫째, 생명윤리법은 생명윤리의 한 분야 혹은 생명윤리에 대한 다양한 접근 방법 가운데 하나라고 할 수 있다. 따라서 생명윤리 연구자는 생명윤리법 연구를 소홀히 할 수 없으며, 마찬가지로 생명윤리법 연구는 생명윤리 일반에 대한 이해와 연구를 전제로 하지 않으면 안 된다.

둘째, 생명윤리법은 기존 법학의 관점에 볼 때 독특한 특징을 가진다. 기존 법학에서는 공법에 해당하는 법과 사법에 해당하는 법 그리고 제3의 영역이라고 불리는 사회법에 해당하는 법으로 나누어 각각 구별되는 독자적인 법리를 적용해 왔다. 그러나 생명윤리법은 생명윤리라는 대상에 대한 법적 접근이며, 생명윤리라는 대상은 포괄적인 삶의 어떤 분야를 의미하기 때문에 생명윤리법에서는 기존의 공법, 사법, 사회법의 법리가 모두 적용될 수밖에 없다. 예를 들어, "생명윤리안전법"이나 "장기등 이식에 관한 법률" 등 많은 법률들은 행정법, 형법, 민법 등에 해당하는 규정들을 모두 가지고 있다. 따라서 생명윤리법에 접근하기 위해서는 다양한 법리를 두루 적용할 수 있어야 하며, 이런 의미에서 생명윤리법은 은행법, 소비자법, 증권법 등과 같이 전문적이고 통합적인 법적 접근의 한 분야라고 할 수 있다.

셋째, 생명윤리법의 대상이 되는 생명윤리는 의학 및 생명과학의 새로운 지식체계를 대상으로 하기 때문에, 생명윤리법에 접근하려는 사람은 이와 관련된 전문지식을 어느 정도는 이해하여야 한다. 그렇지 않고 생명과학기술에 대해 상식의 수준으로 접근하게 되면, 지나친 우려와 과장 때문에 정확하고 냉정한 법적 판단을 할 수 없게 된다. 예를 들어, 유전자치료라는 개념을 접할 때 그 개념에 대한 기초적인 이해가 없으면 인간의 모든 유전자를 마음대로 조작하여 인간을 우생학적으로 개선할 수 있지 않을까 라는 우려 때문에 무조건 규제해야 한다고 생각할 수 있다. 물론, 그러한 가능성이 없지는 않겠지만 현재의 과학과 기술의 수준을 고려하면 그처럼 강한 규제는 오히려 현실성이 떨어지는 엉뚱한 것이 될 수 있다. 이처럼 생명윤리법은 생명윤리에 대한 이해와 의학 및 생명과학에 대한 기본적 이해가 뒷받침되어야 하는 그 자체 "학제적 법학"이라고 할 수 있다.

마지막으로 생명윤리법이 다루는 법적 현상에 대해 알아보자. 일반적으로는 생명윤리법이 다루는 법적 현상은 생명윤리가 관계되는 모든 사회 현상이라고 말할 수 있겠지만, 그러한 법적 현상도 몇 가지로 분류해서 생각해 볼 수 있다.

첫째, 생명윤리법이 다루는 영역은 포괄적인 의미에서 법적 규제의 영역이다. 법적 규제는 일정한 행위를 제한하는 방식으로 할 수도 있고, 제한까지는 아니지만 일정한 행위 영역을 관리하는 방식이나 그 행위에 대한 정보만을 관리하는 방식 등 다양할 수 있다. 제한적 법적 규제는 형법적인 형식 즉 형벌을 부과하는 형식으로 할 경우도 있으며, 행정법적 형식 즉 행정벌이나 기타 처분을 부과하는 형식으로 할 경우도 있을 것이다. 이 경우 형벌을 부과할 때에는 죄형법정주의의 원리를, 행정벌 등을 부과할 때에는 법치행정의 원리를 최고의 원리로서 고려하여야 할 것이다. 그런데 법적 규제는 어떤 형식으로 하든지 구체적인 사례들을 모두 고려하는 형태가 아니라, 일차적으로는 일반적이고 보편적인 형태로 나타나게 된다. 따라서, 생명윤리법의 일반성은 이러한 법적 규제의 주요한 특징이 된다.

둘째, 그러나 이러한 일반성만으로는 생명윤리법에서 다루는 문제들을 모두 해결할 수는 없다. 따라서 이러한 법체계 하에서 개개의 판단을 내릴 수 있는 권한을 가진 조직이나 사람들은 이차적으로 개별사례들을 검토하여 그것이 일반적인 법적 규제의 형식에 적합한지 아닌지를 따지는 구체적 적용의 기능을 수행하게 될 것이다. 그런 일을 할 수 있는 조직으로는 우선 법률적 권한을 위임받은 행정기관이 있을 것이며, 이것이 소송사건으로 전환될 경우에는 법원도 그러한 기관이 될 것이다. 미국과 같은 나라에서는 역사적으로 행정기관보다 법원의 소송이 더 중요한 의미를 가졌다. 특히 미국 연방대법원의 판결들은 주 정부나 연방정부의 여러 행정조치들이나 입법사항에 대해 헌법적 관점에서 평가함으로써, 미국의 생명윤리 정책들을 전체적으로 이끄는 기능을 수행해 오고 있다. 우리나라에서도 앞으로 이 분야의 법률적 쟁점들이 대법원 혹은 헌법재판소를 통해 많은 전문적인 법원리들로 확인되고 정착될 것으로 예상된다.

앞의 두 경우가 일반적인 법적 규제와 구체적인 법적 사건에 대한 판단으로 요약할 수 있다면 세 번째로 언급할 것은 아직 법적 문제로 전화되지 않은 분야에 관한 것이다. 이러한 현상들도 아직은 법적 문제로 전화되지 않았지만 잠재적으로는 여전히 법 특히 헌법의 기본권 등의 법리와는 밀접한 관련을 갖고 있다. 이렇게 아직 법적 문제로 전화되지 않은 부분에 대한 규제는 이른바 자율적 규제의 영역이다. 그런데 전통적인 법학의 입장에서 말하자면 자율적인 분야는 이른바 사적 영역으로서, 특별한 이유가 없는 한 자유를 보호하고 확대하기 위해 법이 개입하지 않는 것이 바람직하다. 그러나 현대 법학에서는 그러한 법논리도 이른바 헌법적 테두리 내에서 정당성을 부여받는 것으로 파악하는 경향이 대단히 유력하게 대두되고 있다. 따라서 전통적으로 공법 분야로 분류되어 있던 헌법의 원리들은 자율적인 영역 즉 사적 영역이라고 해서 법의 적용이 배제되는 것이 아니라 오히려 적극적으로 적용될 필요가 있다. 그러므로 연구집단 내의 자율적인 윤리적 규제가 있다고 하더라도, 이것이 연구의 자유를 포함하여 헌법이 보장하고 있는 인간의 존엄이나 행복추구권, 평등권 등을 침해할 소지가 있지는 않은지 항상 검토해 보아야 한다. 그렇게 함으로써 법적 규제가 아닌 자율 규제의 경우에도 헌법이 보장하는 기본권의 테두리 내에서 법적인 관련성을 가지게 된다. 그렇기 때문에 자율 규제 규범을 제정할 시기부터 헌법적인 쟁점들을 염두에 두고 규범 제정 작업을 해 나가야 할 것이다.

II. 판례 및 사례

Law and Bioethics

1. 서울고등법원 2009. 2. 10. 선고 2008나116869 판결

가. 인간 생명의 보호

인간의 생명은 인간존엄의 생물학적 기초이자 모든 개별 기본권의 주체인 인간의 지위를 유지시켜 주는 핵심적인 법익이다. 그러므로 인간의 생명은 최대한 존중받아야 하고, 어떠한 침해로부터도 보호되어야 한다. 인간 생명이 이처럼 존중받고 보호되어야 하는 것은 치료나 회생의 가능성이 희박한 경우에도 마찬가지이다. 비록 현재의 의료수준으로 치료나 회생의 가능성이 없는 것으로 판단되는 경우라 하더라도 생명이 유지되는 한, 향후 의학이나 의료기술의 발달에 따라 그 치료가 가능하게 될 수도 있고, 그 자체가 하나의 기적인 인간 생명에 대하여 또 다른 기적이 일어날 가능성은 희박하나마 언제나 열려 있기 때문이다. 따라서, 환자의 치료를 맡고 있는 의사(의사, 제1심에서와 마찬가지로 피고와 같은 의료기관을 개설한 법인 등을 포함하는 의미이다)는 당해 환자의 생명을 보호·유지하기 위한 최선의 조치를 다할 의무가 있다.

나. 자기결정권에 의한 연명치료의 중단 가능성

그러나 이처럼 인간의 생명이 최대한 보호되어야 하고, 의사에게 환자의 생명을 보호·유지하기 위한 최선의 조치를 다할 의무가 있다고 해서, 항상 가능한 모든 의술이나 의약을 사용해보아야 한다거나 꺼져가는 인간 생명을 어떤 수단을 동원해서라도 연장시켜야 한다고 할 수는 없다. 인간은 생물학적인 의미의 생명 그 자체만은 아니며, 인간의 생명 역시 인간으로서의 존엄성이라는 인간 존재의 근원적인 가치에 부합하는 방식으로 보호되어야 하기 때문이다. 그리고 환자에게 의학적으로 무용한 처치를 계속 받도록 하거나 의사로 하여금 그러한 치료를 계속하도록 강제하는 경우, 환자의 인간으로서의 존엄성이 훼손될 수 있는 것이다. 우리 헌법의 최고이념인 인간으로서의 존엄과 가치 및 행복을 추구할 권리에는 자신의 삶을 스스로 결정할 수 있는 인간의 인격적 자율성이 당연한 전제이자 본질적인 구성요소가 된다고 보아야 하고, 그에 따라 인간의 존엄을 실현시키는 자기결정권도 보장된다. 그러므로 인간의 생명이 회생가능성도 없는 상태에서 별다른 인간성의 지표 없이 단지 기계장치 등에 의하여 연명되고 있는 경우라면 헌법이 보장하는 자기결정권에 근거하여 구체적인 사정에 따라 더 이상 연명치료의 중단을 요구할 수 있고, 그 경우 연명치료를 행하는 의사는 환자의 자기결정권에 근거한 치료중단 요구에 응할 의무가 있다고 보아야 한다. 기계에 대한 의존상태를 벗어나 자연스러운 죽음에 이르는 편이 인간으로서의 존엄과 가치를 회복하는 길이 될 수 있는 것이다.

다. 입법의 필요성

생명유지기술이 고도로 발달해있고 그러한 기술이 나날이 발전하고 있는 현대의 의료현실에서 인간의 생명이 이처럼 기계장치에 의해 연명되는 사례는 이후로도 많이 발생할 것으로 보인다. 그런데 구체적으로 어떤 경우에 환자의 자기결정권에 의한 연명치료의 중단이 가능한지는 분명하지 않고, 사안에 따라서는 법률 등에서 구체적인 근거가 마련되어 있지 않은 이상 법적인 청구가 가능한지 여부가 명확하지 않은 경우도 있을 수 있다. 그리고 무의미한 연명치료를 중단한다는 명목으로 실제로는 회생가능성이 있는 환자에 대하여 고의 또는 섣부른 판단으로 치료를 중단하여 사망을 초래하는 일이 발생할 가능성 역시 우려된다. 국가는 헌법에 의하여 인정되는 국민의 기본권을 보장하여야 할 의무가 있고, 이를 위하여 구체적인 입법을 통하여 기본권을 구체화할 필요가 있는바, 위와 같은 상황에서 연명치료 중단 등의 문제를 아무런 기준의 제시 없이 당해 의사나 환자 본인, 가족들의 판단에만 맡겨두는 상황이 지속되는 것은 바람직하지 않다 할 것이다. 또한 이들 개개의 사례들을 모두 소송사건화하여 일일이 법원의 판단을 받게 하는 것도 비현실적이다. 그러므로 사회 일반인이나 의사 등 이해관계인의 견해를 폭넓게 반영하여 연명치료 중단 등에 관한 일정한 기준과 치료중단에 이르기까지의 절차, 방식, 남용에 대한 처벌과 대책 등을 규정한 입법이 이루어질 필요가 있다 할 것이다.

2. 헌법재판소 2010. 5. 27. 2005헌마346 결정

존엄한 인간 존재와 그 근원으로서의 생명 가치를 고려할 때 출생 전 형성 중의 생명에 대해서는 일정한 예외적인 경우 기본권 주체성이 긍정될 수 있다. 헌법재판소도 형성 중의 생명인 태아에 대하여 헌법상 생명권의 주체가 되며, 국가는 헌법 제10조에 따라 태아의 생명을 보호할 의무가 있음을 밝힌 바 있다 (헌재 2008. 7. 31. 2004헌바81, 판례집 20-2상, 91, 101 참조). 다만, 출생 전 형성 중의 생명에 대해서 헌법적 보호의 필요성이 크고 일정한 경우 그 기본권 주체성이 긍정된다고 하더라도, 어느 시점부터 기본권 주체성이 인정되는지, 또 어떤 기본권에 대해 기본권 주체성이 인정되는지는 생명의 근원에 대한 생물학적 인식을 비롯한 자연과학·기술 발전의 성과와 그에 터 잡은 헌법의 해석으로부터 도출되는 규범적 요청을 고려하여 판단하여야 할 것이다.

Ⅲ. 분 석

Law and Bioethics

1. 무의미한 연명치료장치 제거

첫 번째 자료는 연명치료중단에 관한 서울고등법원의 판례이다. 이에 대해서는 제11장에서 자세히 살펴보겠지만, 관련 대법원 판례도 나와 있다. 이 장에서 대법원 판례가 아니라 고등법원 판례를 소개하는 이유는 고등법원 판례에서는 생명윤리 문제에 관한 헌법적 쟁점 뿐 아니라 입법필요성까지 담고 있기 때문이다.

먼저 판례는 "인간의 생명은 인간존엄의 생물학적 기초이자 모든 개별 기본권의 주체인 인간의 지위를 유지시켜 주는 핵심적인 법익"이라고 선언하고 있다. 그러나 판례는 인간존엄은 인간 생명에만 의존하는 것이 아니라고 얘기하고 있다. 즉, "인간은 생물학적인 의미의 생명 그 자체만은 아니며, 인간의 생명 역시 인간으로서의 존엄성이라는 인간 존재의 근원적인 가치에 부합하는 방식으로 보호되어야" 한다는 것이다. 나아가 판례는 인간으로서의 존엄이라는 인간 존재의 근원적인 가치를 자기결정권과 관련하여 파악한다. "인간으로서의 존엄과 가치 및 행복을 추구할 권리에는 자신의 삶을 스스로 결정할 수 있는 인간의 인격적 자율성이 당연한 전제이자 본질적인 구성요소가 된다고 보아야 하고, 그에 따라 인간의 존엄을 실현시키는 자기결정권도 보장"되어야 한다는 것이다.

이러한 판례의 논리는 다소 모호한 면이 없지 않아 있기는 하지만, 생명윤리 논의가 어떻게 생명윤리법 논의와 연결되는지를 잘 보여주는 좋은 사례가 된다. 즉, 생명윤리를 헌법의 관점으로 접근하면 위 판례와 같은 논증이 가능해지며, 이는 생명윤리 논의이자 동시에 생명윤리법의 논의가 되는 것이다.

나아가 판례는 생명윤리의 문제가 가지는 실천적인 면도 고려하고 있는데, 특히 이런 면에서 생명윤리법의 논의는 큰 힘을 가질 수 있을 것이다. 판례는 연명치료 중단에 관한 생명윤리 문제가 현실적으로 진행된다면, "연명치료 중단 등의 문제를 아무런 기준의 제시 없이 당해 의사나 환자 본인, 가족들의 판단에만 맡겨두는 상황이 지속되는 것은 바람직하지 않다 할 것"이라는 판단을 하고 있다. 이런 현실 인식에서 생명윤리법은 실천적인 관점에서 법이 어떤 역할을 할 수 있는지 모색하게 되는 것이다. 판례는 그런 법적 모색의 일환으로 법원이 개입하는 방식을 먼저 검토하는데, 이에 따르면 "이들 개개의 사례들을 모두 소송사건화하여 일일이 법원의 판단을 받게 하는 것도 비현실적"이라고 판단하고 있다. 따라서 판례는 법원의 판단이 아니라 입법이 필요하다는 결론을 내리게 되는 것이다. 즉, "그러므로 사회 일반인이나 의사 등 이해관계인의 견해를 폭넓게 반영하여 연명치료 중단 등에 관한 일정한 기준과 치료중단에 이르기까지의 절차, 방식, 남용에 대한 처벌과 대책 등을 규정한 입법이 이루어 질 필요가 있다 할 것"이라고 하고 있다.

2. 생명윤리안전법 제13조 제1항 등 위헌확인

두 번째 자료는 생명윤리안전법의 배아연구에 관한 위헌성 여부를 다투는 헌법재판소 결정례이다. 여기서도 헌법재판소는 생명윤리와 헌법이 만나는 주요한 논증을 하고 있다. 즉, "존엄한 인간 존재와 그 근원으로서의 생명 가치를 고려"하는 생명윤리적 관점은 "출생 전 형성 중의 생명에 대해서는 일정한 예외적인 경우 기본권 주체성이 긍정될 수 있다"는 헌법적 결론의 주요한 논거가 된다. 계속 언급하지만 생명윤리법이 생명윤리에 대한 접근 방식 중의 하나라는 점을 고려한다면 이 헌법재판소의 논증은 그 자체로 생명윤리적 논증이라고도 할 수 있다. 그런데 구체적으로 실천적인 측면에서 누구에게 어떻게 기본권 주체성을 인정할 것인가라는 규범적 문제에 대해서는, 도덕이나 관습 등 다른 규범이 아닌 헌법 규범의 관점과 논리로 판단을 하고 있다. 즉, "어느 시점부터 기본권 주체성이 인정되는지, 또 어떤 기본권에 대해 기본권 주체성이 인정되는지는 생명의 근원에 대한 생물학적 인식을 비롯한 자연과학·기술 발전의 성과와 그에 터 잡은 헌법의 해석으로부터 도출되는 규범적 요청을 고려하여 판단하여야 할 것이다"라고 하고 있다.

결론적으로 생명윤리법의 논의는 그 전제로서 생명윤리의 여러 논의를 기초로 하고 있다. 그런 의미에서 생명윤리법은 생명윤리의 한 분야이다. 그러나 생명윤리에 대한 사회적 접근, 윤리적 접근과는 다른 법적 접근이라는 점에서 생명윤리의 다른 분야와 구별되는 부분이 드러난다. 특히 실천적으로 공동체에서 생명윤리의 문제를 어떻게 다룰 것인가라는 부분에서 생명윤리법의 접근은 보다 구체적인 법적 관점과 논리가 요구되는 것이다.

IV. 연습문제

2012년 노벨 생리의학상을 받은 일본의 야마나카 신야 교수는 인간의 체세포에 유전자 조작을 가해서 어떤 세포로도 분화할 수 있는 전분화능 줄기세포를 최초로 만든 과학자이다. 그가 만든 체세포에서 유래한 전분화능 줄기세포를 유도전분화능줄기세포(iPSc)[2]라고 부르며, 배아를 파괴하지 않고도 배아줄기세포와 유사한 전분화능을 가진 줄기세포를 만들 수 있어서 배아줄기세포의 강력한 대안으로 떠오르고 있다. 그런데 생명윤리안전법은 제20조에서 인간복제를 금지하고 있다. 제20조에는 다음과 같이 규정되어 있다. "누구든지 체세포복제배아 및 단성생식배아(이하 "체세포복제배아등"이라 한다)를 인간 또는 동물의 자궁에 착상시켜서는 아니 되며, 착상된 상태를 유지하거나 출산하여서는 아니 된다."

1. 이론적으로는 유도전분화능줄기세포를 이용해서 생식세포를 만들고, 이 생식세포를 수정시켜서 인공적으로 배아를 만들 수 있다. 그렇다면 이 배아를 인간의 자궁에 착상시키는 것은 법적으로 허용되는가?

2. 만일에 법적으로 허용된다면 그 법적 근거는 무엇인가? 그리고 그 결론은 생명윤리의 관점에서 어떻게 평가할 수 있는가?

3. 만일에 법적으로 허용되지 않는다면 그 법적 근거는 무엇인가? 그리고 그 결론은 생명윤리의 관점에서 어떻게 평가할 수 있는가?

4. 만일 입법론을 개진한다면, 위 조항은 어떻게 개정하는 것이 좋은가? 그리고 그 법적 근거와 생명윤리적 근거는 무엇인가?

---

2 흔히 유도만능세포라는 용어가 더 많이 쓰인다.

V. 토론과제

새로운 생명과학 연구는 많은 경우 기존의 규범체계가 미처 생각하지 못한 경우들이 많다. 만일 아직 이에 대한 입법적 조치가 행해지지 않았고 법원의 판결도 없는 경우라면, 여러분은 생명윤리법의 관점에서 이런 연구들을 어떻게 평가할 것인가?

VI. 읽을거리

1. 유럽과 미국, 일본 등의 줄기세포관련 정책과 우리나라의 정책들에 대해서는 박은정 외, "세계 각국의 줄기세포 연구정책과 규제", 세창출판사, 2005를 참조하시오.

2. 생명윤리안전법과 미국국립과학원, 국제줄기세포학회 등의 지침에 대해서는 권복규·박은정, "줄기세포연구자를 위한 생명윤리", 세창출판사, 2007을 참조하시오.

3. 생명윤리분야의 주요 문제들과 핵심 개념들에 대해 생명윤리학 분야의 전문가들이 쓴 다양한 논문들을 한꺼번에 살펴보고자 한다면 Peter Albert David Singer·Helga Kuhse 편, 변순용·강미정·홍석영·조현아 역, "생명윤리학 I", 인간사랑, 2005 및 "생명윤리학 II", 인간사랑, 2006을 참조하시오.

4. 생명윤리학과 문화 및 정체성에 대한 문제들을 현대철학의 관점에서 바라보고자한다면 Carl Elliott 저, 김종주 역, "철학적인 병: 생명윤리학·문화·정체성", 인간사랑, 2005를 참조하시오.

5. 칸트주의의 '의무론', '공리주의'를 바탕으로 한 '결의론' 및 다양한 정의론(자유주의, 롤즈, 마르크스 등의 이론들)과 함께 네 가지 생명윤리원칙 등에 대한 의료적 관점에 대해서는 Raanan Gillon 저, 박상혁 역, "의료윤리", 아카넷, 2005를 참조하시오.

6. 생명현상 및 정신과 물질의 관계 등과 같은 과학적, 철학적 개념들에 관한 명확하고 간결한 물리학 및 과학적 접근에 대해서는 Erwin Schrödinger저, 전대호 역, "생명이란 무엇인가", 궁리, 2007을 참조하시오.

제 2 장

Law and Bioethics

초기배아의 헌법적 지위

초기배아의 헌법적 지위

I. 개 요

배아연구는 초기배아[1]의 파기를 필연적으로 수반한다는 점에서 '초기배아의 헌법적 지위'와 어떻게 조화될 수 있는지가 문제된다. '초기배아의 헌법적 지위'에 대한 고찰은 입법자의 헌법적 의무에 대한 논의의 선결문제가 되며, 이 때문에 실제적 관심만큼이나 이론적 관심 또한 높다. 뿐만 아니라 이제껏 비중 있게 다루어지지 못한 배아연구자의 '연구의 자유'를 논하는 데에도 필수적이다.[2] 이러한 '초기배아의 헌법적 지위'에 대해 어떤 입장을 취하는가에 따라 '국가의 보호의무'와 '배아연구자의 연구의 자유'에 대한 고찰은 확연히 다른 모습을 띠게 된다.[3]

---

1 헌법재판소는 2010. 5. 27. 2005헌마346 결정에서 수정 후 14일이 경과하여 원시선이 나타나기 전의 수정란 상태, 즉 일반적인 임신의 경우라면 수정란이 모체에 착상하여 원시선이 나타나는 그 시점의 배아 상태에 이르지 않은 배아를 '초기배아'로 정의하였다. '초기배아' 개념보다는 '체외배아'(embryo in vitro) 개념이 더 많이 쓰이지만, 이하에서는 헌법재판소 결정에서 쓰인 개념인 '초기배아' 개념을 주로 사용하겠다.
2 Jörn Ipsen(고봉진 역), 체외배아의 헌법적 지위, 법과정책 제16집 제1호(제주대 법과정책연구소), 2010, 308쪽.
3 예컨대 정문식은 우리나라에서 배아줄기세포연구와 생명윤리법에 대한 주요하고도 직접적인 헌법 문제는 첫째 배

1. 초기배아의 인간존엄?

(1) 초기배아에 '인간존엄의 기본권 주체성'을 인정하는 견해

초기배아에 출생 후의 인간과 동일한 '도덕적' 지위를 부여하기 위한 논증에는 인간종논증, 계속성논증, 동일성논증(정체성논증), 잠재성논증이 있다. 인간종논증에 따르면, 출생 후의 인간과 마찬가지로 초기배아는 정자와 난자가 수정한 때부터 인간종에 속하기 때문에 출생 후의 인간과 동일한 보호를 받아야 한다. 계속성논증에 따르면, 수정시부터 배아, 태아, 출생으로 이어지는 연속적 과정이 진행되기 때문에 그 사이에 어떤 구분선을 그어 나누는 것은 자의적인 것이 된다. 동일성논증(정체성논증)에 따르면, 초기배아가 성장한 후에 태어날 인간의 정체성이 초기배아에게 이미 내재하기 때문에(초기배아는 이후 태어날 인간과 동일한 유전자를 가지고 있으며 개체상 동일한 존재이기 때문에) 초기배아는 출생 후의 인간과 동일한 지위를 가진다. 잠재성논증에 따르면, 초기배아에는 인간존엄과 생명권을 가지는 인간으로 성장할 잠재성이 내재하므로 출생 후의 인간과 동일한 '도덕적' 지위를 부여하게 된다.[4]

나아가 위의 4가지 논증은 초기배아에 출생 후의 인간과 동일한 '법적' 지위를 부여하기 위한 논증으로 활용된다. '동일한 법적 지위'의 내용으로는 (뒤에서 언급할) '생명권'도 주장되지만, 가장 강력한 내용으로는 '절대적 인간존엄'이 주장된다. 출생 후의 인간에게 절대적 인간존엄이 인정되듯이, 초기배아에게도 절대적 인간존엄이 인정된다. 인간존엄을 인식하고 있는지 향유하고 있는지 여부와는 상관없이, 초기배아는 인간종에 대한 귀속성, 계속적 발전성, 유전적 정체성, 내재적 잠재성이 있기 때문에 수정시부터 인간존엄의 기본권주체가 된다.[5] 헌법재판소 2010. 5. 27. 2005헌마346 결정의 청구인 주장에 따르면, 인간 배아는

아 자체의 헌법상 지위에 관련된 기본권(인간존엄과 생명권), 둘째 배아에 대한 국가의 보호의무, 셋째 배아줄기세포연구자의 학문(연구)의 자유임을 언급하고 있다(정문식, 생명윤리법상 국가의 기본권 보호의무, 공법학연구 제8권 제3호, 한국비교공법학회, 2007, 168쪽).

4 초기배아의 '도덕적 지위'에 대한 4가지 논증에 대해서는 임종식, 배아를 인간으로 볼 것인가? — 14일론을 중심으로 —, 법철학연구 제3권 제2호, 2000, 195쪽 이하; 최경석, 인간배아연구의 도덕성 논란과 인간생명의 시작, 한국의료윤리교육학회지 제8권 제1호(통권 제13호), 2005, 1쪽 이하; 구인회, 인간배아연구와 관련된 윤리적 문제점들, 한국의료윤리교육학회지 제9권 제1호(통권 제15호), 2006, 16쪽 이하; 구인회, 배아보호에 관한 윤리적 검토, 한국의료윤리학회지 제12권 제3호(통권 제23호), 2009, 287쪽 이하.

5 방승주, 착상전 진단의 헌법적 문제, 헌법학연구 제16권 제4호, 2010, 92쪽.

이미 헌법이 보호하는 '인간'으로서 생명권의 주체일 뿐 아니라 인간으로서의 존엄과 가치를 지니며, 배아를 태아 또는 출생한 인간과 달리 취급할 이유나 근거가 없으며, 오히려 연약한 생명체로서 배아를 더욱 강한 법적 보호아래 두어야 한다.

(2) 초기배아의 생명가치를 최고가치인 인간존엄으로 파악하는 견해

초기배아가 인간존엄의 기본권주체라면, 초기배아를 폐기하는 배아연구는 초기배아의 인간존엄을 침해하는 것이 된다. 반면에 초기배아의 생명가치를 최고가치인 인간존엄으로 파악하는 방법은 초기배아의 기본권 주체성 여부를 묻지 않고도 초기배아의 생명가치에 인간존엄의 절대적 효력을 부여할 수 있다. '절대적 생명보호의 원칙'이 여기에 해당한다. 이 방법에 따르면, 초기배아의 생명가치는 객관적 가치질서의 정점에 있는 '인간존엄'에 포섭되어 일체의 인간배아연구나 착상전 유전자진단은 금지된다. 초기배아의 인간생명의 가치가 최고가치인 인간존엄으로 다루어지는 것이라면, 인간생명에 대한 국가의 보호의무 또한 매우 강하게 요구된다. '국가의 보호의무'의 정도를 결정하는 것은 인간생명의 가치가 헌법의 가치질서 내에서 차지하는 위치이기 때문이다. 독일의 헌법학자 뒤리히(Günter Dürig)는 인간존엄을 가치체계로서 헌법질서 내의 '객관적 가치'와 '절대적 가치'로 보았다. 뒤리히에 따르면, 헌법의 규범력은 이미 존재하는 인식가능하고 합의가능한 객관적 가치로부터 오는데, 인간존엄은 객관적 가치질서인 헌법질서의 최상위 가치로 주어져 있다. 이처럼 최고가치로서 이미 존재하는 인간존엄은 구체적 상황에 종속되지 않으며, 비교형량의 고려 없이 적용된다.[6] 초기 생명을 포함한 모든 생명에 대한 최우선적 존중은 인간의 존엄성이라는 가치규범이 다른 규범에 앞서서 맨 먼저 고려되어야 한다는 원리에 따른 결과이며, 절대적 생명존중 원칙과 생명권에 대한 타협불가능성이 주장된다.[7]

---

6 이 논증방식은 독일 헌법재판소가 1975년 제1차 낙태판결에서 '착상 후의 배아'의 인간존엄을 근거지울 때 사용하였다. 독일 헌법재판소 1975년 제1차 낙태판결의 내용에 대해서는 고봉진, 상호승인의 결과로서 인간존엄, 법철학연구 제10권 제2호, 2007, 86쪽 이하.

7 김일수, 배아 생명에 대한 법적 이해와 법정책의 방향, 형사정책연구 제13권 제3호(통권 제51호), 2002, 13쪽.

2. 초기배아의 생명권?

인간종논증, 계속성논증, 동일성논증(정체성논증), 잠재성논증은 초기배아의 생명권을 인정하기 위해서도 사용된다. (앞에서 설명한 바대로) 인간종논증, 계속성논증, 동일성논증(정체성논증), 잠재성논증은 초기배아에 출생 후의 인간과 동일한 '도덕적' 지위 뿐만 아니라 동일한 '법적' 지위를 부여하기 위한 논증으로 활용되며, '동일한 법적 지위'의 내용에는 (앞에서 언급한) '절대적 인간존엄' 뿐만 아니라 '생명권'도 포함된다.

생명권의 시작점을 언제로 보는가에 따라 수정시설, 착상시설, 신경발생시설, 생존이익발생시설 등으로 나뉜다. '정자와 난자가 수정한 때'를 인간생명의 시작일 뿐 아니라 생명권의 시작점으로 보는 견해(수정시설)에 따르면, 초기배아는 인간생명일 뿐만 아니라 생명권의 주체가 된다. 따라서 국가는 초기배아의 생명권을 보호할 의무를 지게 된다. 이에 따르면, 정자와 난자의 결합을 통해 수정란이 발생하면 유전프로그램은 확정되고, 그 후의 분화·착상·발달 등은 프로그램의 실행일 뿐 질적으로 구별될 수 없는 연속적인 성장과정일 뿐이기 때문에, 이때부터 생명권을 인정하는 것은 과학적 사실일 뿐만 아니라, 생명권의 의미와 목적에도 부합한다.[8] 배아의 잠재성은 착상에 의해 비로소 실현되는 것이 아니라 이미 완벽하게 확정된 프로그램을 가진 적극적 잠재성이라는 점이 강조된다. 반면에 생명권의 시작점을 수정시가 아니라 그 이후라고 주장하는 견해(여기에는 착상시설, 신경발생시설, 생존이익발생시설 등이 있다[9])에 따르면, 초기배아는 잠

---

8 정문식, 생명윤리법상 국가의 보호의무, 공법학연구 제8권 제3호, 한국비교공법학회, 2007, 182쪽; 더 자세한 논증은 정문식, 배아줄기세포연구시 배아의 생명권과 인간존엄, 한양법학 제18집, 2005, 101쪽 이하; 정문식에 따르면, 배아줄기세포연구에 있어서 가장 직접적으로 적용되어야 할 헌법적 판단기준은 인간존엄에 관한 논의들이 아니라, 구체적 기본권으로서 생명권에 관한 논의들이다. 그 근거로 정문식은 인간존엄이라는 추상적 기준보다도 생명권으로 접근하는 것이 구체적으로 침해되는 법익을 기준으로 삼는 이성적인 접근방법이고, 둘째로 인간존엄논증이 절대적 가치판단 하에 대화를 중단시키는 것을 극복하기 위함이고, 셋째 인간존엄과 생명권을 구분하는 입장에서 생명권은 인간존엄과 분리하여 독자적인 판단기준으로서 배아줄기세포연구에도 적용될 수 있기 때문이다. 정문식, 독일에서의 인간의 존엄과 생명권의 관계 – 배아줄기세포연구에 있어서 배아의 인간존엄과 생명권 관계를 예로, 공법학연구 제7권 제2호, 한국비교공법학회, 2006, 278-279쪽.

9 이 외에 중요한 견해로는 싱어(peter singer)의 견해가 있다. 싱어는 감각능력이 없는 존재, 감각능력이 있는 존재, 인격을 구별한다. 감각능력이 없는 존재와 감각능력이 있는 존재의 구별기준은 감각능력이다. 싱어에 따르면, 인간존재뿐만 아니라 인간존재가 아닌 존재도 감각능력이 있는 존재에 포함되며, 따라서 동물 또한 인간이 고려해야 할 이익을 가진다. 그리고 싱어에게 더 중요한 기준은 감각능력이 있는 존재와 인격을 구별하는 기준이다. 인격은 합리적이고 자기의식적인 존재이며 미래에 대한 희망을 갖는데 비해, '감각능력이 있는 존재'는 미래에 대한

재성을 가진 인간생명이지만 생명권의 주체는 아직 아니다.

생물학적으로 정자와 난자가 수정한 때부터 인간의 생명이 시작되지만, 생명권이 언제부터 시작되는지는 생물학적 차원과 규범적인 차원을 함께 고려해서 정해야 한다. 헌법재판소 2010. 5. 27. 2005헌마346 결정 또한 이 점을 강조하고 있다.[10] 필자의 견해에 따르면, 인간의 생성과정이 연속적인 과정이고 생명의 시작과 끝을 임의로 정하는 것은 자의적인 것이 명백하지만, 그렇다고 해서 수정 외의 다른 기준이 항상 자의적이지는 않다. 적절한 기준점을 찾는 것이 자의적인 것이 아니라, 수정 외에 적절한 기준점을 찾지 않는 것이 자의적일 수 있다. 필자는 감각능력이 배아에게 생명권을 인정할 수 있는 기준이 된다고 본다.[11] 언제부터 배아가 감각능력을 가지는지에 대해서는 자연과학에서의 연구가 필요하나, 그 정확한 시점을 확인하는 것은 쉬운 일이 아니다. 필자는 뇌사와 관련하여 뇌의 발생으로 생명권이 시작된다고 생각한다. 호프만(Hasso Hoffmann)의 견해에 따르면, 뇌사로써 인간생명이 끝나는 것과 같이 보호해야 할 생명은 뇌 기능의 작동하는 것으로부터 시작된다.[12] 자스(Hans-Martin-Sass) 또한 뇌기능으로 보호해야 할 생명의 문제를 다룬다.[13] 필자의 소견에 따르면, 배아는 뇌 발생 이전에는 기본권주체로의 잠재성을 가진다.

희망이 없다는 점에서 '인격'이 아니다. 싱어에 따르면, 인격이 아닌 인간존재도 있고, 인간존재가 아닌 인격도 있게 되며, 태아는 인격이 아닌 인간존재에 속하게 된다. 싱어는 인간생명의 신성성 이론이 효력을 상실한 이후로, 인간존재 개념과 인간생명 개념을 분리해야 한다고 주장한다. 이에 대한 상세한 설명은 Peter Singer, Praktische Ethik, Reclam, 1994, S. 118 ff.

10 "출생 전 형성 중의 생명에 대해서 헌법상 보호의 필요성이 크고 일정한 경우 그 기본권 주체성이 긍정된다고 하더라도, 어느 시점부터 기본권 주체성이 인정되는지, 또 어떤 기본권에 대해 기본권 주체성이 인정되는지는 생명의 근원에 대한 생물학적 인식을 비롯한 자연과학·기술 발전의 성과와 그에 터 잡은 헌법의 해석으로부터 도출되는 규범적 요청을 고려하여 판단하여야 할 것이다."

11 필자의 주장은 일종의 인간종주의인데, 감각능력을 지닌 인간이 아닌 존재는 생명권을 통해 보호하지 않기 때문이다. 필자의 견해에 따르면, 인간존재가 느낄 수 있는 순간부터 개인이 되며, 인간의 감각능력을 통한다면 존재-당위 오류를 피할 수 있다.

12 Hasso Hofmann, "Die Pflicht des Staates zum Schutz des menschlichen Lebens", Festschrift für Krause, 1990, p. 119.

13 Hans-Martin Sass, "Extrakorporale Fertilisation und Embryotransfer", in: Flöhl(Hrsg.), Genforschung Fluch oder Segen?, 1985, p. 46.

3. 초기배아의 헌법적 지위와 잔여배아연구와의 관련성

배아연구는 초기배아의 헌법상 지위에 대한 입장 차와 여러 다른 이유에 의해 그 허용 여부와 정도가 달라진다. 이하에서는 초기배아의 헌법적 지위에 대한 여러 견해에서 '잔여배아를 이용한 연구'의 허용 여부와 내용을 어떻게 판단하는지 살펴보겠다.

초기배아의 절대적 인간존엄을 인정하는 견해에 따르면, 잔여배아가 생기는 체외수정을 원천적으로 금지하거나, 체외수정시 잔여배아가 생기지 않도록 법적 의무를 부과해야 한다. 체외수정을 통해 잔여배아가 생성되었다면, 생성된 배아는 여성의 자궁에 착상하여 그 인간존엄을 보호해야 하고, 잔여배아를 이용하는 연구는 금지된다. 하지만 인공수정의 과정에서 생겨난 잔여배아의 생명을 보호할 수 있는 방법은 사실상 없으며, 인공수정을 금하지 않는 이상 잔여배아의 생성을 막을 방법도 없다.

초기배아의 절대적 인간존엄과는 달리 비교형량가능한 상대적 인간존엄이나 생명권을 주장하는 견해에 따르면, 잔여배아에 한해 상대적 인간존엄의 침해나 생명권의 침해를 정당화할 수 있다. 이 견해에 따르면, 궁극적으로 불치병이나 난치병 환자들의 치료를 위한 기초의학적 지식축적을 위한 배아줄기세포연구는 잔여배아의 경우에는 잔여배아를 달리 출생시키거나 그 생명을 의미 있게 만들 수 있는 방법이 없는 한, 그 침해에 대한 정당성이 인정되지만, 기초의학연구를 목적으로 배아를 생성하여 파기하는 것은 금지된다. 배아줄기세포연구에 의해 침해되는 기본권을 생명권으로 보고, 배아줄기세포연구를 통한 배아의 생명권 침해를 충분히 정당화할 만한 근거제시가 중요하다는 견해를 피력하면서 잔여배아의 경우 잔여배아를 달리 출생시키거나 그 생명을 의미 있게 만들 수 있는 방법이 없다는 점을 그 정당화근거로 삼고 있다.[14] 하지만 초기배아의 생명권을 인정하면서 배아줄기세포연구의 중요성과 필요성 때문에 잔여배아에 한해 배아의 생명권 박탈을 정당화하는 이론 구성은 생명권의 기본권성에 비추어 볼 때 타당하지 않다는 비판이 있다.[15] 잔여배아의 생명을 보호할 수 있

---

14 정문식, 배아줄기세포연구시 배아의 생명권과 인간존엄, 한양법학 제18집, 2005, 108~114쪽.
15 고봉진, 초기배아의 헌법상 지위, 헌법학연구 제17권 제2호, 2011, 340쪽.

는 방법이 사실상 없다는 점이 그 중요한 논거이더라도 이는 마찬가지이다. 생명권의 침해가 정당화되는 경우가 있기는 하지만, 생명권의 침해는 다른 기본권의 침해와는 달리 매우 엄격한 정당화요건을 충족해야 한다. 잔여배아의 인간존엄과 생명권을 고려한다면 인공수정을 통해 잔여배아가 생성되지 않도록 해야 하고, 그것이 불가능하다면 인공수정 자체를 금해야 하는데, 이는 불임부부의 또 다른 기본권침해를 야기한다.

초기배아의 인간존엄과 생명권을 부정하고 초기배아의 '잠재성'을 토대로 판단할 것을 주장하는 견해에 따르면, 초기배아는 수정 이후의 발전과정을 통해 생명권의 주체가 될 수 있는 잠재성이 있기 때문에 이를 보호해야 할 필요가 있다. 하지만 이때 보호의 의미는 배아의 생명을 보호한다는 적극적 의미가 아니라 배아가 함부로 처리되는 것을 막는다는 소극적 의미이다. 잔여배아의 보존기간은 5년이나, 동의권자가 보존기간을 5년 미만으로 정한 경우에는 이를 보존기간으로 하고(제25조 제1항), 일정 조건 하에 잔여배아를 이용한 연구를 허용하는 것(제29조 제1항)은 초기배아의 잠재성 보호라는 취지에 합당하다고 평가된다.

II. 판례 및 사례

Law and Bioethics

1. 헌법재판소 2008. 7. 31. 2004헌바81 결정

가. 인간의 생명은 고귀하고, 이 세상에서 무엇과도 바꿀 수 없는 존엄한 인간 존재의 근원이다. 이러한 생명에 대한 권리, 즉 생명권은 비록 헌법에 명문의 규정이 없다 하더라도 인간의 생존본능과 존재목적에 바탕을 둔 선험적이고 자연법적인 권리로서 헌법에 규정된 모든 기본권의 전제로서 기능하는 기본권 중의 기본권이다. 모든 인간은 헌법상 생명권의 주체가 되며, 형성 중의 생명인 태아에게도 생명에 대한 권리가 인정되어야 한다. 따라서 태아도 헌법상 생명권의 주체가 되며, 국가는 헌법 제10조에 따라 태아의 생명을 보호할 의무가 있다.

나. 태아는 형성 중의 인간으로서 생명을 보유하고 있으므로 국가는 태아를 위하여 각종 보호조치들을 마련해야 할 의무가 있다. 하지만 그와 같은 국가의 기본권 보호의무로부터 태아의 출생 전에, 또한 태아가 살아서 출생할 것인가와는 무관하게, 태아를 위하여 민법상 일반적 권리능력까지도 인정하여야 한다는 헌법적 요청이 도출되지는 않는다. 법치국가원리로부터 나오는 법적 안정성의 요청은 인간의 권리능력이 언제부터 시작되는가에 관하여 가능한 한 명확하게 그 시점을 확정할 것을 요구한다. 따라서 인간이라는 생명체의 형성이 출생 이전의 그 어느 시점에서 시작됨을 인정하더라도, 법적으로 사람의 시기를 출생의 시점에서 시작되는 것으로 보는 것이 헌법적으로 금지된다고 할 수 없다.

　입법자는 형법과 모자보건법 등 관련규정들을 통하여 태아의 생명에 대한 직접적 침해위험을 규범적으로 충분히 방지하고 있으므로, 이 사건 법률조항들이 태아가 사산한 경우에 한해서 태아 자신에게 불법적인 생명침해로 인한 손해배상청구권을 인정하지 않고 있다고 하여 단지 그 이유만으로 입법자가 태아의 생명보호를 위해 국가에게 요구되는 최소한의 보호조치마저 취하지 않은 것이라 비난할 수 없다.

　생명의 연속적 발전과정에 대해 동일한 생명이라는 이유만으로 언제나 동일한 법적 효과를 부여하여야 하는 것은 아니다. 동일한 생명이라 할지라도 법질서가 생명의 발전과정을 일정한 단계들로 구분하고 그 각 단계에 상이한 법적 효과를 부여하는 것이 불가능하지 않다. 이 사건 법률조항들의 경우에도 '살아서 출생한 태아'와는 달리 '살아서 출생하지 못한 태아'에 대해서는 손해배상청구권을 부정함으로써 후자에게 불리한 결과를 초래하고 있으나 이러한 결과는 사법(私法)관계에서 요구되는 법적 안정성의 요청이라는 법치국가이념에 의한 것으로 헌법적으로 정당화된다 할 것이므로, 그와 같은 차별적 입법조치가 있다는 이유만으로 곧 국가가 기본권 보호를 위해 필요한 최소한의 입법적 조치를 다하지 않아 그로써 위헌적인 입법적 불비나 불완전한 입법상태가 초래된 것이라고 볼 수 없다.

　그렇다면 이 사건 법률조항들이 권리능력의 존재 여부를 출생시를 기준으로 확정하고 태아에 대해서는 살아서 출생할 것을 조건으로 손해배상청구권을 인정한다 할지라도 이러한 입법적 태도가 입법형성권의 한계를 명백히 일탈한 것으로 보기는 어려우므로 이 사건 법률조항들이 국가의 생명권 보호의무를 위반한 것이라 볼 수 없다.

2. 헌법재판소 2010. 5. 27. 2005헌마346 결정

가. 청구인적격

(1) 헌법재판소법 제68조 제1항은 공권력의 행사 또는 불행사로 인하여 기본권을 침해받은 자가 헌법소원의 심판을 청구할 수 있다고 규정하고 있으므로, 기본권의 주체가 될 수 있는 자만이 헌법소원을 청구할 수 있고, 이때 기본권의 주체가 될 수 있는 '자'라 함은 통상 출생 후의 인간을 가리키는 것이다.

그런데 존엄한 인간 존재와 그 근원으로서의 생명 가치를 고려할 때 출생 전 형성 중의 생명에 대해서는 일정한 예외적인 경우 기본권 주체성이 긍정될 수 있다. 헌법재판소도 형성 중의 생명인 태아에 대하여 헌법상 생명권의 주체가 되며, 국가는 헌법 제10조에 따라 태아의 생명을 보호할 의무가 있음을 밝힌 바 있다(헌재 2008. 7. 31. 2004헌바81). 다만, 출생 전 형성 중의 생명에 대해서 헌법적 보호의 필요성이 크고 일정한 경우 그 기본권 주체성이 긍정된다고 하더라도, 어느 시점부터 기본권 주체성이 인정되는지, 또 어떤 기본권에 대해 기본권 주체성이 인정되는지는 생명의 근원에 대한 생물학적 인식을 비롯한 자연과학·기술 발전의 성과와 그에 터 잡은 헌법의 해석으로부터 도출되는 규범적 요청을 고려하여 판단하여야 할 것이다.

(2) 청구인 1, 2는 수정란 및 수정된 때부터 발생학적으로 모든 기관이 형성되는 시기까지의 분열된 세포군을 말하는 생명윤리법상의 '배아'(생명윤리법 제2조 제2호 참조)에 해당하며, 그 중에서도 수정 후 14일이 경과하여 원시선이 나타나기 전의 수정란 상태, 즉 일반적인 임신의 경우라면 수정란이 모체에 착상되어 원시선이 나타나는 그 시점의 배아 상태에 이르지 않은 배아들이다(이하에서 이 시기의 배아를 '초기배아'라고 약칭하기로 한다). 생명윤리법은 청구인 1, 2와 같은 초기배아에 대해서 임신목적으로 이용되지 않을 경우 다른 연구목적으로 이용할 수 있

도록 하고 있는 반면, 발생학적으로 원시선이 나타난 이후에는 배아에 대한 연구목적 이용을 전면적으로 금지하고 있다(생명윤리법 제17조 참조).

(3) 초기배아들에 해당하는 청구인 1, 2의 경우 헌법상 기본권 주체성을 인정할 수 있을 것인지에 대해 살피건대, 청구인 1, 2가 수정이 된 배아라는 점에서 형성 중인 생명의 첫걸음을 떼었다고 볼 여지가 있기는 하나 아직 모체에 착상되거나 원시선이 나타나지 않은 이상 현재의 자연과학적 인식 수준에서 독립된 인간과 배아 간의 개체적 연속성을 확정하기 어렵다고 봄이 일반적이라는 점, 배아의 경우 현재의 과학기술 수준에서 모태 속에서 수용될 때 비로소 독립적인 인간으로의 성장가능성을 기대할 수 있다는 점, 수정 후 착상 전의 배아가 인간으로 인식된다거나 그와 같이 취급하여야 할 필요성이 있다는 사회적 승인이 존재한다고 보기 어려운 점 등을 종합적으로 고려할 때, 초기배아에 대한 국가의 보호필요성이 있음은 별론으로 하고, 청구인 1, 2의 기본권 주체성을 인정하기 어렵다.

(4) 그렇다면 청구인 1, 2는 기본권의 주체가 될 수 없으므로 헌법소원을 제기할 수 있는 청구인적격이 없다고 할 것이다.

나. 다만, 오늘날 생명공학 등의 발전과정에 비추어 인간의 존엄과 가치가 갖는 헌법적 가치질서로서의 성격을 고려할 때 인간으로 발전할 잠재성을 갖고 있는 초기배아라는 원시생명체에 대하여도 위와 같은 헌법적 가치가 소홀히 취급되지 않도록 노력해야 할 국가의 보호의무가 있음을 인정하지 않을 수 없다 할 것이다.

Ⅲ. 분 석

1. 헌법재판소 2008. 7. 31. 2004헌바81 결정

헌법재판소는 2008. 7. 31. 2004헌바81 결정에서 태아도 헌법상 생명권의 주체가 되며, 국가는 헌법 제10조에 따라 태아의 생명을 보호할 의무가 있다고 판시하고 있다. 이 결정은 '태아'의 생명권을 인정하고 있을 뿐이며, '배아'의 생명권 여부에 대해서는 언급하지 않고 있다. 판례 내용을 잠시 살펴보면, 구체적으로 헌법재판소 2008. 7. 31. 2004헌바81 결정은 사산한 태아에게 손해배상청구권을 인정하지 않는 것이 국가의 기본권(생명권) 보호의무에 반하는가를 다루고 있다. 뿐만 아니라 민법 제762조를 해석함에 있어 민법 제3조를 전제로 하여야 하는지, 아니면 민법 제3조의 예외조항으로 해석하여야 하는지가 문제된다.

7인의 다수의견은 민법 제762조를 민법 제3조의 예외조항으로 보지 않고, 민법 제762조를 해석함에 있어 민법 제3조를 적극적으로 끌어들여 사산한 태아의 손해배상청구권을 부정한다. "사산한 태아의 손해배상청구권이 부정되는 것은 법원이 민법 제762조를 해석함에 있어 생존한 동안에만 권리와 의무의 주체가 된다고 규정한 민법 제3조를 함께 적용하고 있기 때문이다. 살아서 출생하지 못한 태아의 손해배상청구권이 부정되는 것은 민법 제762조의 해석 때문이 아니라 오히려 민법 제3조 때문인 것이다." 다수의견은 '살아서 출생한 태아'와는 달리 '살아서 출생하지 못한 태아'에 대해서는 손해배상청구권을 부정함으로써 후자에게 불리한 결과를 초래하고 있으나 이러한 결과는 사법(私法)관계에서 요구되는 법적 안정성의 요청이라는 법치국가이념에 의한 것으로 헌법적으로 정당화되며, 입법자는 형법과 모자보건법 등 관련규정들을 통하여 태아의 생명에 대한 직접적 침해위험을 규범적으로 충분히 방지하고 있다는 논거를 펼친다.

반면에 2인(조대현, 김종대 재판관)의 한정위헌의견은 민법 제762조를 민법 제3조의 예외조항으로 본다. "민법 제762조는 태아가 출생하기 전에도 손해배상청구권을 취득할 수 있는 권리능력을 인정하는 것이므로, 권리능력의 존속시기에 관한 일반원칙을 규정하고 있는 민법 제3조에 대한 예외를 규정한 특별규정이라고 할 것이다. 특별규정인 민법 제762조가 적용되는 경우에는 일반규정인 민법 제3조는 적용되지 않는다고 보아야 한다.""민법 제762조는 '태아는 손해배상의 청구권에 관하여는 이미 출생한 것으로 본다.'라고 규정하고 있는바, 이 규정을 문면 그대로 해석할 경우 사산된 태아의 손해배상청구권을 인정할 여지가 있다." 한정위헌의견은 태아가 불법적인 침해행위로 사망한 경우와 단지 상해만을 입어 출생한 경우를 비교함으로써 사산한 태아에게 손해배상청구권을 인정하지 않는 것이 국가의 기본권(생명권) 보호의무에 반한다고 주장한다. "불법적인 침해행위를 당한 태아가 상해를 입고 출생하면 태아는 가해자를 상대로 손해배상청구권을 취득하지만, 그 불법적인 침해행위로 사망한 경우에는 태아는 아무런 손해배상청구권을 취득할 수 없게 되는데, 이러한 결과는 태아의 신체를 훼손한 자는 사법상의 책임을 지지만 태아의 생명을 침해한 자는 아무런 사법상의 책임도 지지 않는다는 것을 의미하는 것으로서, 이는 헌법이 부여하고 있는 태아에 대한 기본권 보호의무에 대한 명백한 위반이라 할 것이다."

2. 헌법재판소 2010. 5. 27. 2005헌마346 결정

헌법재판소는 청구인 1, 2(체외 인공수정으로 생성된 배아 중 이식되지 않고 보존되어 있는 배아들)의 청구인 적격에 대한 판단 부분에서 '초기배아의 법적 지위'를 논하고 있다. 헌법재판소는 생물학적으로 정자와 난자가 수정한 때부터 인간의 생명이 시작되지만, 기본권 주체성이 언제부터 인정되는지는 생물학적 차원과 규범적인 차원을 함께 고려해서 정해야 한다고 하면서, 다음 3가지 논거를 이유로 '초기배아'의 기본권 주체성을 부정하였다. ① 아직 모체에 착상되거나 원시선이 나타나지 않은 이상 현재의 자연과학적 인식 수준에서 독립된 인간과 배아 간의 개체적 연속성을 확정하기 어렵다고 봄이 일반적이라는 점, ② 배아의 경우 현재의 과학기술 수준에서 모태 속에서 수용될 때 비로소 독립적인 인간으로의 성장가능성을 기대할 수 있다는 점, ③ 수정 후 착상 전의 배아가 인간으로 인식된다거나 그와 같이 취급되어야 할 필요성이 있다는 사회적 승인이 존재한다고 보기 어렵다는 점이다. 필자는 헌법재판소의 입장에 찬성하지만, 초기배아의 기본권 주체성을 부정하는데 사용하는 논거가 너무 간결하여 제대로 논증되지 못했다는 인상을 지울 수 없다.[16]

'국가의 보호의무'에 대한 헌법재판소의 언급도 매우 간략하다. 출생 전 생명(초기배아, 배아, 태아)에 대한 '국가의 보호의무'는 초기 인간생명이 생명권을 갖는지 여부에 따라 달라진다. 생명권이 인정된다면 국가에게 '기본권 보호의무'가 생기는 반면에, 생명권이 인정되지 않으면 '국가의 보호의무'가 문제될 수는 있어도 '국가의 기본권 보호의무'는 발생하지 않는다. 헌법재판소는 최근 결정에서 생명권과 국가의 생명권 보호의무의 인정 여부를 초기 인간생명의 단계에 따라 달리 규정하였다. 즉 헌법재판소 2008. 7. 31. 2004헌바81 결정은 태아의 생명권을 인정하고 국가에게 태아의 생명권을 보호해야 할 의무를 부여한 반면에, 헌법재판소 2010. 5. 27. 2005헌마346 결정은 초기배아의 생명권과 국가의 기본권 보호의무를 부정하였으나, 인간의 존엄과 가치가 갖는 헌법상 가치질서로서의 성격을 고려하여 인간으로 발전할 초기배아의 잠재성을 이유로 한 국가의 보호의무를 인정하고 있다. "오늘날 생명공학 등의 발전과정에 비추어 인간의 존엄과 가치가 갖는 헌법상 가치질서로서의 성격을 고려할 때 인간으로 발전할 잠재성을 갖고 있는 초기배아라는 원시생명체에 대하여도 위와 같은 헌법상 가치가 소홀히 취급되지 않도록 노력해야 할 국가의 보호의무가 있음을 인정하지 않을 수 없다 할 것이다."

헌법재판소의 입장이 '인간존엄의 사전효과(Vorwirkung)'를 통해서 국가의 보호의무를 인정한 것인지 여부는 명확하지 않다. "인간의 존엄과 가치가 갖는 헌법상 가치질서의 성격을 고려하여"라는 문구의 표현이 명확하게 인간존엄의 사전효과를 나타내고 있지는 않기 때문이다. 헌법재판소의 입장이 인간존엄의 사전효과를 인정하는 것이라면, 이에 대한 더 구체적인 논증이 필요해 보인다. 예컨대 입센(Jörn Ipsen)은 인간존엄의 사전효과를 통한 보호의무를 인간존엄의 사

---

16 그럼에도 어떤 면에서는 헌법재판소의 판결문이 간략한 것이 이해가 되기도 하는데, 이는 2가지 면에서 그러하다. 첫째, '초기배아의 기본권 주체성'에 대한 판단은 합의가 불가능한 가치판단의 성격을 띠고 있기 때문에 헌법재판소가 아무리 상세하게 논거제시를 하더라도, 그 반대되는 주장에서 펼치는 비판을 피해갈 수가 없고, 상세하게 논거제시를 하면 할수록 오히려 더 많은 비판거리를 제공하게 된다. 둘째, 상세하게 논거를 제시할수록 오히려 논거 간에 모순을 피할 수 없게 된다. 예컨대 독일연방재판소의 낙태판결은 매우 상세하게 논증을 펼쳤음에도 불구하고 낙태판결에 대한 비판이 쏟아졌고, 상세하게 논증은 하였으나 논증 간의 모순을 피할 수 없었다. 이처럼 '초기배아의 기본권 주체성'에 대한 판단은 더 깊이 증명하고 논증하면 할수록 더욱더 다루기 힘든 문제가 되어 버린다. 하지만 별 논증 없이 어느 일방의 손을 들어줬다는 비판은 피하기 어려워 보인다.

후효과를 통한 보호의무와 비교함을 통해 밝힌다. 입센에 따르면, 인간존엄은 보호의무라는 법형상을 통해 사전효과 뿐만 아니라 사후효과도 발휘할 수 있다. 사람의 권리능력은 죽음으로 끝난다. 사자에게는 권리주체성과 기본권 주체성이 부여되지 않는다. 그럼에도 이는 사자에게 살아있는 사람들이 존중해야 할 '존엄'이 부여되는 것을 배제하지 않으며, 사자를 법적으로 쓰레기 처리되어야 할 물건으로 규정하는 것을 배제한다. 죽음의 시점을 넘는 인간존엄의 사후효과는 입법자를 구속하는 프로그램을 전개하지는 않지만, (과소보호의 의미에서) 최소한의 법적 보호조치에 대한 의무를 부과한다. 구조적으로 사후효과와 비교할 수 있는 방법으로 입법자는 인간존엄의 사전효과를 근거로 초기배아의 보호를 위한 법률 규정을 공포해야 할 의무가 있을 수 있다. 배아를 임의로 생산하고, 죽이고, 제3자가 임의대로 처리할 수 있다면, 사자의 존엄이 법률로 보호되지 않을 경우, 사자와 관련해서 추측할 수 있는 것과 비슷한 인간존엄에의 파급효과를 각오해야 할 것이다. 따라서 인간존엄을 통해 초기배아를 위해서도 입법자의 보호의무를 근거지울 수 있다. 왜냐하면 초기배아 스스로는 권리주체성을 가지고 있지 않고, 따라서 인간존엄 기본권의 보유자가 아니기 때문이다.[17]

인간존엄을 매개하지 않아도 국가의 보호의무를 인정할 수 있다면, 굳이 인간존엄의 사전효과를 통해 국가의 보호의무를 인정할 필요는 없다는 견해도 있다. 예컨대 메르켈(Reinhard Merkel)은 규범적 의무의 근원으로서 3가지 원칙, 즉 침해금지, 연대성의무, 규범보호원칙을 구별할 것을 제안한다. 특히 초기배아의 지위를 확정함에 있어서는 침해금지와 연대성의무의 구별이 중요하다. 그의 견해에 따르면, 배아연구에서 침해금지를 근거지울 수는 없는데, 이는 초기배아가 기본권 주체성을 가지고 있지 않기 때문이다. 그 대신에 그는 인간종 연대성을 제안하는데, 연대성의무는 침해금지와는 달리 기본권 주체성을 전제로 하지 않는다.[18] 인간종논증, 계속성논증, 동일성논증, 잠재성논증은 초기배아의 인간존엄이나 생명권을 근거짓는 논증이 아니라, 초기배아에 대한 연대성의무를 근거짓는 논증인 셈이다. 인간사체의 경우 그분에 대한 존경과 사체 또한 인간종으로서 함부로 처리해서는 안 된다는 점에 기해 국가의 보호의무를 인정할

17 Jörn Ipsen(고봉진 역), 체외배아의 헌법적 지위, 법과정책 제16집 제1호(제주대 법과정책연구소), 2010, 315쪽 이하.
18 Reinhard Merkel, Forschungsobjekt Embryo, dtv, 2002, S. 143 ff.

수 있다. 그리고 이는 형법으로도 처벌할 수 있는 강력한 힘이 있는 것도 현실이다. 초기배아의 잠재성 또한 인간존엄을 매개하지 않아도 국가의 보호의무를 이끌어내기에 충분하다. 초기배아는 수정 이후의 발전과정을 통해 생명권의 주체가 될 수 있는 잠재성이 있기 때문에 이를 보호해야 할 필요가 있다. 이때 보호의 의미는 배아의 생명을 보호한다는 적극적 의미가 아니라 배아가 함부로 처리되는 것을 막는다는 소극적 의미이다. 구체적인 내용이 무엇인지를 헌법재판소 2010. 5. 27. 2005헌마346 결정은 밝히지 않고 있는 반면에, '국가생명윤리심의위원회의 의견요지'(이는 헌법재판소 2010. 5. 27. 2005헌마346 결정문에 부기되어 있다)와 '인간배아줄기세포연구를 위한 미국 국립과학원(The National Academy of Science: NAS) 가이드라인'에서는 구체적인 내용을 확인할 수 있다. "국가생명윤리심의위원회 내부의 의견이 만장일치로 되어 있는 것은 아니나, 동 위원회의 다수의견에 따르면 인간배아는 '잠재적 인간존재'로서의 지위를 가진다. 즉, 인간배아는 성장하면서 점차 도덕적 지위를 얻게 되며, 원시선이 출현하기 이전의 배아도 생명권의 존중대상인 인간의 잠재성을 부인할 수 없다. 다만, 인간배아를 완전히 인간과 동등한 존재 내지 생명권의 주체로서 인격을 가지는 존재로 볼 수는 없다. 그렇다면 인간배아는 단순한 세포덩어리인 것은 아니며 인간으로 발전할 가능성이 있는 존재이기 때문에 착상 이전의 초기 배아의 경우에도 연구자에 의한 임의적 처분이 가능한 연구 또는 실험의 대상이 될 수 없고, 인간배아를 이용한 연구는 연구나 치료의 이익이 큰 경우에 한하여 법률규정을 두어 엄격한 관리 하에 배아줄기세포 연구를 위한 목적으로 허용할 수 있다." 초기배아의 잠재성에 기초한 국가의 보호의무는 인간배아줄기세포연구의 포기를 요구하는 것은 아니다. 오히려 이는 우리 사회가 적절한 도덕적 진지성을 갖추고 인간배아의 특수한 지위를 고려하는 인간배아줄기세포연구의 감독 제도들을 고안할 것을 요청한다.[19]

---

19 인간배아줄기세포연구를 위한 NAS 가이드라인, 권복규·박은정, 줄기세포연구자를 위한 생명윤리, 세창출판사, 2007, 239쪽.

IV. 연습문제

1. 초기배아의 인간존엄을 인정하는 견해에는 어떤 견해들이 있는가? 초기배아의 인간존엄을 인정하는 이유를 설명하시오. 반면에 초기배아의 인간존엄을 부정하는 견해에는 어떤 견해들이 있는가? 초기배아의 인간존엄을 부정하는 이유를 설명하시오.

2. 초기배아의 생명권을 인정하는 견해에는 어떤 견해들이 있는가? 초기배아의 생명권을 인정하는 이유를 설명하시오. 반면에 초기배아의 생명권을 부정하는 견해에는 어떤 견해들이 있는가? 초기배아의 생명권을 부정하는 이유를 설명하시오.

3. 배아연구는 초기배아의 헌법상 지위에 대한 입장 차와 여러 다른 이유에 의해 그 허용 여부와 정도가 달라진다. 초기배아의 절대적 인간존엄을 인정하는 견해, 초기배아의 상대적 인간존엄이나 생명권을 주장하는 견해, 초기배아의 인간존엄과 생명권을 부정하고 초기배아의 '잠재성'을 주장하는 견해에 따라 '잔여배아를 이용한 연구'에 대한 입장이 어떻게 다른지 설명하시오.

4. 초기배아의 헌법적 지위(인간존엄과 생명권)와 국가의 보호의무 간의 상관관계를 먼저 살핀 후, 인간존엄의 사전효과(Vorwirkung)을 통한 국가의 보호의무를 주장하는 견해와 인간존엄을 매개하지 않고 '초기배아의 잠재성'을 근거로 국가의 보호의무를 주장하는 견해를 살펴보시오.

V. 토론과제

1. 기본권 주체성을 인정하기 위해서는 권리와 권리주체, 즉 기본권과 기본권주체가 '주관적 권리설정의 의미'에서 연결되는 경우에만 말할 수 있다는 입장에서, 초기배아는 인간생명이기는 하지만 인간생명의 주체가 아직 확정되기 전이기 때문에 초기배아의 기본권 주체성, 즉 초기배아의 인간존엄을 인정하기는 어렵다는 견해가 있다. 이에 따르면, 단순한 생물학적 특성에서 인간이 형량불가능한 존엄을 가진다는 결론을 도출해낼 수는 없으며, 이를 인정하면 단순한 사실, 존재로부터

당위를 이끌어내는 자연주의적 오류 내지 존재-당위 오류를 범하는 것이라고 비판한다. '자연주의적 오류 내지 존재-당위 오류'를 '초기배아의 인간존엄'에 적용하는 것이 타당한가?

2. 최고가치로서 인간존엄을 통해 초기배아의 인간존엄을 근거짓는 견해는 초기배아의 생명을 절대적 인간존엄과 동일시함으로써 절대적 우열관계를 선점하여, 이익형량의 가능성을 애초부터 배제시킨다. 이처럼 '최고가치로서 인간존엄'을 통한 논증은 실체존재론적 가치개념으로서 '객관성'과 절대적 효력주장으로서 '절대성'의 특징을 가진다. 이에 대해 가치의 '객관성'과 '절대성'에 의문을 제기하면서 초기배아의 생명을 최고가치로서 인간존엄으로 근거짓는 견해에 반대하는 견해가 있다. '최고가치로서 인간존엄'으로 초기배아의 인간존엄을 근거짓는 견해는 타당한가?

3. 잔여배아를 이용한 연구나 체세포복제배아 연구는 초기배아의 파기를 필연적으로 수반한다는 점에서 우선 '초기배아의 기본권 주체성'과 어떻게 조화될 수 있는지가 문제된다. 초기배아의 기본권 주체성에는 생명권분만 아니라 '기본권으로서의 인간존엄'이 문제된다. 더 나아가 '기본원칙으로서의 인간존엄'과도 어떻게 조화될 수 있는지도 살펴야 하는데, 초기배아의 기본권 주체성이 부정되더라도 기본원칙으로서의 인간존엄 침해를 이유로 배아연구를 금지할 수 있는지 여부를 살펴야 하기 때문이다. 잔여배아를 이용한 연구나 체세포핵이식 배아를 이용한 연구가 '기본권으로서의 인간존엄'과 '기본원칙으로서의 인간존엄'을 침해하는지 여부를 논하시오.

VI. 읽을거리   ● Law and Bioethics

1. 배아의 도덕적 지위에 대해서는 "최경석, 인간 생명의 시작은 어디인가, 프로네시스, 2006"와 "김상득, 생명의료 윤리학, 철학과 현실사, 2000, 126-148쪽"을 참조하시오.

2. 생명윤리에서 논의되는 인간존엄 개념에 대해서는 "고봉진, 생명윤리에서 인간존엄 '개념'의 총체성, 법철학연구 제11권 제1호, 2008, 85-100쪽"과 "최민영, 배아연구와 인간존엄, 안암법학, 2010, 173-200쪽"을 참조하시오.

3. 배아의 헌법적 지위와 관련된 기본권(인간존엄과 생명권)에 대해서는 "정문식, 배아줄기세포연구

시 배아의 생명권과 인간존엄, 한양법학 제18집, 2005, 91-124쪽"과 "정문식, 독일에서의 인간의 존엄과 생명권의 관계, 공법학연구 제7권 제2호, 2006, 265-294쪽"을 참조하시오.

4. 체외배아의 헌법적 지위와 입법자의 보호의무의 관계에 대해서는 "Jörn Ipsen(고봉진 역), 체외배아의 헌법적 지위, 법과정책 제16집 제1호, 제주대 법과정책연구소, 2010, 308-328쪽"과 "정문식, 생명윤리법상 국가의 기본권 보호의무, 공법학연구 제8권 제3호, 2007, 167-191쪽"을 참조하시오.

제 3 장

Law and Bioethics

생식세포, 배아 및 보조생식술

제3장
생식세포, 배아 및 보조생식술

Ⅰ. 개 요

1. 불임치료와 보조생식술의 법적 문제

자신의 자녀를 생산하고 싶어 하는 욕구는 인간의 기본적인 욕구 중의 하나이다. 그리고 자녀를 생산할 수 있는 생식능력은 일반적으로 인간에게 주어진 기본적인 능력 중의 하나이다. 그래서 아이를 낳지 못하는 이른바 불임[1]은 인간사회에서 질병의 하나로 이해되어 왔으며, 역사적으로 불임을 극복하려는 다양한 시도가 있어 왔다. 불임을 극복하는 가장 바람직한 방법으로는 불임의 원인이 되는 신체의 이상을 치료하여 스스로 생식능력을 회복하는 것일 것이다. 그러나 현대 의학은 아직도 불임의 원인이 되는 신체의 이상을 완전히 치료할 수 있는 단계에 이르지 못하고 있다. 우리나라의 경우 국민건강

---

1 흔히 불임이라고 불리는 불임증(infertility, sterility)은 병리학(pathology)용어로 건강한 양성(兩性)의 성인(成人)이 피임하지 않고 규칙적인 성관계를 가진 지 1년이 지난 뒤에도 임신이 되지 않는 증상을 뜻한다.

보험공단[2]의 '불임환자 진료내역'과 건강보험심사평가원[3]의 국회 보건복지위원회 제출 자료를 근거로 2000년부터 2010년까지 불임환자의 수를 비교해보았을 때 11년 동안 약 3.5배 늘어난 것으로 나타났으며, 이는 결혼을 한 전체 부부가운데 15~20% 가량이 불임이라는 것을 보여주는 것이다. 이런 상황에서 불임극복의 한 방법으로 의학과 생명과학의 영역에서 개발된 것이 생식을 도와주는 보조생식술이다. 즉, 보조생식술은 불임 상태의 사람들이 생식능력을 회복할 수 없는 경우에도 자녀를 가질 수 있도록 의학적으로 도와주는 치료법들을 의미한다.[4]

　　보조생식술로 가장 잘 알려져 있는 것은 인공수정(artificial insemination)과 체외수정(in vitro fertilization)이다. 인공수정은 1799년 영국의 의사 존 헌터(John Hunter)가 성기가 기형인 남편의 정자를 모아 주사기로 아내의 자궁에 주입하여 임신을 성공시킨 데서 비롯되었으며, 20세기에 표준적인 보조생식술이 되었다. 체외수정은 난자와 정자를 각각 채취한 후 체외에서 수정시켜 다시 자궁에 착상시켜주는 방법으로 영국의 루이스 브라운이 이 기술을 통해 세계 최초로 탄생하였으며[5] 우리나라에서는 1985년 서울대병원에서 처음 성공하였다. 체외수정은 흔히 시험관아기 시술이라고 불리고 있으며, 현재 우리나라의 많은 불임클리닉에서 시술되고 있다. 즉, 인공수정과 체외수정을 비교하자면, 인공수정은 난자와 정자를 만나게 하기 위해 정자주입(insemination)을 대신해 주는 시술인 반면, 체외수정은 난자와 정자가 체외에서(in vitro) 수정(fertilization)까지 할 수 있도록 도와주는 시술인 것이다.

---

2 국민건강보험공단, '불임증 질환 진료내역(2000-2005)', 2006/http://www.nhic.or.kr.

3 건강보험심사평가원, '불임(N46, N96~N97)(2006-2010)', 2011; '불임(N46, N96~N97)(2010-2013), 2013/http://www.hira.or.kr.

4 대한보조생식학회의 분류에 따르면 보조생식술(assisted reproductive technology)에는 표준 체외수정(Standard IVF(IVF without ICSI)), 난자 세포질내 정자주입술(intracytoplasmic sperm injection, ICSI), 생식세포 난관내이식술(gamete intrafallopian transfer, GIFT), 표준 체외수정 후 냉동배아 치환술(Frozen Embryo Replacement after standard IVF, FER) 난자 세포질내 정자주입술 후 냉동배아 치환술(FER after ICSI), 접합자 난관내이식술(zygote intrafallopian transfer, ZIFT) 등으로 나누고 있다. 그리고 그 외에 본 교재에서 '인공수정'으로 언급한 자궁강 내 정액주입(또는 자궁강 내 인공수정, intrauterine insemination, IUI)이 있는데, 이것은 가장 오래전부터 시술된 전통적인 보조생식술이다.

5 루이스 브라운(Louise Brown)은 1965년에 체외에서 인공수정이 이루어질 수 있다는 것을 발견한 영국의 생리학자 로버트 에드워즈(Robert Geoffrey Edwards)와 함께 인공생식에 관한 공동연구를 하던 올드햄 종합병원의 의사 패트릭 스텝토(Patrick Christopher Steptoe)가 9년차 불임부부인 존 브라운과 레슬리 브라운에게 이 기술을 적용하여 처음 태어난 사람이며, 로버트 에드워드 박사는 이 공로로 2010년에 노벨 생리의학상을 수상했다.

이 가운데 특히 생명윤리적 관점에서 사회적 논란이 되었던 것은 체외수정이다. 여성과 남성이 만나 자연적인 성적 결합을 통해 자녀를 생산하는 것이 가장 일반적이고 도덕적이라고 생각하는 사람들은 이른바 시험관에서 난자와 정자를 수정시켜 수정란을 만들고 이를 여성의 자궁에 착상시켜 자녀를 임신하게 하는 방식은 비도덕적인 것이라고 생각하였다. 즉, 체외수정은 자녀를 낳고자 하는 부모의 욕구에 의해 인위적으로 행해지는 것으로 그렇게 출산된 자녀는 부모의 욕구에 의해 수단화되고 있어 인간의 존엄에 반한다는 것이다. 뿐만 아니라 자연적 임신 과정을 인위적인 과정으로 대체하려는 것은 인간 스스로 인간의 한계를 넘고자 하는 것으로 이른바 신 노릇(god playing)을 하려는 오만의 상징이라고 주장하는 사람들도 있었다.[6] 반면에 체외수정은 불임환자의 불임을 해소하기 위한 최선의 방법이며, 인간의 복지와 행복 증진에 궁극적으로 기여한다는 찬성론도 있었다. 이러한 사회적 갈등은 점차 체외수정이 전 세계적으로 보편화되면서 수그러들었지만, 사회적 갈등을 낳은 근본적인 시각이 달라진 것은 아니다.

또한 체외수정 시술과정에서 과배란주사를 통한 난자의 채취,[7] 수정된 배아의 착상, 임신과 출산은 모두 여성의 신체에서 일어나는 고통스럽고 힘든 과정이다. 따라서 여성이 이런 힘든 시술과정에 참여하는 것이 자신의 의사에 의한 것이 아니라면, 이는 자녀의 출산을 위해 그 여성의 신체를 수단화하는 것이므로 정당화되기 어렵다. 나아가 체외수정을 위해 채취된 난자와 정자 등 생식세포의 적절한 관리와 체외수정을 통해 수정된 배아에 대한 적절한 취급도 사회적 관심사가 되었다. 특히, 배아는 착상될 경우 독립된 인간 개체로 성장할

6 대한 천주교 주교회의의 '생명운동 지침'에 따르면 교회가 비배우자간 뿐만 아니라 배우자 간의 체외수정에 반대하는 이유는 첫째, 인공수정은 부부의 결합 행위와 출산 행위를 분리시키고, 그에 따른 자녀는 부부의 온전하고 전적인 증여를 통한 인간 행위의 '자연스런 열매'라기보다는 '기술 행위의 산물'이기 때문으로, 인간은 생명을 더 이상 하느님의 선물로서, 존중해야 할 신성한 선물로서 여기지 않게 되고, 생명 그 자체는 통제와 조작이 가능한 단순한 '사물'로 전락시켜 인간의 존엄성을 훼손하게 되며, 둘째, 인공수정 중 체외수정은, 여러 배아들을 만들어 내고 그 가운데 일부만 선택함으로써 나머지 배아들의 파괴와 낙태를 초래하게 되고. '잉여 배아' 또는 '잔여 배아'라고 불리는 남은 배아들은 냉동 처리된 다음 파괴되거나 배아줄기세포연구 등의 실험 재료로 사용되어 인간의 존엄성을 심각하게 훼손하기 때문에 결코 용납될 수 없다고 한다.

7 불임여성의 몸에 호르몬제인 배란유도제를 투여해 난자를 채취하는 시술에서 비롯되는 후유증은 복부팽만, 구토 등의 가벼운 증상에서부터 불임시술 후 난소과극증후군(ovarian hyperstimulation syndrome, OHSS)인 메이그스 증후군(Meigs' syndrome, 흉수), 복수, 난소 증대, 뇌경색 등으로 인한 신체마비 및 사망 등의 심각한 부작용을 겪을 수도 있다. 뿐만 아니라 체외수정이나 난자 세포질 내 직접 정자주입술(ICSI)를 통한 임신에 성공한 여성들의 사산위험도도 자연임신에 비해 4배쯤 높은 것으로 연구 보고되고 있다.

수 있는 잠재력을 가지고 있는 존재이기 때문에, 단순히 인체유래물과 같이 취급해서는 안 된다는 강한 사회적 요구가 있었다. 종교적으로는 수정 시에 인간의 생명은 형성되므로 배아도 인간과 동일한 도덕적 지위를 가진다는 주장도 제기되었다.[8]

이런 여러 가지 측면들을 고려한다면, 사회적으로 바람직한 실천방안을 마련하기 위한 보조생식술에 대한 생명윤리법적 접근이 필요할 것이다. 보조생식술의 과정에 있어서는 여성의 주체성이 보장되고 여성의 신체가 보호될 수 있는 방안과 인간생명의 가치를 지니고 있는 배아의 생성과정이 수단화되지 않고 이렇게 생성된 배아가 적절히 관리될 수 있는 방안 등에 대한 실천적인 대안을 마련하는 것이 생명윤리안전법의 한 과제가 되었다. 그리고 앞으로 제5장에서 상세하게 살펴보겠지만 생명과학 연구가 발달함에 따라 이렇게 체외수정을 통해 형성된 잔여배아나 체외수정을 위해 채취된 잔여난자 등을 어떻게 보호하고 관리할 것인가라는 문제도 생명윤리안전법의 주요한 쟁점이 되었다.

2. 체외수정 배아의 생성과 관리

현행 우리나라 법률 중에서 체외수정 배아에 대해 규율하고 있는 것은 생명윤리안전법이 대표적이다. 이밖에 체외수정 시술이 의료행위이므로 "의료법" 등이 이에 적용될 수 있을 것이다. 생명윤리안전법에서 규율하고 있는 체외수정 배아에 관한 내용을 아래에서 간단하게 살펴보자.

가. 체외수정 배아 생성의 목적과 제한

체외수정 배아를 생성할 경우에는 불임을 극복하기 위한 목적 즉 궁극적으

---

8 일반적으로 인간배아 이용연구에 반대하는 논변은 첫째, 오용가능성 논변(argument from abusability, 미끄러운 경사면 논변(the slippery slope)의 대표적인 예로 배아 이용연구 허용은 인간 개체복제로 이어지고, 유전자 조작과 결합되어 맞춤아기 생산의 결과를 낳게 된다는 것), 둘째, 대체가능성 논변(argument from substitution, 인간 배아를 쓰지 않고, 성체세포로부터도 줄기세포를 추출할 수 있다는 것), 셋째, 부정의 논변(argument from injustice, 배아 이용연구로부터 얻어진 줄기세포 이식은 고비용 의료기술이기 때문에 돈을 가진 일부만이 혜택을 누릴 것이라는 것), 넷째, 존재론적 논변(argument from the ontological status of embryo, 배아연구는 도덕적 지위를 지닌 배아의 파괴를 야기하기 때문에 인간존엄성을 훼손한다는 것), 다섯째, 자연법 논변(argument from natural law, 배아복제는 유전자가 동일한 생명체를 인위적으로 만드는 것으로 이는 자연의 질서에 어긋난다는 것) 등 크게 다섯 가지로 나눌 수 있다.

로 임신을 목적으로 하여야 한다.[9] 임신을 목적으로 하지 않는 체외수정 배아 생성의 대표적인 예로는 연구용으로 배아를 생성하는 것이다. 그러나 배아가 일응 생명체로서 하나의 개체로 발달할 수 있는 잠재력을 가진 존재라는 것을 감안하면, 연구용으로 배아를 생성하는 것은 그 배아를 연구를 위한 수단으로 전락시키는 것이다. 더구나 임신을 목적으로 생성된 배아는 일단 임신을 위해 사용되고 임신에 성공하면 그 다음부터는 자연스럽게 개체로 성장할 수 있으나, 연구용으로 생성된 배아는 개체발생을 목적으로 하지 않기 때문에 연구 과정이나 연구 이후에 폐기될 수밖에 없는 운명인 것이다. 따라서 현행 생명윤리안전법은 배아를 생성함에 있어서 반드시 임신을 목적으로 해야 한다는 엄격한 제한을 하고 있는 것이다.

뿐만 아니라 임신을 목적으로 배아를 생성하더라도, 몇 가지 행위는 생명윤리안전법에 의해 제한된다. 첫째, 특정한 성을 선택할 목적으로 정자와 난자를 선별하여 수정하는 행위는 금지된다.[10] 여자아이를 선호하거나 남자아이를 선호해서 인위적으로 특정한 성을 선택하려는 행위는 그렇게 태어난 아이를 부모의 선호를 위한 수단으로 전락시키기 때문에 생명과 인격의 존엄에 어긋날 수 있다. 둘째, 이미 사망한 사람의 정자 또는 난자를 이용하여 체외수정을 하는 경우도 금지된다.[11] 이는 사망한 사람의 생식세포를 이용하여 체외수정을 할 경우 그렇게 태어난 아이가 상속 문제 등 기존의 법률관계를 복잡하게 할 수 있다는 우려에서 비롯된 제한이다. 그러나 입법론적으로 이를 반드시 금지하여야 하는지에 대해서는 다른 의견도 충분히 가능하다고 본다.[12] 셋째, 미성년자의 정자 또는 난자로 수정시키는 행위도 금지된다.[13] 이는 독립적인 권리와 의무를 부담하기에는 아직 미성숙하였다고 판단되는 미성년자를 보호하기 위한

---

9 생명윤리안전법 제23조 제1항 "누구든지 임신 외의 목적으로 배아를 생성하여서는 아니 된다."

10 생명윤리안전법 제23조 제2항 제1호.

11 생명윤리안전법 제23조 제2항 제2호.

12 현실적으로 정자는 익명으로 기증되는 경우가 많아 '생물학적 부'의 문제와 가족구성에 관한 문제 등이 생길 수 있으며, 정자가 기증된 시기와 이 정자가 수정되는 시기 사이에 시간적 간격이 발생할 수 있어서 수정되는 시기 기증자가 사망했는지 여부를 확인하기가 곤란한 경우도 발생할 수 있다. 따라서 정자 기증자의 사망을 인지하지 못하여 의도와는 달리 사망한 자의 정자로 수정시키는 행위가 발생할 수 있어(생명윤리안전법 제23조 제2항 위반) 논란이 생길 수 있다. 이에 대해서는 최경석·김현철, 생명윤리안전법의 쟁점과 이해(생명의료법연구소, 2010), 78~81쪽 참조.

13 생명윤리안전법 제23조 제2항 제3호 본문.

규정이다. 다만 혼인한 미성년자가 자녀를 얻기 위한 경우의 체외수정은 금지되지 않는다.[14]

나. 체외수정 배아를 생성할 수 있는 자격

생명윤리안전법에 따르면 체외수정 배아를 생성하기 위해서는 의료기관(장)이 보건복지부령이 정하는 일정한 시설 및 인력을 갖추고 보건복지부장관으로부터 배아생성의료기관으로 지정받아야 한다.[15] 이렇게 체외수정 시술을 할 수 있는 의료기관을 지정함으로써 국가는 체외수정 시술의 과정을 공적 관리할 수 있게 된다. 그리고 이법에 따르면 배아생성의료기관에서 체외수정 시술을 할 때 난자, 정자, 배아의 제공자 및 그 배우자 등 관계인들이 적절한 동의를 했는지 그리고 관계인들의 개인정보를 적절히 보호하고 있는지 나아가 배아연구를 위해 배아를 제공하는 것이 적절한지 등에 대해 심의하기 위하여 배아생성의료기관에 반드시 기관생명윤리위원회를 두도록 하고 있다.[16]

다. 체외수정 시술에 대한 규제

현행 생명윤리안전법은 체외수정 시술과정에 대해서도 일정한 규제를 하고 있다. 그 중 가장 중요하게 다루는 것은 체외수정 배아를 생성하기 위해서는 관계인들이 이에 대해 서면동의를 하여야 한다는 점이다.[17] 그렇다면 관계인의 범위는 어디까지 일까? 궁극적으로 체외수정 배아를 생성하는 것은 불임을 극복하고 임신에 성공하기 위해서이기 때문에, 체외수정 배아에 관계되는 사람에는 배아 생성을 위해 난자나 정자를 기증하는 사람 이외에도 이렇게 제공된 배아를 착상하여 임신상태에 들어갈 사람(체외수정 시술대상자)도 관계인에 포함되는 것은 당연하다. 그리고 생명윤리안전법은 기증자와 체외수정 시술대상자가 배우자가 있을 경우 그 배우자의 서면동의도 요구하고 있다. 따라서 배우자가 없다

---

14 생명윤리안전법 제23조 제2항 제3호 단서.
15 생명윤리안전법 제22조 제1항 "체외수정을 위하여 난자 또는 정자를 채취·보존하거나 이를 수정시켜 배아를 생성하려는 의료기관은 보건복지부장관으로부터 배아생성의료기관으로 지정받아야 한다."
16 생명윤리안전법 제10조 제1항 제3호. 기관생명윤리위원회의 구성 및 기능 등에 대해서는 후술.
17 생명윤리안전법 제24조 제1항 본문 "배아생성의료기관은 배아를 생성하기 위하여 난자 또는 정자를 채취할 때에는 다음 각 호의 사항에 대하여 난자 기증자, 정자 기증자, 체외수정 시술대상자 및 해당 기증자·시술대상자의 배우자가 있는 경우 그 배우자(이하 "동의권자"라 한다)의 서면동의를 받아야 한다. 다만, 장애인의 경우는 그 특성에 맞게 동의를 구하여야 한다."

면 본인의 동의로 충분하다.

생명윤리안전법에 따르면 서면동의에는 배아생성의 목적, 배아·난자·정자의 보존기간 및 보존, 배아·난자·정자의 폐기, 잔여배아 및 잔여난자의 연구목적 이용, 동의의 변경 및 철회, 동의권자의 권리 및 정보보호, 그밖에 보건복지부령으로 정하는 사항 등이 들어가야 한다.[18] 그리고 배아생성의료기관은 서면동의를 받기 전에 서면동의를 할 권리를 가진 사람에게 서면동의의 내용에 대해 충분히 설명하여야 한다.[19] 서면동의를 받는 것은 생식세포의 채취를 시작으로 그 시술의 전 과정에 돌입하겠다는 관계인들의 의사를 분명하게 확인하기 위한 것이다. 그런데 이러한 의사가 자율적이기 위해서는 자신이 겪을 상황에 대한 적절한 정보가 주어진 상태에서 결정하는 것이 중요하다. 특히 의료적 상황은 전문적인 분야이므로 배아생성의료기관의 전문적인 담당자로부터 시술에 대한 충분한 설명을 듣는 것이 필요하다.

다음으로 생명윤리안전법은 배아생성을 위해 난자를 채취할 경우 난자제공자를 보호하는 규정을 두고 있다.[20] 난자제공자 보호를 위한 규정 이외에 정자제공자를 보호하는 규정은 없지만, 이는 난자채취 자체가 가지고 있는 불임가능, 신체침해 등의 위험성을 특별히 고려하여 난자제공자 보호규정만 둔 것으로 이해할 수 있다. 생명윤리안전법이 규정하고 있는 난자제공자보호 방안은 다음과 같다.

첫째, 배아생성의료기관은 난자 채취 전에 난자제공자에게 건강검진을 실시하여야 하며, 건강기준에 미달하는 사람으로부터 난자를 채취하지 못한다.[21] 둘째, 배아생성의료기관은 동일한 난자제공자로부터 평생 3회 이상 난자를 채취하지 못하며, 난자를 채취하는 경우에도 최소 6개월의 간격을 두어야 한다.[22]

---

18 생명윤리안전법 제24조 제1항 각 호.
19 생명윤리안전법 제24조 제2항.
20 여기서 난자제공자가 타인의 체외수정 시술을 위해 자신의 난자를 기증하는 자만 의미하는지, 아니면 자신의 체외수정 시술을 위해 자신의 난자를 채취하는 경우도 포함하는지는 명확하지 않다. 이 규정이 제정된 당시의 상황과 맥락을 본다면 입법 의도는 타인을 위해 자신의 난자를 기증하는 자를 의미한다고 파악된다.(자신의 체외수정 시술을 위해 난자를 채취한 경우 배아생성의료기관이 이를 보상해 줄 이유는 없으므로) 특히 난자제공자에 대한 실비보상 규정은 이러한 입법의도를 간접적으로 뒷받침할 수 있을 것이다. 그러나 난자제공자에 대한 건강검진 의무나 빈도 제한 등은 반드시 타인을 위해 난자를 기증하는 경우에만 적용된다고 할 수는 없을 것이다. 자신의 체외수정 시술을 위해 자신의 난자를 채취하는 경우에도 미리 건강검진을 할 필요성이 분명히 있으며, 평생 채취 빈도 수나 채취시술 사이의 간격 등에 대해서도 이를 제한할 필요성도 아주 없다고 말하기는 어려울 것이기 때문이다.
21 생명윤리안전법 제27조 제1항, 제2항.

그리고 난자채취로 부작용이 발생한 경우에는 그 부작용이 완치된 후 6개월이 지나야 한다.[23] 셋째, 배아생성의료기관은 난자제공자에 대하여 시술과 회복에 관한 일정한 비용을 지급할 수 있다. 보건복지부령에 따르면 이에는 교통비, 식비, 숙박비와 시술 및 회복에 소요되는 시간에 따른 보상금 등이 포함되며, 시술 및 회복에 소요되는 시간에 따른 보상금은 기관생명윤리위원회의 심의를 거쳐 배아생성의료기관의 장이 정하도록 하고 있다.[24]

라. 체외수정 배아의 보존과 폐기

생명윤리안전법은 체외수정 배아의 보존과 폐기 그리고 연구용으로 사용하는 것에 대해 규정하고 있다. 먼저 체외수정 배아의 보존기간은 5년이며, 배아생성에 대해 서면동의를 할 권한이 있는 사람들이 5년 미만으로 보존기간을 정했을 경우에는 그에 따르게 된다.[25] 여기서 말하는 체외수정 배아는 체외수정으로 생성된 배아를 의미하며, 주로 보존의 실익이 있는 것은 체외수정으로 생성되었으나 착상에 사용되지 않은 배아의 경우일 것이다.[26]

그리고 항암치료 등 보건복지부령으로 정하는 경우에는 동의권자가 보존기간을 5년 이상으로 정할 수 있다.[27] 이때 보건복지부령으로 정하는 경우는 동의권자가 항암치료를 받는 경우와 해당 기관위원회가 동의권자의 생식세포에 영향을 미칠 수 있는 치료라고 심의한 치료를 받는 경우 등이다.[28] 이는 장래 불임이 될 가능성이 있는 경우에만 보존기간을 연장할 수 있도록 하겠다는 정책 의도가 있는 것으로 보인다. 생각건대, 체외수정 배아의 보존기간을 정한 것은 개체로 발생할 잠재력을 가진 도덕적 지위를 가진 배아를 일반 물건들처럼 함부로 폐기해서는 안 된다는 생명윤리적 고려 때문일 것이다.[29] 그렇다면 5년의

---

22 생명윤리안전법 제27조 제3항, 시행령 제11조 제1항.
23 생명윤리안전법 제27조 제3항, 시행령 제11조 제2항.
24 생명윤리안전법 제27조 제4항, 시행규칙 제24조 제1항, 제3항.
25 생명윤리안전법 제25조 제1항.
26 이에는 착상에 성공하여 더 이상 착상할 필요가 없는 경우나 여러 번의 착상시도를 예정하고 미리 채취하여 아직 사용하지 않은 경우 등이 포함될 것이다.
27 생명윤리안전법 제25조 제2항.
28 생명윤리안전법 제25조 제2항, 시행규칙 제21조 제1항.
29 배아를 폐기하지 않으려는 종교적 이유나 5년 이후 새로운 불임치료법의 개발을 기대하면서 장기 보존하려는 동기 등 5년 이상을 보존하려는 여러 가지 이유가 존재한다.

보존기간은 최소기간이라고 이해하는 것이 타당하며, 입법론적으로는 그 이상 장기간 보존하는 것은 당연히 허용된다고 해야 한다.[30] 다만 5년의 보존기간이 있다하더라도 배아생성에 대해 서면동의를 할 권한이 있는 사람들이 그 미만으로 보존기간을 정했을 경우에는, 현행 법률은 배아의 도덕적 지위에도 불구하고 배아에 대한 관계인의 결정권을 더 존중하여 그것을 허용하고 있다고 이해할 수 있다.

배아생성의료기관은 보존기간이 도래한 경우 현행 법률에서 정한 요건에 따라 연구목적으로 사용할 경우를 제외한 체외수정 배아를 폐기하여야 한다. 배아를 폐기하는 방법에 대해서는 보건복지부령에 따라 "폐기물관리법" 제13조의 절차와 방법에 따르도록 하고 있다.[31] 배아생성의료기간은 연구목적으로 사용이 가능한 배아는 기관생명윤리위원회의 심의를 거쳐 배아연구기관에게 제공할 수 있다. 이에 대한 자세한 내용은 제5장에서 살펴보도록 하겠다.

3. 생식세포의 기증

현재 보조생식술에서 주로 윤리적, 법적으로 문제가 되는 것은 체외수정 시술의 경우이다. 대체로 일반적인 경우는 체외수정 시술에서 불임부부가 자신의 난자와 정자를 채취하여 이를 가지고 체외수정 배아를 생성하는 것일 것이다. 그러나 불임부부의 생식세포 자체에 이상이 있는 경우에는 타인의 생식세포를 기증받아 체외수정 배아를 생성하는 일이 생기게 된다.[32] 이렇게 기증받은 생식세포는 체외수정 배아를 생성하는데 사용하지만,[33] 생식세포 제공자가 동의하는 경우에는 생식세포를 연구용으로 사용할 수 있다.[34] 뿐만 아니라, 체세

---

30 최경석, 김현철, 위의 책, 101~102쪽.

31 생명윤리안전법 제25조 제2항, 시행규칙 제21조 제3항.

32 드물기는 하지만, 법률상 혼인관계가 없는 사람도 자녀를 얻기 위해 체외수정 시술을 하는 경우가 있다. 비혼부나 비혼모가 되고자 하는 사람, 동성커플, 사실혼 관계의 부부 등에 대해서는 체외수정 시술을 금지해야 한다는 견해도 있고, 이를 금지할 이유가 없다는 견해도 있다. 이에 대해서는 김은애, "여성의 재생산권리와 생명의료과학기술의 관계에 대한 소고: 보조생식술의 이용을 중심으로", 『법철학연구』, 제12권 제1호, 한국법철학회, 2009, 145-146쪽 참조.

33 이런 경우를 비배우자간 보조생식술이라 한다.

34 생명윤리안전법 제24조 제1항 제4호. 다만, 이 조항에서는 잔여배아와 잔여난자만 규정하고 있다. 이는 정자는 연구용으로 사용할 수 없다는 뜻이 아니라, 정자를 연구용으로 사용하는 것은 특별한 서면동의의 대상이 아니라는 뜻으로 이해하여야 할 것이다.

포복제배아연구나 단성생식배아연구의 경우 체외수정 시술이나 불임치료용으로 채취된 난자 이외에도 적출된 난소에서 채취한 난자를 사용할 수 있는데, 이는 체외수정 시술을 위한 것이 아니기 때문에 그 자체로 직접 연구용으로 제공될 수 있다.

그렇다면 적출된 난소로부터 채취한 난자를 체세포복제배아연구나 단성생식배아연구에 사용하는 경우 이외에, 일반적으로 연구용으로 난자 또는 정자를 제공하는 것은 현행 법률에서 자유롭게 허용되는가? 생각건대, 체외수정 배아를 생성하는 것은 그 배아가 개체로 발생하여 인간으로 태어나는 경우를 예정하고 있는 것이다. 따라서 생식세포를 제공하는 사람들과 배아로부터 발생한 사람들 사이에는 추후 또 다른 법률관계를 형성할 가능성이 있다. 그러므로 생식세포를 제공하는 사람들은 이에 대해 서면을 통해 명확한 의사를 표명할 필요가 있고, 국가는 이를 공적으로 관리할 필요가 있다. 또한, 이렇게 생식을 목적으로 제공된 생식세포 가운데 수정에 쓰고 남은 세포들을 연구용으로 사용하는 경우에는, 원칙적으로 생식을 목적으로 생식세포를 제공하는 제공자의 의사에 대한 예외적인 경우이므로 이에 대한 서면동의가 있을 필요가 있다. 그러나 생식세포 그 자체로는 개체로 발생할 수 없으므로, 생식세포를 연구용으로 제공하는 것을 특별히 금지할 필요는 없다고 할 것이다. 다만 잔여난자를 이용해 체세포핵이식배아나 단성생식배아를 생성하면, 개체 발생의 가능성이 전혀 없다고 할 수는 없기 때문에 법령을 통해 규제하는 것이 필요하므로 현행 생명윤리안전법에서는 잔여난자를 연구용으로 사용하는 것에 관한 규정을 두고 있는 것이다.

그리고 생명윤리안전법 제23조 제3항에서 "누구든지 금전, 재산상의 이익 또는 그 밖의 반대급부를 조건으로 난자 또는 정자를 제공 또는 이용하거나 이를 유인하거나 알선하여서는 아니 된다"고 규정하고 있듯이 생식세포를 기증할 경우 실비보상 이외의 대가를 받는 거래를 할 수는 없다. 또한, 생식세포를 유상으로 직접 거래하는 것뿐만 아니라 이를 유인하거나 알선하는 행위도 금지하고 있다.[35]

그러나 현행 법령에서는 체외수정 배아의 생성을 위한 생식세포의 제공,

---

35 각종 언론보도에 따르면 최근에 이르기까지 인터넷 카페 등을 통한 난자매매가 음성적으로 일어나고 있으며, 경찰과 검찰에 의해 많이 적발되고 있다.

특히 난자제공(자)에 대한 보호규정 그리고 체세포핵이식배아 및 단성생식배아의 생성에 관한 난자제공의 문제 등만을 규율하고 있을 뿐이기 때문에, 불임치료용으로 체외수정 배아를 생성하기 위해 생식세포를 제공했을 때 생기는 가족법상의 여러 문제들은 여전히 해결되지 않은 법적 쟁점으로 남아 있다. 특히 난자기증자, 정자기증자가 체외수정 시술을 통해서 태어난 아이와 어떤 법률관계를 갖게 될 것인가 하는 점은 중요한 쟁점이다. 이 부분에 대해서는 제4장에서 자세히 살펴볼 것이다.

II. 판례 및 사례

1. 서울중앙지법 2006. 6. 28. 선고 2005가합107720 판결

가. 기초 사실

(1) 원고 1은 1954년생인 재일교포 독신여성이고, 원고 2는 1957년생으로 미국 캔자스주에서 치과를 경영하고 있는 치과의사로서 원고 1의 인공수정을 위하여 정자를 제공한 자이며, 피고는 산부인과 의사이자 서울 (병원명 생략)병원을 운영하고 있는 자이다.

(2) 독신으로 아이가 없던 원고 1은 1998년경 일본 TV에서 피고가 운영하는 (병원명 생략)병원(당시는 (병원명 생략)병원)의 불임치료에 관한 프로그램에서 피고를 인공수정의 권위자로 소개하는 것을 보고, 피고로부터 인공수정 시술을 받아 아이를 갖고자 희망하여 1998. 10. 12. 한국에 입국하였고, 다음날인 1998. 10. 13. (병원명 생략)병원에 내원하였다.

(3) 피고는 원고 1이 처음 내원한 1998. 10. 13. 원고 1과 인공수정에 관한 상담을 하고, 초음파 검사, 호르몬 검사 및 간단한 내진을 실시한 후 인공수정을 위한 정자를 제공할 사람을 대동하고 다시 내원할 것을 지시하였다. 이에 따라 원고 1과 평소 알고 지내던 원고 2는 원고 1로부터 연락을 받고 1998. 11.

23. 미국에서 입국하여 원고 1과 함께 (병원명 생략)병원에 내원하였고, 내원 당일 피고를 만나 인공수정에 관한 상담을 한 후 정액을 채취하고, 원고 1의 인공수정에 사용하도록 채취한 정자를 (병원명 생략)병원에 제공하였다.

(4) 원고 1은 1998. 12. 2. (병원명 생략)병원에 다시 내원하였고, 피고는 당일 전신마취를 통하여 원고 1의 좌측 난소와 나팔관을 제거하는 수술을 하였다.

(5) 피고는 1999. 4. 27. 원고 1 우측 난소에 직경 7.8mm 정도의 작은 난포들이 있는 것을 확인한 후 1999. 5. 13. 난자채취를 시도하였으나 실패하였고, 그 이후로는 다시 난자채취를 시도하지 아니하였다. 원고들은 난자채취에 실패한 이후인 1999. 5. 24. (병원명 생략)병원에 내원하여 원고 1의 인공수정을 위한 진료 진행상황을 확인하였고, 원고 1은 1999. 8. 15.부터 2003. 3. 14.까지 (병원명 생략)병원에 수회 내원하며 프레마린, 프로베라 등의 호르몬제를 계속 복용하여 왔으나 결국 현재까지 인공수정에 성공하지 못하였다.

나. 원고 1의 청구에 관한 판단

(1) 당사자의 주장

(가) 원고 1의 주장

피고는, 원고 1이 자신의 한쪽 난소를 적출하여 주면 이를 냉동보관하였다가 인공수정 분야의 권위자인 자신이 가까운 시일 내에 새로운 의료기술을 연구하여 적출한 난소에서 난자를 추출하고, 이를 이용하여 인공수정을 성공시켜 주겠다고 원고 1을 설득하였다. 이러한 피고의 말에 원고 1은 피고를 믿고 피고가 원고 1의 좌측 난소를 적출하도록 승낙하게 된 것인바, 피고는 적출한 난소를 이용하여 원고 1을 임신시킬 의사와 능력이 없음에도 원고 1을 기망하여 승낙을 받아내고 한쪽 난소를 적출한 것이므로, 피고는 이로 인하여 원고 1이 입은 재산상 손해 및 정신적 손해를 배상할 책임이 있다.

(나) 피고의 주장

피고가 원고 1의 좌측 난소를 적출하게 된 것은, 현재 의학기술로는 임신이 거의 불가능한 원고 1이 먼저 피고에게, 자신의 난소를 적출하여 이를 냉동보관하였다가 혹시라도 의료기술이 발달하면 나중에라도 이를 이용하여 임신할 수 있도록 해달라고 부탁하였기 때문인바, 이는 원고 1의 강력한 요구에 의하여 행하여진 것이므로 피고는 이로 인한 손해배상책임이 없다.

(2) 불법행위의 성립 여부

피고가 1998. 12. 2. 원고 1의 좌측 난소와 나팔관을 수술로 제거한 사실은 앞에서 본 바와 같으므로, 피고가 원고 1의 난소를 적출한 행위가 과연 원고 1에 대하여 불법행위를 구성하는지 여부에 관하여 본다.

살피건대, 외과적인 수술로 난소를 적출해 낸 후 적출한 난소를 냉동보관하며 여기서 난자를 추출하여 인공수정을 할 수 있는 의료기술은 현재 존재하지 아니하고, 가까운 시일 내에 이러한 기술이 개발되어 현실화될 가능성도 거의 기대하기 어렵다는 것은 피고도 스스로 이를 인정하고 있는 점, 이 사건 난소적출 당시 40대 중반의 독신 여성으로서 원고 2의 정자를 이용한 인공수정으로 자신의 아이를 갖기를 간절히 원하고 있었고, 의학에 관하여는 문외한인 원고 1이 막연히 획기적인 의료기술의 개발을 기대하며 자신의 폐경기를 앞당기거나 자칫 영구적인 불임을 초래할 수도 있는 난소적출을 먼저 요구한다는 것은 경험칙상 납득하기 어려운 점, 만일 원고 1의 강력한 요구에 의하여 이러한 난소적출이 이루어졌다면 산부인과 전문의로서 오랜 임상경험이 있는 피고로서는 이러한 난소적출이 일반적인 의료행위의 범위를 벗어난 것으로서 원고 1이 원하는 본래의 목적을 달성할 수 없다는 사실을 쉽게 알 수 있으므로, 나중에 자신을 방어하기 위하여서라도 그 동기와 불가피성을 원고 1에게 자세하게 설명하고 그 내용과 원고 1의 명시적인 승낙을 의무기록에 남기는 것이 상식에 부합하는 것일 텐데도, 피고는 원고 1에 대한 의무기록에 이러한 난소적출 사실을 한 줄로 간단하게 기재하였을 뿐 그 이유나 필요성 등에 대하여는 전혀 기록한 바가 없는 점 등에 비추어 볼 때, 이 사건 난소적출은 피고가 원고 1에 대한 진료 이외의 다른 연구목적을 위하여 난소를 적출하면서 그 시술의 목적과 필요성에 관하여 원고 1을 적극적으로 기망하였거나, 혹은 원고 1이 난소적출의 필요성에 관하여 이미 착오에 빠진 것을 알면서도 위 원고에게 올바른 의학적 정보를 제공하지 않은 채 그의 착오상태를 이용하여 이루어진 것으로 볼 수밖에 없다.

그렇다면 원고 1에 대한 피고의 이 사건 난소적출 행위는 원고 1의 진정한 승낙이 없이 부당한 목적하에 이루어진 것으로서 위 원고에 대하여 불법행위를 구성한다고 할 것이므로 피고는 이로 인하여 원고 1이 입은 손해를 배상할 의무가 있다.

(3) 손해배상의 범위

피고의 이 사건 불법행위로 인하여 원고 1이 상당한 정신적 고통을 받았을 것임은 경험칙상 명백하므로 피고는 이를 금전으로 위자할 의무가 있다고 할 것인바, 나아가 그 불법행위로 인한 위자료 액수에 관하여 살펴보건대, ① 피고는 산부인과 전문의로서 폐경기가 얼마 남지 않은 원고 1의 소망에 따라 원고 1의 인공수정을 위하여 정확한 정보를 제공하고 인공수정의 성공을 위하여 최선을 다할 의무가 있음에도, 원고 1을 기망하거나 최소한 정확한 정보를 제공하지 아니한 채 자신의 이익을 위하여 원고 1의 난소를 적출하는 등 의사로서는 기대하기 어려운 행위를 하였던 점, ② 피고의 이 사건 불법행위로 인하여 원고 1은 여성으로서 모성의 바탕이 되는 난소 하나가 제거되는 상해를 입었는바, 비록 나머지 난소의 기능으로 배란은 계속되고 있다 하더라도, 난소 하나가 제거됨으로써 인공수정을 갈망하는 원고 1에게 임신에 필요한 여성으로서의 신체적 기능에 장애를 주어 다시 되돌릴 수 없는 타격을 주었을 것으로 보이는 점, ③ 이러한 수술로 인한 육체적인 고통뿐 아니라, 인공수정에 관한 권위자로 믿고 인공수정에 도움이 되도록 자신의 난소까지 적출하여 준 피고로부터 기망당한 데 따른 원고 1의 정신적 충격이 상당할 것으로 보이는 점 및 변론에 나타난 여러 사정들을 종합하여 볼 때, 이 사건 불법행위로 인하여 피고가 원고 1에게 지급하여야 할 위자료 액수를 금 6,000만 원으로 정함이 상당하다.

원고 1은 위의 위자료 이외에도 피고의 이 사건 불법행위로 인하여 일본에 거주하는 원고 1이 서울에 오기 위하여 지출한 항공료와 서울에서 체류하는 기간 동안 소요된 숙박료 등의 재산상 손해를 입었으므로 피고는 위 재산상 손해도 배상하여야 한다고 주장하므로 살피건대, 피고의 원고 1에 대한 이 사건 불법행위의 내용은 피고가 원고 1을 기망하거나 원고 1의 진정한 승낙 없이 원고 1의 한쪽 난소를 적출한 것에 있는바, 원고 1이 사용한 항공료와 숙박비 등 경비는 피고의 불법행위와 무관하게 원고 1이 피고로부터 인공수정 시술을 받기 위하여 (병원명 생략)병원에 내원하는 과정에서 어차피 지출하여야 할 비용으로서, 이 사건 불법행위로 인하여 비로소 발생한 손해라거나 피고의 불법행위가 없었더라면 발생하지 않았을 손해라고 볼 수는 없다.

따라서 재산상 손해에 관한 원고 1의 이 부분 청구는 더 나아가 살필 필요 없이 이유 없다.

(4) 소결론

따라서 피고는 원고 1에게 금 6,000만 원 및 이에 대하여 이 사건 소장 부본 송달 다음날인 2005. 12. 31.부터 피고가 이 사건 이행의무의 존부 및 범위에 관하여 항쟁함이 상당한 이 사건 판결 선고일인 2006. 6. 28.까지는 민법에 정한 연 5%, 그 다음날부터 다 갚는 날까지는 소송촉진 등에 관한 특례법에 정한 연 20%의 각 비율로 계산한 지연손해금을 지급할 의무가 있다.

다. 원고 2의 청구에 관한 판단

원고 2는, 자신 역시 원고 1의 인공수정을 위해 자신의 정액을 채취하여 제공하는 등 피고의 이 사건 불법행위로 인하여 자신도 많은 정신적 고통을 당하였으므로 피고는 이에 관한 정신적 손해를 배상할 책임이 있다고 주장한다.

살피건대, 원고 2가 비록 원고 1과 사이에 아이를 갖기 위해 자신의 정액을 제공하였고, 결과적으로 그러한 시도가 실패로 돌아간 사실은 이미 인정한 바와 같으나, 피고가 원고 2의 정액을 채취한 것은 원고 1의 인공수정을 위한 것으로서 피고의 원고 1에 대한 이 사건 불법행위와는 직접적인 관련이 없으므로, 인공수정을 시도한 피고의 시술이 실패하였다는 이유만으로 피고가 원고 2의 정액을 채취한 행위가 원고 2에게 어떠한 불법행위를 구성한다고 볼 수는 없다(또한, 피고의 원고 1에 대한 이 사건 난소적출 행위로 인하여 원고 2가 어떠한 정신적 고통을 입었다고 하더라도 원고 2가 원고 1과 법률상 또는 사실상 혼인관계에 있었다는 점에 관하여 아무런 주장·입증이 없는 이상, 원고 2의 손해와 피고의 이 사건 난소적출 행위 사이에는 상당인과관계가 있다고 볼 수도 없다).

따라서 원고 2의 이 사건 청구는 더 나아가 살필 필요 없이 이유 없다.

라. 결 론

그렇다면 원고 1의 이 사건 청구는 위 인정 범위 내에서 이유 있으므로 이를 일부 받아들이고, 원고 2의 이 사건 청구는 이유 없으므로 이를 받아들이지 아니한다.

Ⅲ. 분 석

Law and Bioethics

이 사건에서 쟁점이 된 것은 체외수정 시술[36] 그 자체가 아니라, 원고 1의 좌측 난소를 피고가 적출한 것이 불법행위를 구성하는가 하는 점이다. 따라서 본 판례는 이 점에 관하여 주로 판단하고 있다. 난소적출의 동기에 대해 양당사자의 의견이 대립하고 있는데, 원고 1은 피고가 새로운 의료기술을 연구하여 가까운 시일 내에 임신을 성공시키겠다고 먼저 제의했다고 주장하고 있으나, 피고는 원고 1이 그렇게 해달라고 먼저 제의했다고 주장하고 있다. 이에 법원은 첫째, 피고가 진료가 아닌 연구목적으로 난소를 적출했다는 점을 인정하였고, 둘째, 피고가 난소적출 시술에 대해 적극적으로 기망하였거나 원고 1이 착오상태에 있는 점을 이용하였다는 점을 인정하고 있다. 이에 더하여 셋째, 피고가 난소적출에 대해 원고 1의 명시적인 승낙 여부에 대한 기록을 남기지 않고 있다는 점을 지적하고 있다. 법원은 이런 사정으로 볼 때 문제가 된 난소적출은 원고 1의 진정한 승낙이 없이 진행되었으므로 불법행위를 구성한다고 판시하였다. 이렇게 민법상 불법행위 여부를 다투는 문제도 생명윤리안전법의 영역에 속한다고 할 수 있다. 이는 제1장에서 언급한 것처럼 생명윤리안전법은 공법 영역뿐 아니라 사법 영역도 포함하고 있는 통합적이고 전문적인 법영역이기 때문이다.

이를 생명윤리안전법의 핵심 주제에 초점을 맞추어 살펴보자. 첫째, 원고 1이 난소적출에 대해 동의한 것은 사실이다. 그러나 동의했다는 그 사실만으로 항상 모든 행위가 정당화되는 것은 아니다. 생명윤리에 있어 자기결정권은 대

---

36 판례의 용어로는 인공수정.

단히 중요한 가치이다. 그러나 생명윤리에서는 스스로 결정했다는 외관이 중요한 것이 아니라, 자기가 결정하여야 할 상황에 대해 충분한 설명을 들어 적절한 정보를 가지고 있었는지 여부도 중요한 것이다. 나아가 결정자가 설명을 듣고 이해할 수 있는 지적 능력과 언어적 이해력을 가지고 있는지도 중요하다. 만일 당사자가 외국인이라면 그 사람이 이해할 수 있는 언어로 상황을 설명하는 것이 필요할 것이다. 따라서 판례가 지적하듯이 이 사건에서 원고 1은 외관상 동의를 하기는 하였지만 충분한 정보에 의해 동의한 것이 아니기 때문에 진정한 동의/승낙을 했다고 보기는 어려울 것이다.

둘째, 원고 1의 난소적출이 갖는 의미에 대해서 생각해 볼 필요가 있다. 문제가 된 난소적출에 관해서 피고는 원고 1의 임신을 위해서 적출한다고 얘기하고는 있지만 판례가 인정하듯이 이는 현재 의학과 생명과학의 수준으로 볼 때 당장은 실현가능성이 없는 언급이다. 그리고 궁극적으로 임신을 위한 것이라고는 하지만, 그 당시로서는 새로운 의료기술을 개발하기 위한 연구용으로 사용하려고 했다는 것은 당사자 모두가 인정하고 있는 바이기도 하다. 자신의 신체 일부인 인체유래물을 연구용으로 제공하는 것은 일종의 인간대상연구에 속하는 것이고 인체유래물을 제공하는 사람은 피험자가 된다. 그런데 생명윤리의 관점에서 피험자의 지위는 환자의 지위와는 다르게 다루어져야 한다. 의료행위는 환자를 이롭게 하기 위하여 환자에게 개입하는 것이지만, 연구행위는 연구가 성공하여 그 결과물이 사회를 이롭게 할 수는 있어도 피험자 스스로가 혜택을 보는 것은 아니다. 오히려 피험자는 연구를 위해 스스로 일정한 희생을 부담하게 된다.[37] 그렇기 때문에, 환자보다 피험자를 훨씬 강하게 보호하는 것이 적절한 생명윤리적 관점이라고 할 수 있다. 이 사건의 경우 원고 1은 이런 관점에서 볼 때, 일반적인 의료행위에서 행해지는 동의나 승낙보다 훨씬 더 자세한 설명과 본인의 숙고를 거친 후에 동의나 승낙을 할 수 있어야 했다. 이런 점에서 피고의 행위는 생명윤리적으로 비난받을 수 있는 행위이다.

셋째, 이 사건에서 쟁점이 되지는 않았지만[38] 생명윤리안전법의 관점에서

---

37 물론 연구 중에는 치료의 성격을 가지고 있는 이른바 치료적 연구가 많이 있다. 이렇게 치료의 성격과 연구의 성격을 동시에 가지고 있을 경우 이를 어떻게 취급하는 것이 생명윤리적일까? 이에 대해 많은 생명윤리 규범들은 연구의 성격을 더 중요하게 보고 치료적 연구의 대상자도 피험자로서 보호해야 한다고 하고 있다.

38 이 사건은 생명윤리안전법이 제정되기 전에 일어났으므로 당연히 판례는 생명윤리안전법을 고려할 수 없었다.

이 사건을 분석한다면 어떻게 될 것인가? 앞서 개요에서 언급한 쟁점들을 중심으로 난소적출 행위는 제외하고 일반적인 체외수정 시술에 대해서만 검토해 보기로 하자. 첫째, 체외수정 시술의 목적과 관련하여 볼 때, 피고의 난자 채취 행위는 원고 1의 임신을 위한 것이었으므로 생명윤리안전법상 적법하다고 할 수 있다. 둘째, 체외수정 배아 생성과 관련된 동의에 대해 살펴보자. 생명윤리안전법상 동의권자는 정자제공자·난자제공자·인공수태시술대상자 및 그 배우자이다. 그러므로 최소한 원고 1과 원고 2는 서면동의를 하여야 한다.[39] 문제는 원고 2가 독신인지 여부가 판례의 내용에서는 불명확하다는 점이다. 만일 원고 2에게 배우자가 있다면 그 배우자도 서면동의를 하여야 적법한 절차를 거친 것이 될 것이다. 셋째, 앞서 개요에서 언급한 것처럼 혼인관계에 있지 않은 사람도 체외수정 시술을 받을 수 있는지도 쟁점이 된다. 이 사건 원고 1은 독신여성이기 때문이다. 이에 대해서는 다양한 견해가 있을 수 있으며, 본 교재에서는 원고 1이 배우자가 없기 때문에 본인의 동의로 충분하며 체외수정 시술도 받을 수 있다는 견해를 취한다.

---

39 물론 위 판례만으로는 실제로 서면동의가 이루어졌는지 여부는 알기 어렵다.

IV. 연습문제

결혼한 지 5년차 주부인 영원해 씨는 한 달 전 남편을 교통사고로 잃었다. 영원해 씨와 남편은 그동안 아이가 없어 고민을 하던 차에, 6개월 전부터는 불임클리닉에서 체외수정 시술을 시작하였다. 그동안 자신의 난자와 남편의 정자로 체외에서 수정을 시도하여 5개의 배아를 얻게 되었고, 이제 그 배아를 착상하는 일만 남게 되었다. 그러던 차에 갑작스럽게 남편이 교통사고를 당하여 사망한 것이다.

한 달간을 슬픔에 잠겨있던 영원해 씨는 드디어 결심하고 불임클리닉의 담당의사 신중한 박사를 찾아갔다. 영원해 씨는 신 박사에게 죽은 남편이 남겨 준 소중한 선물인 배아를 착상하여 아이를 갖겠다고 얘기하였다. 신 박사는 영원해 씨의 뜻을 잘 알겠다고 한 후, 하지만 지금은 남편이 사망한 상태이기 때문에 그 배아를 착상하는 시술을 하는 것이 위법인지 여부를 스스로 확신할 수 없기 때문에 법률자문을 받은 후 그 결과를 알려주겠다고 얘기하였다.

영원해 씨가 돌아간 후 신 박사는 불임클리닉의 법률자문을 담당하고 있는 강직한 변호사에게 이 문제에 대해 문의하였다. 신 박사가 강 변호사에게 문의한 내용은 다음 두 가지이다. 여러분이 강 변호사라면 어떤 법률자문을 해 줄 것인가?

1. 배우자간에 체외수정 배아가 생성된 후 배우자 중 일방이 사망했을 경우 그 배아의 법률적 지위는 어떻게 되는지? 그리고 그 배아를 어떻게 처리 혹은 관리해야 하는지?

2. 생명윤리안전법은 사망한 자의 생식세포로 배아를 생성하는 것을 금지하고 있는데, 이미 배아를 생성한 후에 그 일방이 사망한 경우에는 어떻게 해야 하는지? 즉, 이 배아를 자궁에 착상하는 것은 허용되는지?

V. 토론과제

현행 법체계에서 태아는 상속 등 일정한 부분에서는 법적인 보호를 받고 있다. 그렇다면 배아도 그런 법적인 보호를 받아야 하는가? 만일 배아는 법적인 보호를 받을 필요가 없다고 생각한다면 그 이유는 무엇이고, 법적인 보호를 받아야 한다고 생각한다면 어떤 보호가 필요한지 생각해 보자.

VII. 읽을거리

1. 인구문제, 보조생식술 등에 대한 전반적인 이해를 위해서는 Peter Singer, Helga Kuhse 저, 변순영·강미정·홍석영·조현아 역, "생명윤리학 I", 인간사랑, 2005를 참조하시오.

2. 루이스 브라운 사건 및 그 이후의 보조생식술에 관한 사례와 문제들을 살펴보기 위해서는 Gregory E. Pence 저, 김장한·이재담 역, "고전적 사례로 본 의료윤리", 지코 사이언스, 2007을 참조하시오.

3. 보조생식술을 둘러싼 법적인 문제점을 간단하게 파악하기 위해서는 권복규·김현철 저, "생명 윤리와 법", 이화여자대학교출판부, 2009를 참조하시오.

4. 인간 배아에 대한 찬성과 반대 논거를 보다 자세하게 이해하기 위해서는 임종식·구인회 저, "삶과 죽음의 철학-생명윤리의 핵심 쟁점에 대한 철학적 해부", 아카넷, 2003를 참조하시오.

제 4 장

Law and Bioethics

부(父)와 모(母)의 결정

제 4 장
부(父)와 모(母)의 결정

I. 개 요

1. 친자 관계에 대한 보조생식술의 함의[1]

생명과학기술의 발달은 전통적인 친자 관계의 규정 방식에도 변화를 가져 오고 있다. 친자 관계의 규정에 대한 일반법이라 할 수 있는 민법은 남녀의 자 연적 생식 과정을 통한 인간의 탄생만을 염두에 두고 법적인 부모의 결정 문제 나 자(子)의 법적 지위 문제를 규정해 왔다. 하지만 보조생식술(assisted reproductive technology)[2]을 통해 남녀의 생식 과정에 대한 인위적 개입이 가능해지게 됨으로써 기존의 민법 규정만으로는 합리적으로 규율하기 곤란한 상황들이 발생하고 있다.

일반적으로 보조생식술과 관련하여 법적인 측면에서 새롭게 제기되는 문제 들은 크게 두 가지 부류로 나누어 생각해 볼 수 있다. 첫째, 보조생식술의 활용

---

1 이하 본장의 내용을 박준석, "보조생식술과 부모 결정: 법적·철학적 함의", 『생명윤리정책연구』 제7권 제2호, 2013, 1–21쪽을 기초로 쓰였음.
2 생명윤리안전법 제24조에서는 "체외수정 시술"이라는 용어를 사용하고 있다.

을 어느 정도까지 허용할 것인가 혹은 달리 말해서 이른바 재생산의 자유를 어느 정도까지 인정할 것인가에 관한 문제와 둘째, 보조생식술의 활용을 통해 태어나게 되는 아이의 부모를 누구로 정할 것인가에 관한 문제가 바로 그것이다. 물론 이 두 가지 종류의 문제가 항상 명확히 구분되는 것은 아니다. 예를 들어 이미 사망한 자의 생식세포 또는 미성년자의 생식세포를 이용하여 포태하는 것을 금지하고 있는 생명윤리안전법 제23조 제2항의 규정이나, 법률상의 부부에 대해서만 보조생식술을 통해 자녀를 가질 수 있도록 제안하고 있는 일본 후생노동성 보고서[3]의 입장과 같이 태어날 아이의 부모 지위를 귀속시키기에 적합하지 않을 수 있음을 이유로 보조생식술의 적용을 제한하는 경우도 있을 것이며, 반대로 법적인 제한 사유가 있음에도 불구하고 위법하게 행해진 보조생식술로 인하여 실제로 아이가 태어나게 된다면 그의 부모를 누구로 할 것인지에 대해서도 법적인 부모 결정의 일반 원칙을 정함에 있어 고려해야 하기 때문이다.[4]

하지만 여전히 두 종류의 문제는 구분해서 생각할 필요가 있다. 보조생식술의 허용 범위를 판단하는 문제는 단순히 법적인 부모의 결정이라는 관심 범위를 넘어서 널리 인간의 자유와 그 한계에 관한 근본적인 성찰을 요구하기 때문이다. 따라서 이하에서는 위의 두 가지 문제 중에서 상대적으로 논의의 범위가 분명히 드러나 있는 두 번째 문제 즉 생명과학기술의 발달로 말미암아 복잡해지고 있는 법적인 부모의 결정 문제를 중심으로 검토를 진행하고자 한다.

2. 전통적인 친자법의 내용

앞에서 언급한 바와 같이 법적인 부모의 결정 문제에 대해서는 기본적으로 민법이 규정하고 있다. 민법은 주로 법적인 부(父)의 결정에 관하여 상세한 규정을 마련하고 있는 반면, 법적인 모(母)의 결정에 관해서는 아무런 규정도 두고 있지 않다. 그 이유는 우리 민법이 누가 모(母)인지는 출산의 사실로부터 명확하다는 로마법 이래의 원칙을 따르고 있기 때문이다. 사실 보조생식술의 발전으

---

3 『정자·난자·수정란의 제공 등에 의한 생식보조의료제도의 정비에 관한 보고서』(2003)를 말한다.
4 정광수, "인공생식과 친자관계에 관한 법적 문제", 『안암법학』, 제25권, 2007, 761-762쪽 참조.

로 난자를 제공하는 유전적 모(母)와 임신 및 출산을 담당하는 포태적 모(母)가 달라질 수 있는 가능성이 생기기 이전에는 유전적 모(母)이면서 동시에 포태적 모(母)인 여성과 이른바 사회적 모(母) 즉 아이에 대하여 친권의 행사와 양육을 담당하는 여성이 달라질 수 있는 여지가 있을 뿐이었다. 원칙적으로 아이를 낳은 여성이 법적인 모(母)가 되고, 단지 예외적으로 입양과 같은 제도를 통해 사회적 모(母)에게 법적인 모(母)의 지위를 인정할 수 있도록 하면 족했던 것이다. 따라서 실제로 문제가 되는 것은 태어난 아이의 부(父)가 누구인지를 결정하는 일이었다.

민법은 법적인 부(父)의 결정 문제에 관하여 모(母)에게 남편(夫)이 있다면 그를 태어난 아이의 부(父)로 추정한다는 규정을 둠으로써 대응하고 있다. 비록 모(母)의 결정에서와 같이 명확한 사실을 통해 확인되는 것은 아니지만, 예컨대 부부 중의 한 사람이 장기간 해외에 체류하고 있는 중이라거나 부부가 사실상의 이혼 상태에 있어서 장기간 별거하고 있는 중이어서 부인(妻)이 남편(夫)의 아이를 포태할 수 없었다는 점이 외관상 명백한 경우[5]를 제외하고는, 부인(妻)이 낳은 아이는 곧 남편(夫)의 아이일 것이므로, 일반적으로 혼인 중에 있는 부인(妻)에게서 태어난 아이의 부(父)는 산모인 부인(妻)의 남편(夫)이라고 추정하는 것이 합리적이기 때문이다. 물론 친생의 추정이 사실관계에 부합하지 않을 경우에는 실체적 진실에 반하는 부(父)의 추정을 깨뜨릴 수 있어야 하기 때문에 민법은 친생부인의 소에 관한 상세한 규정을 또한 마련하고 있다.[6]

3. 보조생식술의 발전과 대리모 계약의 유형

보조생식술의 발전은 유전적 모(母), 포태적 모(母) 그리고 사회적 모(母)의 관계에 대한 기존의 사고틀을 완전히 바꾸어 놓았다. 생식세포의 기증 또는 포태 기능의 제공을 통해 자연적 생식 과정과는 구별되는 과정을 거쳐 인간이 태어

---

5 대법원 2000. 8. 22. 선고 2000므292 판결.
6 친생의 추정이 미치는 자에 대해 친자관계를 부인하기 위해서는 친생부인의 소(민법 제846조)를 제기해야 하는 데 비해, 외관상 명백한 사유로 인하여 친생의 추정 자체가 미치지 않는 자에 대해 친자관계를 부인하기 위해서는 친생자관계부존재확인의 소(민법 제865조)를 제기할 수 있다. 이에 대해서는 대법원 1983. 7. 12. 선고 82므59 판결 참조.

날 수 있게 되었기 때문이다. 일반적으로 대리모 문제라 불리는 상황들이 현실화되면서, 이제 더 이상 누가 모(母)인지는 출산의 사실로부터 명확하다는 말은 할 수 없게 되었다.

대리모란 "출산한 아이를 타인에게 인도하고 그 타인으로 하여금 친권을 행사하게 할 목적으로 그 아이의 임신 전에 체결된 계약에 따라서 임신한 여성"[7]을 말한다. 대리모의 유형은 크게 두 가지로 나누어 볼 수 있을 것이다. 첫째, 아이를 갖고자 하는 불임 부부에게 자신의 난자와 포태 기능을 동시에 제공하는 형태가 있다. 만일 부인(妻)에게서 난자가 생성되지 않을 뿐 아니라 포태 능력에도 문제가 있어 임신과 출산이 불가능한 경우라면 타인으로부터 난자와 포태 기능을 제공받아야 할 것이다. 이러한 유형의 대리모는 불임 부부에게 남편(夫)의 유전자를 물려받은 아이를 가질 수 있도록 해 준다는 점 때문에 입양의 방법보다는 선호될 가능성이 있다.

둘째, 자신의 포태 기능만을 제공하는 형태가 있다. 앞의 경우와 같이 불임 부부의 부인(妻)에게 난자 생성 및 포태 능력에 문제가 있을 때 난자와 포태 기능을 각각 다른 여성으로부터 제공받을 수 있다. 이는 난자와 포태 기능을 동시에 제공한 대리모가 임신과 출산의 과정을 거치면서 태어난 아이에게 유전적·포태적 모(母)로서의 애착을 느끼게 되어 불임 부부에게 아이를 인도하지 않음으로써 분쟁이 발생하는 경우[8]가 종종 있다는 사실에 비추어 첫 번째 유형의 대리모 방식보다 선호될 수 있는 여지가 있다. 한편 불임 부부의 부인(妻)에게 단지 포태 능력에만 문제가 있을 경우에도 이와 같은 유형의 대리모가 필요하게 될 것이다. 이 경우 불임 부부는 자신들의 유전자를 온전히 물려받은 아이를 가질 수 있게 됨은 물론이다.

첫 번째 유형의 대리모 계약은 태어나게 되는 아이의 유전적 모(母)이면서 동시에 포태적 모(母)인 여성과 사회적 모(母)인 여성이 달라지는 결과를 가져오게 되며, 두 번째 유형의 대리모 계약 중에서 불임 부부가 서로 다른 여성으로부터 난자와 포태 기능을 제공받는 경우에는 태어나게 되는 아이의 유전적 모(母)와 포태적 모(母) 그리고 사회적 모(母)가 모두 달라지는 결과가 발생하게 된

---

7 이는 영국의 Surrogacy Arrangement Act (1985)에 규정된 대리모의 정의이다. 이에 대해서는 이영규, "대리모에 의한 출산자의 모자관계", 『법과 정책연구』, 제10집 제1호, 2010, 85쪽 참조.
8 대표적인 사례로 1986년 미국의 뉴저지에서 발생한 Baby M 사건을 들 수 있을 것이다.

다. 이와 달리 두 번째 유형의 대리모 계약 중에서 불임 부부의 부인(妻)에게 부족한 포태 기능만 대리모로부터 제공받는 경우에는 태어나게 되는 아이의 유전적 모(母)와 사회적 모(母)는 일치하지만, 포태적 모(母)는 다른 여성이 되는 결과가 발생하게 된다.

4. 법적인 모(母)의 결정 문제

그렇다면 이상과 같은 경우에 누구를 법적인 모(母)로 정할 것인가? 앞에서 살펴본 바와 같이 우리 민법에는 현재까지 이에 대한 규정이 마련되어 있지 않다. 뿐만 아니라 생명윤리가 문제되는 생활 영역에 대한 기본법이라 할 수 있는 생명윤리안전법이나 여타의 특별법에서도 관련 규정은 존재하지 않는다. 따라서 일차적으로 각 유형의 대리모 계약에서 분쟁이 발생할 경우 어떠한 기준에 따라 해결해야 하는지 분명치 않으며, 이는 또한 태어나게 되는 아이의 법적 지위가 불안정해지는 결과로 이어지게 된다.

예를 들어 대리모가 자신의 난자와 포태 기능을 함께 제공하는 경우에는 대리모 계약을 체결할 당시에는 미처 느끼지 못했던 유전적·포태적 애착을 경험한 대리모가 태어난 아이를 불임 부부에게 인도하지 않고 자신에게 친권이 있음을 주장함으로써 분쟁이 생길 수 있다. 이른바 *Baby M* 사건으로 널리 알려진 사례가 바로 그러한 경우인데, 사건의 개요는 다음과 같다. 불임 부부였던 빌 스턴(Bill Stern)과 엘리자베스 스턴(Elizabeth Stern)은 매리 화이트헤드(Mary Beth Whitehead)라는 여성에게 10,000달러를 지불하기로 하고 그녀의 난자와 포태 기능을 제공받기로 하였다. 스턴 씨의 정자와 화이트헤드의 난자를 인공 수정함으로써 화이트헤드는 아이를 포태하게 되었는데, 막상 아이를 출산한 후에는 스턴 씨 부부에게 인도하기를 거부하며 자신이 아이를 양육하려 함으로써 법적인 분쟁이 발생하게 되었다. 사건이 발생한 이듬해에 내려진 뉴저지 주의 하급심 판결은 대리모를 고용한 불임 부부가 법적인 부모이므로 화이트헤드는 아이를 스턴 씨 부부에게 인도해야 하며, 아이가 화이트헤드를 다시 만나지 않는 편이 아이를 위해서 좋다는 점을 주된 내용으로 하고 있었다. 그렇지만 뉴저지 주 대법원은 만장일치로 원심을 뒤집으면서, 대리모 계약은 법적으로 무효라는 점

과 아울러 아이를 포태하고 출산한 화이트헤드가 면접교섭권을 갖는 법적인 모(母)임을 선언하였다.[9]

한편 대리모가 포태 기능만을 제공하는 경우에도 분쟁의 소지는 남아 있다. 이와 관련해서는 *Johnson v. Calvert* 사건을 예로 들 수 있을 것이다. 마크 칼버트(Mark Calvert)와 그의 아내 크리스피나 칼버트(Crispina Calvert)는 아이를 가지고 싶었지만, 칼버트 부인이 자궁절제 수술을 받은 병력이 있어 대리모를 찾고 있었다. 자궁절제 수술에도 불구하고 칼버트 부인의 난소는 난자를 생산할 수 있는 상태였기 때문에 대리모는 포태 기능만을 제공하고, 태어난 아이에 대한 친권을 포기하고 아이를 칼버트 씨 부부에게 인도하기만 하면 되었다. 직장 동료에게서 이 소식을 접하게 된 안나 존슨(Anna Johnson)은 칼버트 씨 부부에게 자신이 대리모가 되겠다고 제안했고, 1990년 1월 양측은 위와 같은 내용의 대리모 계약을 체결했다. 안나 존슨은 10,000달러의 사례금과 20,000달러에 달하는 생명보험 비용을 반대급부로 지급받는 조건이었다. 하지만 존슨은 출산을 3~4개월이나 남겨두고 찾아온 조기 진통(premature labor)에 시달린 데 비하면 반대급부가 충분히 주어지지 않았다고 주장하며 태어난 아이의 인도를 거부하기에 이르렀다. 같은 해 10월에 캘리포니아 주의 하급심 판결은 양측 사이에 체결된 대리모 계약이 유효하며, 칼버트 씨 부부가 태어난 아이의 자연적 부모이며, 존슨은 아이에 대한 친권을 보유하지 않는다고 선언했다. 존슨은 항소와 상고를 거듭했으나 법원의 판단은 바뀌지 않았다.[10]

그렇지만 이러한 사례들에서의 결론이 현재 보편적인 지지를 얻고 있는 것은 아니라는 점을 주의할 필요가 있다. 앞에서 지적했던 바와 같이 보조생식술이 개입될 경우 법적인 부모가 누구인지를 결정하는 문제는 당해 사안이 보조생식술의 적용이 제한되어야 할 경우에 해당하는지 여부에 대한 판단의 문제와 연관되어 있다. 실제로 많은 국가들이 여러 가지 이유를 들어 대리모 계약의 법적인 효력을 부인하면서, 동시에 유전적 모(母)와 포태적 모(母)가 일치하지 않는

9 *Baby M* 사건에 대한 개요는 Gregory E. Pence, Classic Cases in Medical Ethics, 4th Edition, New York, McGraw-Hill, 2004, 168–169쪽 참조.
10 *Johnson v. Calvert* 사건에 대해서는 Johnson v. Calvert (1993) 5 Cal.4th 84, 19 Cal.Rptr.2d 494; 851 P.2d 776 참조. 캘리포니아 주 대법원은 판결문에서 칼버트 씨 부부가 태어난 아이의 "유전적, 생물학적 그리고 자연적(genetic, biological and natural)" 부모라고 적고 있다.

경우에도 출산을 한 여성이 법적인 모(母)라는 전통적인 원칙을 유지하고 있다.[11] 이에 따르면 결국 다양한 유형의 대리모 계약을 기반으로 보조생식술을 적용하여 태어난 아이에 대해서도 여전히 포태 기능을 제공한 여성이 법적인 모(母)가 되는 것이다.[12]

5. 법적인 부(父)의 결정 문제

보조생식술이 개입되면 누구를 법적인 부(父)로 정할 것인가 하는 문제 역시 더욱 복잡해진다. 현행 민법의 규정과 같이 혼인 중에 있는 부인(妻)에게서 태어난 아이의 부(父)는 산모인 부인(妻)의 남편(夫)이라고 추정하되, 실체적 진실에 반하는 경우에도 매우 엄격한 절차적 조건하에서 이를 부인할 수 있도록 한다는 것은 결국 혈연관계가 존재하지 않아도 법적인 부(父)로 추정되는 경우가 있을 수 있다는 점을 시사한다.[13] 이러한 전제로부터 일견 다음과 같은 추론이 가능할 것이다. 첫째, 대리모가 기혼자인 경우 대리 출산으로 인하여 자신의 남편(夫)이 태어난 아이의 부(父)로 추정될 수 있을 것이다. 둘째, 대리모가 미혼인 경우 태어난 아이에게는 법적인 부(父)로 추정을 받는 누군가가 존재할 수 없을 것이다.

물론 대리모 계약이 유효한 것으로 인정되고, 출산을 한 여성이 태어난 아이의 법적인 모(母)가 아니라고 본다면 이와 같은 추론은 배제되기 쉬울 것이다. 대리모를 고용한 불임 부부에게 법적인 부모의 지위를 인정할 것이기 때문이다. 그렇지만 대리모 계약이 무효이며, 유전적 모(母)와 포태적 모(母)가 일치하지 않는 경우에도 어디까지나 출산을 한 여성이 법적인 모(母)라는 입장을 고수한다면 결과는 분명치 않다. 판례에 의하면 부인(妻)이 남편(夫)의 아이를 포태할 수 없었다는 점이 외관상 명백한 경우에만 친생의 추정이 미치지 않으므로, 대리모로서 포태 기능을 제공하기로 하고 보조생식술의 일환으로 남편(夫) 이외의 자의 정자 또는 그로부터 생성된 수정란을 주입받은 적이 있다는 사정이 그러한 경우(즉 대리모로서 출산을 한 여성이 '자신의' 남편(夫)의 아이를 포태할 수 없었다는 점이 외관

---

11 독일과 일본의 경우를 대표적인 예로 생각할 수 있을 것이다. 이에 대해서는 이영규, 앞의 논문, 92-96쪽 참조.
12 정광수, 앞의 논문, 751쪽 참조.
13 정광수, 앞의 논문, 758쪽 참조.

상 명백한 경우)에 해당한다고 볼 수 있는지 여부에 따라 판단이 달라질 것이기 때문이다.[14]

이상의 논의는 불임의 원인이 주로 부인(妻)에게 있는 경우에 대리모 계약을 기반으로 보조생식술을 적용하여 태어난 아이의 법적인 부(父)를 결정하는 문제에 관한 것이었다. 그렇다면 불임의 원인이 남편(夫)에게 있는 경우 또는 부부 모두에게 있는 경우에는 어떠한가? 전자의 경우에는 타인의 정자를 제공받는 방법에 의하여, 후자의 경우는 타인의 정자와 난자를 각각 또는 수정란의 상태로 제공받는 방법에 의하여 보조생식술이 개시될 수 있을 것이다.[15]

이 경우에는 보조생식술의 적용에 대하여 남편(夫)의 동의가 있었는지에 따라 달리 취급해야 한다는 견해가 지배적이다. 따라서 부인(妻)이 남편(夫)의 동의를 얻어 타인의 정자를 제공받거나, 타인의 정자와 난자를 각각 또는 수정란의 상태로 제공받아 아이를 포태·출산한 경우에는 남편(夫)이 태어난 아이의 부(父)로 추정된다는 데 대체로 견해가 일치하고 있다. 다만 그 경우 남편(夫)이 나중에라도 친생부인의 소를 제기할 수 있는지에 대해서는 견해가 갈리고 있다. 구체적으로는 ① 보조생식술을 활용하여 아이를 낳고 기르는 데 스스로 동의했음에도 불구하고 후에 친생부인의 소를 제기하는 것은 신의칙에 반하기 때문에 허용될 수 없다고 보는 견해, ② 부인(妻)이 출산한 아이가 남편(夫)의 아이인 것으로 친생의 추정을 받는다는 사실로부터 친생부인의 소를 제기하는 것이 허용되지 않는다는 결론이 도출되지는 않는다는 원칙이 이 경우에도 동일하게 적용된다는 견해, ③ 남편(夫)의 동의가 단순한 시술의 동의였는지 아니면 태어날 아이의 친생자로서의 지위를 다투지 않겠다는 의사의 표현이었는지에 따라 나중에 친생부인의 소를 제기할 수 있는지 여부가 달라진다는 견해 등이 있다.[16]

반면에 부인(妻)이 남편(夫)의 동의를 구하지 않고 타인의 정자를 제공받거나, 타인의 정자와 난자를 각각 또는 수정란의 상태로 제공받아 아이를 포태·출산한 경우는 어떠한가? 앞의 경우와는 달리 남편(夫)의 동의가 없었다는 점에

---

14 언제나 출산한 여성이 법적인 모(母)라는 입장을 고수하고 있는 일본 법무성의 『정자·난자·수정란의 제공 등에 의한 생식보조의료에 의해 출생한 자의 친자관계에 관한 민법 특례에 관한 요강 중간 시안』(2003)은 이러한 논란이 발생할 수 있다는 점을 예견하고 있는 것으로 보인다. 이에 대해서는 정광수, 앞의 논문, 763-764쪽 참조.
15 불임의 원인이 부부 모두에게 있는 경우에, 부인의 난자 생성 능력만이 아니라 포태 능력에도 문제가 있다면 다시 대리모 계약의 상황을 함께 고려해야 할 것이다.
16 김은애, "법적 부모 규정방식 변화의 필요성", 『한국여성철학』, 제12권, 2009, 128쪽 참조.

주목하여 그가 태어난 아이의 부(父)로 추정되지 않는다고 할 것인가? 혹은 여전히 혼인 중에 부인(妻)이 출산한 아이는 남편(夫)의 아이인 것으로 친생의 추정을 받는다는 민법의 규정에 따라야 하며, 다만 이 경우는 확실히 친생부인의 소를 제기할 수 있는 것으로 볼 것인가? 이는 결국 남편(夫)의 동의가 이 경우 어떠한 법률적 의미를 지니는가에 대한 명확한 입장 표명을 요구하는 질문인 셈이다.

선뜻 답하기 힘들어 보이는 이 문제에 대해서는 사실 이미 약간의 입법적인 대응이 이루어져 있는 상태이다. 생명윤리안전법 제24조에 의하면 배아생성의료기관이 배아를 생성하기 위하여 정자 또는 난자를 채취하는 때에는 정자제공자·난자제공자·체외수정 시술대상자 및 그 배우자의 서면 동의를 얻어야 하며, 이 경우 동의 사항에 대하여 각자에게 사전에 충분히 설명하여야 한다. 따라서 적어도 보조생식술이 합법적으로 이루어지는 한, 부인(妻)이 남편(夫)의 동의 없이 아이를 포태·출산하는 경우란 존재하지 않는다고 말할 수 있다. 그러나 이와 같은 법 규정에도 불구하고 실제 보조생식술이 동의권자인 남편(夫)의 동의 없이 불법적으로 이루어졌다면 어떠한가? 이 질문에 답하기 위해서는 다시금 남편(夫)의 동의가 이 경우 어떠한 법률적 의미를 지니는가의 질문으로 돌아가야만 한다. 그리고 아직까지는 이에 대한 명확한 해답은 주어지지 않은 상태이다.

II. 판례 및 사례

Law and Bioethics

1. 대법원 1983. 7. 12. 선고 82므59 판결(전합)

가. 다수의견

민법 제844조는 친생자(혼인중의 출생자)의 추정에 관하여 ① 처가 혼인중에 포태한 자는 부의 자로 추정한다. ② 혼인성립의 날로부터 200일 후 또는 혼인관계 종료의 날로부터 300일내에 출생한 자는 혼인중에 포태한 것으로 추정한다고 규정하고 제846조 이하에 그 추정을 받는 경우의 친생부인의 소를 규정하고 있으나 위 제844조는 부부가 동거하여 처가 부(夫 이하 같다)의 자를 포태할 수 있는 상태에서 자를 포태한 경우에 적용되는 것이고 부부의 한쪽이 장기간에 걸쳐 해외에 나가 있거나 사실상의 이혼으로 부부가 별거하고 있는 경우 등 동서의 결여로 처가 부의 자를 포태할 수 없는 것이 외관상 명백한 사정이 있는 경우에는 그 추정이 미치지 않는다고 할 것이다. 왜냐하면 위 제844조는 제846조 이하의 친생부인의 소에 관한 규정과 더불어 부부가 정상적인 혼인생활을 영위하고 있는 경우를 전제로 가정의 평화를 위하여 마련한 것이라 할 것이어서 그 전제사실을 갖추지 아니한 위와 같은 경우에까지 이를 적용하여 요건이 엄격한 친생부인의 소에 의하게 함은 도리어 제도의 취지에 반하여 진실한 혈연관계에 어긋나는 부자관계의 성립을 촉진시키는 등 부당한 결과를 가져올 수 있기 때문이다. 위 견해에 저촉되는 종전의 당원 견해(1968. 2. 27 선고 67므34 판결, 1975. 7. 22 선고 75다65 판결 등)는 이를 변경하기로 한다. 이 사건에 있어서 청구인의 주장에 의하면 피청구인의 모인 청구외 1이 위에서와 같은 이유로 가출을 하여 그 때부터 청구인과 별거하였고 별거한지 약 2년 2개월 후에 피청구인을 출산하였다는 것이므로 위와 같은 경우에는 위에서 설시한 바와 같이 위 제844조의 추정이 미치지 아니하고 따라서 친자관계부존재 확인소송을 제기할 수 있다.

나. 반대의견

민법 제844조가 그 제1항에 처가 혼인중에 포태한 자(子, 이하 같다)는 부(夫, 이하 같다)의 자로 추정한다. 그 제2항에 혼인성립의 날로부터 200일후 또는 혼인관계 종료의 날로부터 300일내에 출생한 자는 혼인중에 포태한 것으로 추정한다고 규정한 것은 근원적으로 부부간의 정절과 가정의 평화를 기대하는 법의 정신을 그 바탕으로 하며 혼인을 비롯한 우리나라 신분법체계에 연유하는 것으로 풀이된다. 부부간의 정절의무는 그 가정의 평화와 가족제도의 유지에 필수불가결한 것이며 따라서 혼인중에 포태한 자는 당연히 그 부의 자일 수밖에 없는 것이므로 민법은 이를 일률적으로 부의 자로 추정하고 남편이 그 가정의 파탄에 불구하고 그 가정의 비밀을 들추면서까지 부자관계를 부인하는 경우에는 친생부인의 소에 의하여 위 추정을 번복하고 신분관계질서의 신속한 안정을 위하여 이와 같은 친생부인의 소제기에 제척기간을 정하고 있는 바이므로(민법 제846

조, 제847조) 이 친생부인의 소에서 추정을 번복하는 사실을 증명하여 이 추정을 뒤집을 수가 있는 것이니 이 민법 제844조의 명문에 반하면서까지 이를 제한적으로 해석하여야 할 이유가 있다고 할 수 없다. (중략) 혼인관계에서 출생한 자를 부의 친생자로 추정하는 것은 오히려 당연한 원칙이고 이 일반원칙에 어긋나는 예외적 경우를 미리 상정하여 이 친생추정을 제한적으로 해석하려는 것은 위 법조의 근본취지에 반하는 것이다. 정상적인 혼인관계가 전제되지 않은 예컨대 처의 간통사실이 있다는 등 예외적 사정이 있고 그 부가 부자관계를 부인한다면 친생부인의 소로 그 사실을 증명하여 위 추정을 뒤집을 수 있는 것이므로 굳이 예외적 사정을 들어 추정을 제한적으로 해석할 이유가 있다고 할 수 없다.

2. 대구지방법원 2007. 8. 23. 선고 2006드단22397 판결

가. 기초 사실

(1) 원고는 소외인과 1981. 11. 23. 혼인신고를 마친 후 부부로 생활하다가 2002. 10. 7. 이혼하였다.

(2) 피고는 원고와 소외인과 사이에 1996. 5. 4. 출생한 것으로 원고가 그의 자로 신고함에 따라 원고의 호적에 원고와 소외인 사이의 혼인 중의 자로서 등재되어 있다.

(3) 그러나 피고는 원고의 정자에 의해서가 아니라 소외인이 1995. 8. 8. (명칭 생략)의료재단에서 다른 사람의 정자를 공여받아 인공수정을 통하여 출생하였다.

(4) 원고와 소외인이 이혼한 후 피고는 소외인과 생활하고 있다.

나. 원고의 청구에 대한 판단

(1) 원고의 주장

소외인이 원고 몰래 (명칭 생략)의료재단에 가서 다른 사람의 정자를 공여받아 피고를 임신한 후 마치 원고와 사이에 출생한 자식인 것처럼 속여서, 원고는 이를 믿고 피고를 원고의 자식으로 호적에 출생신고를 하였는데, 원고는 위와 같은 사실을 2006. 10. 31.경 비로소 알게 되어 이 사건 소에 이르게 되었다.

(2) 피고의 주장

원고는 무정자증이어서 아이를 가질 수 없다는 사실을 알고 소외인이 다른 사람의 정자를 공여받아 인공수정을 통하여 자식을 가지는 것을 동의하였고, 그 후 인공수정을 통하여 피고가 출생하였으므로 원고는 친생부인의 소를 제기할 수 없다.

(3) 판 단

(가) 피고가 원고의 정자에 의해서가 아니라 소외인이 1995. 8. 8. (명칭 생략) 의료재단에서 다른 사람의 정자를 공여받아 인공수정을 통하여 출생한 사실은 앞서 살펴 본 바와 같다.

(나) 그러나 을 제1, 2호증의 각 기재에 변론 전체의 취지를 종합하면, 원고는 소외인과 같이 (명칭 생략)의료재단을 방문하여 진단을 받은 결과 무정자증으로 인하여 원고와 소외인과 사이에는 임신이 불가능함을 알고 1995. 7. 14. 소외인이 다른 사람의 정자를 공여받아 인공수정을 하는 것에 동의하면서, 인공수정으로 태어난 출생아를 정상적으로 양육하고, 도덕적·사회적·법적 문제를 포함한 모든 책임을 지기로 한 사실, 그 후 인공수정을 통하여 피고가 출생한 사실을 인정할 수 있고, 달리 반증이 없다.

(다) 위 인정 사실에 의하면, 비록 원고와 피고 사이에 혈연에 의한 부자관계가 성립되지 않는다고 하더라도, 원고는 처인 소외인이 다른 사람의 정자를 공여받아 인공수정을 통하여 피고를 출산하는 것에 동의하면서 법적 문제를 포함한 모든 책임을 지기로 하여 피고를 자신의 자로 인정하였다고 봄이 상당하므로, 그 후 소외인과 이혼하였다고 하여 다시 피고에 대한 친생을 부인하는 것은 신의칙에 반한다.

Ⅲ. 분 석

1. 부(父)와 모(母)의 결정과 혈연관계

가. 우리 민법은 혼인 중에 있는 부인(妻)에게서 태어난 아이의 부(父)는 산모인 부인(妻)의 남편(夫)이라고 추정하되, 실체적 진실에 반하는 경우에도 매우 엄격한 절차적 조건하에서 이를 부인할 수 있도록 하고 있다. 즉 태어난 아이가 친생자가 아니라는 사실을 안 날로부터 2년이 넘지 않아야 하며, 또한 오로지 친생부인의 소를 제기하는 방법을 통해서만 친생의 추정을 번복할 수 있는 것이다.[17] 따라서 친생부인의 소를 제기할 사유가 있음을 알았지만 2년의 제척기간 내에 친생부인의 소를 제기하지 않은 경우라면 혈연관계가 존재하지 않아도 법적인 부(父)로 추정되는 것을 피할 수 없다. 이는 법적인 부(父)의 결정 문제에 있어서 혈연관계의 존재 여부가 절대적인 기준이 될 수는 없다는 점을 보여준다.

그렇지만 다른 한편으로 혈연관계의 존재 여부가 법적인 부(父)나 모(母)의 결정을 위한 판단 기준이 되기도 한다. 예를 들어 혼인 중에 있지 않은 남녀 사이에서 태어난 아이의 법적인 부(父)가 누구인지를 두고 다툼이 있을 경우에는 논란이 되고 있는 당사자들 사이에 사실상의 친자관계가 존재하는지를 확인한 후에 이를 바탕으로 법률상의 친자관계를 창설하게 되는데, 판례는 이 같은 경우 혈액형검사나 유전자검사와 같은 과학적 증명방법을 사실상의 친자관계 여부를 확인하는 가장 유력한 증명방법으로 채택하고 있다.[18]

따라서 앞에서 소개한 1983년의 대법원 전원합의체 판결에서 다수의견과 반대의견이 실질적으로 대립하고 있는 지점은 결국 법적인 부(父)와 모(母)의 결정 문제에 있어서 혈연관계의 존재 여부에 과연 어느 정도의 중요성을 인정해야 할 것인가라고 말할 수 있다. 다수의견은 신분질서의 조속한 안정도 추구해야 하지만, 진실한 혈연관계에 부합하지 않음이 겉보기에도 너무나 명백한 경

---

17 민법 제847조 제1항 참조.
18 대법원 2002. 6. 14. 선고 2001므1537 참조.

우에 대해서조차 맹목적인 법적안정성만을 내세우는 것은 문제가 있다고 봄으로써, 그러한 경우에는 혈연관계가 실제로 존재하는지 여부가 가장 근본적인 판단 기준이 될 수 있다고 말하고 있는 것이다.

나. 그런데 부인(妻)이 남편(夫)의 동의를 얻어 타인의 정자를 제공받거나, 타인의 정자와 난자를 각각 또는 수정란의 상태로 제공받아 아이를 포태·출산한 경우에는 남편(夫)이 태어난 아이의 부(父)로 추정된다는 데 대체로 견해가 일치하고 있음은 앞에서 이미 살펴본 바와 같다. 보기에 따라서는 이렇게 불임의 원인이 남편(夫)에게 있거나 또는 부부 모두에게 있는 경우는 그야말로 부인(妻)이 남편(夫)의 아이를 포태할 수 없는 것이 외관상 명백한 사정이 있는 때에 해당한다고 말할 수도 있다. 그 경우 위의 대법원 전원합의체 판결에 의하면 근본적으로 친생의 추정이 미치지 않는다고 해야 할 것인데, 어떠한 이유에서 오히려 친생의 추정이 미친다는 쪽으로 견해가 수렴되고 있는 것일까?[19]

학설들은 그 이유를 일차적으로 보조생식술의 적용에 대하여 남편(夫)이 사전에 동의했다는 점에서 찾으려 하고 있다. 누구를 법적인 부(父)로 할 것인지를 결정함에 있어서 민법은 혈연관계의 존재 여부라는 기준에 절대적으로 의존하고 있지는 않으며, 당사자의 의사에도 어느 정도 의존하고 있기 때문에, 이처럼 혈연관계가 존재할 가능성이 없다는 사실을 알고 있었음에도 불구하고 친자관계를 형성하려는 의사로 보조생식술을 활용했다면 당사자의 의사를 존중하여 법률상의 친자관계를 인정할 수 있으며, 이러한 결론은 또한 태어나게 될 아이의 복지 내지 최선의 이익이라는 관점에서도 바람직하다고 보는 것이다.

판례의 입장이 무엇인지는 분명하지 않다. 2007년의 대구지방법원 판결의

---

[19] 위의 대법원 전원합의체 판결은 "부부의 한쪽이 장기간에 걸쳐 해외에 나가 있거나 사실상의 이혼으로 부부가 별거하고 있는 경우 등 동서의 결여로 처가 부의 자를 포태할 수 없는 것이 외관상 명백한 사정이 있는 경우"에 추정이 미치지 않는다고 말한다. 하지만 이 말의 의미에 대해서는 판사들 사이에서도 견해가 갈리고 있다. 가령 서울가정법원 1994. 7. 15. 선고 93드89828 판결은 "친생자추정에 관한 민법 제844조는 처가 부의 자를 포태할 수 있는 상태에서 자를 포태할 경우에 적용되는 것이고, 처가 부의 자를 포태할 수 없는 것이 객관적으로 명백한 경우에는 그 추정이 미치지 아니한다"고 말하고 있고, 서울가정법원 1995. 5. 30. 선고 94드61780 판결은 "친생추정을 규정한 민법 제844조의 규정은 가정의 평화를 유지하기 위한 규정이므로 가정이 유지되고 있는 한 예외 없이 적용되어야 [하지만] 당해 가정이 이미 파탄되어 민법 제844조의 규정의 목적 기반이 상실된 경우라면 부부의 동서의 결여, 혈액형의 배치의 경우뿐만 아니라 나아가 유전자형의 배치의 경우에도 친생추정의 효력은 미치지 않는다"고 보는 것이 위 대법원 전원합의체 판결의 의미를 적절히 이해하는 길이라고 말하고 있다. 따라서 본문에서는 이른바 외관설 자체의 의미를 다소 유동적인 것으로 보고 있음을 밝혀둔다.

내용을 검토함에 있어서는 이 판결이 선언하고 있지 않은 것이 무엇인지를 확인해 보는 것이 도움이 될 듯하다. 이 판결은 만일 부인(妻)이 타인의 정자를 제공받아 보조생식술을 통해 아이를 낳는 것에 대하여 남편(夫)이 동의하면서 법적 문제를 포함한 모든 책임을 지기로 했다면, 비록 혈연에 의한 부자관계가 성립되지 않는다고 하더라도 태어나게 될 아이를 자신의 아이로 인정했다고 봐야 하기 때문에[20] 이후 신의칙상 친생부인의 소를 제기할 수는 없다는 점을 선언하고 있을 뿐이다. 다시 말해서 이 판결은 혈연관계가 존재하지 않음에도 불구하고 당사자의 의사에 기해 적극적으로 법률상의 친자관계를 형성할 수 있다고 말하고 있지는 않다. 다만 친자관계를 형성하려는 의사로 보조생식술을 활용함으로써 아이가 태어난 이상, 이후 마음을 바꾸어 친자관계를 부정하려 하더라도 법의 도움을 받을 수 없다는 점을 소극적으로 밝히고 있는 것이다.

물론 남편(夫)이 친생부인의 소를 제기할 수 없는 이유로 신의칙 위반을 들고 있다는 점으로부터 이 판결이 일단 친생의 추정이 미치는 것을 전제로 하고 있다고 볼 수도 있다. 왜냐하면 친생의 추정이 미치는 경우에 이를 부인하는 수단이 친생부인의 소이므로, 만일 친생의 추정이 미치지 않고 있다면 신의칙 위반이 아니라 부적합한 소의 제기를 문제 삼았을 것이기 때문이다. 하지만 이러한 해석은 앞에서 소개한 1983년의 대법원 전원합의체 판결과의 관계에서 여전히 논란의 소지가 있다. 그에 따르면 부인(妻)이 남편(夫)의 아이를 포태할 수 없는 것이 외관상 명백한 사정이 있는 경우는 친생의 추정 자체가 배제된다고 하는데, 이미 언급했던 바와 같이 2007년 판결의 사례를 그러한 경우로 볼 수 있는 여지가 있기 때문이다.

이 판결은 또한 남편(夫)이 보조생식술의 시술에 대해 동의하기만 하면 친생의 추정이 미친다고 말하고 있지 않다. 시술에 동의하면서 법적인 것을 포함한 모든 책임을 지기로 했다는 사실에 기초해 신의칙 위반에 대한 판단을 하고 있기 때문이다. 그렇다고 해서 이 판결이 동의 자체를 단순한 시술의 동의인 경우와 태어날 아이의 친생자로서의 지위를 다투지 않겠다는 의사의 표현인 경우로 구분해서 각각 달리 판단할 수 있다고 보는 것이라 단언하기도 곤란하다. 이

---

[20] 참고로 민법 제852조는 "자의 출생 후에 친생자임을 승인한 자는 다시 친생부인의 소를 제기하지 못한다."고 규정하고 있다. 따라서 판례가 말하는 "태어나게 될" 아이를 자신의 아이로 인정했다는 것이 민법 제852조의 승인을 했다는 의미는 아닌 것이다.

판결 자체는 단순한 시술의 동의를 넘어선 경우에 해당하는 당해 사건에 한해서만 판단하고 있기 때문에, 이를 단순한 시술의 동의에 불과한 경우라면 후에 친생부인의 소를 제기할 수도 있다는 취지라고 해석하는 것은 적절치 않아 보인다.

IV. 연습문제

1. 보조생식술의 발달로 인하여 누가 법적인 모(母)가 될 것인지를 결정하려 할 때 고려해야 할 전통적인 판단 기준이 어떠한 변화를 겪고 있는가?

2. 우리 민법은 누가 법적인 부(父)가 될 것인지를 결정함에 있어 어떠한 판단 기준을 규정하고 있는가?

3. 이른바 대리모는 어떻게 정의될 수 있는가?

4. 이른바 대리모 계약의 유형은 어떻게 세분화할 수 있는가?

5. 우리 판례는 친생의 추정이 미치는 경우와 그렇지 않은 경우를 구분하고 있다. 판례가 그러한 구분의 기준으로 삼고 있는 것은 무엇인가?

6. 우리 법에서 보조생식술을 통해 아이를 낳기 위해서는 배우자의 동의가 있어야 한다는 주장의 근거는 어디에 마련되어 있는가?

V. 토론과제

1. 남성 배우자의 무정자증으로 불임 상태에 있는 어느 부부가 보조생식술을 통해 아이를 낳기 위하여 타인의 정자를 제공받았다. 타인의 정자를 제공받지 않으면 아이를 낳을 수 없다는 사실을 잘 알고 있는 남편(夫)의 동의도 있었기 때문에 부인(妻)은 제공받은 정자를 주입받고 임신하여 아이를 낳았다. 하지만 태어난 아이가 아직 미성년자인 상태에서 부부는 이혼을 하게 되었고 누가 아이의 친권자가 될 것인지에 대해 다투게 되었다. 이 경우 법원은 아이의 아버지가 실은 유전적 부(父)가 아니라는 점을 이유로 어머니를 친권자로 지정할 수 있을까?

2. 여성 배우자의 난자 생성 능력에 문제가 있어 불임 상태에 있는 어느 부부가 보조생식술을 통해 아이를 낳기 위하여 타인의 난자를 제공받았다. 타인의 난자를 제공받지 않으면 아이를 낳을 수 없다는 사실을 잘 알고 있는 남편(夫)의 동의도 있었기 때문에 부인(妻)은 제공받은 난자와 남편 (夫)의 정자를 통해 생성된 수정란을 주입받고 임신하여 아이를 낳았다. 이 경우 자신의 난자를 제공했던 여성이 자신이 태어난 아이의 유전적 모(母)임을 근거로 하여 민법 제855조에 따라 아이를 인지(認知)할 수 있을까?

VI. 읽을거리

Law and Bioethics

1. 보조생식술의 적용에 대하여 남편이 동의했다는 사실이 지니는 법적인 의미에 대한 고찰로는 권 재문, "보조생식술에 대한 표현부의 동의의 의의와 효과", 『동아법학』, 제43호, 2009, 329-54 면과 송영민, "인공수정에 있어서 부의 동의의 법적 성질", 『가족법연구』, 제21권 제1호, 2007, 187-208면을 각각 참조하시오.

2. 보조생식술의 발전을 모성 이데올로기의 극복이라는 관점에서 적극적으로 평가하려는 시도에 대해 서는 권복규, "생명공학시대의 모성개념", 『한국여성철학』, 제2권, 2002, 23면 이하를 참조하시오.

3. 보조생식술의 발전으로 인한 문제들을 입법적으로 해결하기 위한 최근의 노력들에 관해서는 윤진수, "보조생식기술의 가족법적 쟁점에 대한 근래의 동향", 『서울대학교 법학』, 제49권 제2호, 2008, 66-95면을 참조하시오.

4. 대리모 문제에 관한 외국의 입법 동향에 대해서는 정광수, "인공생식과 친자관계에 관한 법적 문 제", 『안암법학』, 제25권, 2007, 747-67면과 이영규, "대리모에 의한 출산자의 모자관계", 『법과 정책연구』, 제10집 제1호, 2010, 83-105면을 각각 참조하시오.

제 5 장
Law and Bioethics

배아줄기세포 연구

제 5 장
배아줄기세포 연구

I. 개 요

생명윤리안전법은 제4장 '배아 등의 생성과 연구'에서 인간복제의 금지, 이종 간의 착상 등의 금지, 잔여배아를 이용한 연구, 체세포복제배아·단성생식배아를 이용한 연구, 배아줄기세포주를 이용한 연구 등을 규율하고 있다. 이하에서는 생명윤리안전법이 규율하고 있는 내용을 살펴보도록 하겠다.[1]

---

1 잔여배아를 이용한 연구, 체세포복제배아 연구 등을 제한적으로 허용하는 우리나라와는 달리, 배아연구를 엄격하게 제한하는 나라로는 독일이 대표적이다. 1990년에 제정된 독일의 '배아보호법'은 초기배아의 인간존엄과 생명권을 근거로 인간배아줄기세포 연구를 금지한다. 반면에 2002년 6월 28일에 제정된 독일의 '줄기세포법'은 인간배아줄기세포의 수입과 사용을 원칙적으로 금지하지만, 예외적으로 연구목적으로 수입과 사용이 허용되는 조건을 정하고 있다(줄기세포법의 한글번역 텍스트는 박은정 外, 줄기세포 연구의 윤리와 법정책, 이화여자대학교출판부, 2004, 235쪽 이하). 독일 국내에서 인간배아줄기세포를 생산하고 이를 사용하는 것은 금지하지만, 외국에서 2002년 1월 1일 이전에 확립된 배아줄기세포주는 일정조건 하에서 수입을 허용하는 것에 대해 독일 내에서 이중도덕(Doppelmoral)이라는 지적과 함께, 인간배아줄기세포주를 제공·취득·사용하는 것을 금지한 배아보호법과 모순된다는 주장이 제기되었다.

1. 잔여배아를 이용한 연구

'배아'는 인간의 수정란 및 수정된 때로부터 발생학적으로 모든 기관이 형성되기 전까지의 분열된 세포군을 말하며(제2조 제3호), '잔여배아'는 체외수정으로 생성된 배아 중 임신의 목적으로 이용하고 남은 배아를 말한다(제2조 제4호). 생명윤리안전법은 제4장 제2절 '배아생성의료기관'에서 배아의 생성에 대한 여러 사항을 규율한 후에, 제4장 제3절 '잔여배아 연구 등'에서 잔여배아를 이용한 연구를 규율하고 있다. 배아생성의료기관은 배아를 생성하기 위하여 난자 또는 정자를 채취할 때 잔여배아 및 잔여난자를 연구 목적으로 이용하는 것에 관한 사항에 대해 서면동의를 받도록 규정하고 있다(제24조 제1항). 배아의 보존기간은 5년으로 하고, 동의권자가 보존기간을 5년 미만으로 정한 경우에는 이를 보존기간으로 한다(제25조 제1항). 항암치료 등 보건복지부령으로 정하는 경우에는 동의권자가 보존기간을 5년 이상으로 정할 수 있다(제25조 제2항). 배아생성의료기관은 제1항 또는 제2항에 따른 보존기간이 끝난 배아 중 제29조에 따른 연구의 목적으로 이용하지 아니할 배아는 폐기하여야 한다(제25조 제3항).

잔여배아를 이용한 연구는 다음 조건 하에서 허용된다: 연구대상인 잔여배아는 1) 제25조에 따른 배아의 보존기간이 지나야 하고, 2) 발생학적으로 원시선이 나타나기 전이어야 한다(제29조 제1항). 허용되는 연구는 a) 난임치료법 및 피임기술의 개발을 위한 연구, b) 근이영양증 그 밖에 대통령령으로 정하는 희귀·난치병의 치료를 위한 연구, c) 그 밖에 국가생명윤리심의위원회의 심의를 거쳐 대통령령으로 정하는 연구이어야 한다(제29조 제2항). '대통령령이 정하는 희귀병'에는 다발경화증, 헌팅톤병(Huntington's disease), 유전성운동실조, 근위축성측삭경화증, 뇌성마비, 척수손상, 선천성면역결핍증, 무형성빈혈, 백혈병, 골연골형성이상이 있고, '대통령령이 정하는 난치병'에는 심근경색증, 간경화, 파킨슨병(Parkinson's disease), 뇌졸중, 알츠하이머병(Alzheimer's disease), 시신경손상, 당뇨병이 있다(생명윤리안전법 시행령 제11조).

생명윤리안전법 제29조 제2항이 직접적으로 규율하고 있는 연구가 아닌 '배아줄기세포주를 수립하기 위한 연구'가 생명윤리안전법 제29조이 규율하는 잔여배아를 이용한 연구에 해당하는지가 문제된다. 배아줄기세포주를 수립하는 기초연구도 생명윤리안전법 제29조이 규율하는 잔여배아를 이용한 연구에 명시적으로 규율하는 것이 필요해 보인다. 하지만 명시적으로 규율되어 있지 않은 현재로서는 2012년 개정 생명윤리안전법 제29조 제1항 제3호 "그 밖에 국가위원회의 심의를 거쳐 대통령령으로 정하는 연구" 규정을 통해 해결해야 하며, 이를 위해서는 국가생명윤리심의위원회의 심의를 거친 후 2012년 개정 생명윤리안전법에 의해 새롭게 제정될 시행령에 '배아줄기세포주를 수립하기 위한 연구'를 추가하는 것이 필요하다.[2]

2. 체세포복제배아 및 단성생식배아를 이용한 연구

'체세포핵이식행위'는 핵어 제거된 인간의 난자에 인간의 체세포 핵을 이식하는 것을 말하며(제2조 제6호), '체세포복제배아'는 체세포핵이식행위에 의하여 생성된 세포군을 말한다(제2조 제8호). '단성생식행위'는 인간의 난자가 수정 과정 없이 세포분열하여 발생하도록 하는 것을 말하며(제2조 제7호), '단성생식배아'는 단성생식행위에 의하여 생성된 세포군을 말한다(제2조 제9호).

임신 외의 목적으로 배아를 생성하여서는 안 되지만(제23조 제1항), 예외적으로 근이영양증 그 밖에 대통령령으로 정하는 희귀·난치병의 치료를 위한 연구목적으로는 체세포핵이식행위 또는 단성생식행위가 허용된다(제31조 제1항).[3] 체세포핵이식행위 또는 단성생식행위를 할 수 있는 연구의 종류·대상 및 범위는 국가생명윤리심의위원회의 심의를 거쳐 대통령령으로 정하는데(제22조 제2항), 세포핵이식행위를 할 수 있는 연구는 체세포복제배아를 생성하고 이를 이용하여 줄기세포주를 수립하는 연구이어야 하고(생명윤리안전법 시행령 제12조의3 제1호), 발생학

---

2 이에 대한 자세한 설명은 김현철, 개정생명윤리법에 따른 줄기세포 연구의 법적 쟁점, 이상목 外, 줄기세포 연구와 생명의료윤리, 아카넷, 2012, 335-336쪽.

3 종래 '치료적 복제'로 불렸던 '연구복제'를 허용해야 한다는 주장의 주된 논거는 체세포핵이식을 통해서 맞춤형 줄기세포를 만들고, 이를 통해 불치병 환자를 치료할 수 있다는 결과론적 고려였다. 하지만 황우석사건 이후 이러한 환상을 깨어지고, '치료적 복제'는 가까운 미래에는 가능하지 않고, 먼 미래에나 가능한 일임이 밝혀졌다. '치료적 복제'라는 용어보다는 '연구복제'라는 용어를 쓰는 것이 타당하다. 체세포핵이식을 통한 치료의 효과가 증명되지 않았고, 현재는 이를 위한 연구 목적으로 체세포핵이식이 행해지고 있기 때문이다. 연구복제를 통한 인간복제의 위험도 고려해야 하고, 성체줄기세포연구나 역분화 줄기세포를 이용한 연구도 함께 고려한다면 체세포핵이식을 통한 연구는 금지하거나, 인정하더라도 '아주 제한적인 범위 내에서' 인정되어야 할 것이다. 초기배아의 잠재성이 함부로 처리되는 것을 막는다는 소극적 의미라 할지라도, 연구목적으로 배아를 생성하고 이를 연구목적으로 파괴하기 한다는 점에서 문제가 되기 때문이다.

적으로 원시선이 나타나기 전까지의 체세포복제배아를 체외에서 이용하여야 한다(생명윤리안전법 시행령 제12조의3 제3호). 연구에 사용되는 난자는 배아 생성을 위하여 동결 보존하는 난자로서 임신이 성공되는 등의 사유로 폐기할 예정인 난자, 미성숙인 난자나 비정상인 난자로서 배아를 생성할 계획이 없어 폐기할 예정인 난자, 체외수정시술에 사용된 난자로서 수정이 되지 아니하거나 수정을 포기하여 폐기될 예정인 난자, 불임치료를 목적으로 채취된 난자로서 적절한 수증자가 없어 폐기될 예정인 난자, 적출한 난소에서 채취한 난자 중 어느 하나에 해당하는 난자이어야 한다(생명윤리안전법 시행령 제12조의3 제2호).

2012년 개정 생명윤리안전법은 기존 생명윤리안전법이 규율하고 있던 체세포복제배아 연구 외에 단성생식배아 연구에 대한 규정을 새로이 도입하여, 체세포복제배아 연구와 동일한 요건과 절차에 의해 연구할 수 있도록 하였다. 이는 이론적으로 체세포복제배아 이외에 단성생식배아도 개체로 발생할 가능성이 있으며, 실제로 단성생식배아에 관한 연구가 행해지고 있어 입법과 연구현실의 조화를 꾀할 필요성이 있었기 때문이다.[4]

기존 생명윤리안전법은 배아생성의료기관이 체세포복제배아 연구기관에게 난자를 제공하는 것과 관련된 규정이 없어 해석상의 논란이 있었다. 2012년 개정 생명윤리안전법은 체세포복제배아 연구와 단성생식배아 연구를 통해 배아줄기세포주를 수립하기 위한 난자제공에 관한 규정을 신설하여 해석상의 문제를 해결하였다. 이에 따르면, 배아생성의료기관은 연구에 필요한 잔여난자를 체세포복제배아 연구기관 및 단성생식배아 연구기관에게 제공하는 경우에는 무상으로 하여야 한다(제26조 제1항).[5]

---

4 김현철, 개정생명윤리법에 따른 줄기세포 연구의 법적 쟁점, 이상목 外, 줄기세포 연구와 생명의료윤리, 아카넷, 2012, 336쪽.
5 하지만 이 규정만으로는 배아생성의료기관만이 난자를 제공할 수 있다고 해석하기에는 난점이 있으며, 이렇게 본다면 연구용으로 자신의 난자를 기증하는 여성을 보호할 수 있는 법적 규정이 없게 된다. 개정 생명윤리안전법 제27조는 기존 생명윤리안전법의 내용을 이어받아 난자 기증자의 보호에 대한 규정을 두고 있으나, 이 규정들은 모두 배아생성의료기관을 주어로 하고 있다. 이에 대한 상세한 문제제기는 김현철, 개정생명윤리법에 따른 줄기세포 연구의 법적 쟁점, 이상목 外, 줄기세포 연구와 생명의료윤리, 아카넷, 2012, 338쪽.

3. 인간복제 금지 및 이종 간의 착상 등 금지

생명윤리안전법은 제4장 제1절에서 인간 복제를 금지하고, 이종 간의 착상 등을 금지하고 있다. '인간복제의 금지'는 제20조가 규율하고 있다.[6] 체세포복제배아 및 단성생식배아를 인간 또는 동물의 자궁에 착상시켜서는 아니 되며, 착상된 상태를 유지하거나 출산하여서는 아니 된다(제20조 제1항). 또한 제1항에 따른 행위를 유인하거나 알선하여서는 아니 된다(제20조 제2항). 체세포복제배아 및 단성생식배아는 제31조에 따라 근이영양증 그 밖에 대통령령으로 정하는 희귀·난치병의 치료를 위해 연구할 수 있을 뿐이지, 결코 임신을 목적으로 배양 또는 착상시킬 수 없다(인간복제의 금지).

'이종 간의 착상 등의 금지'는 제21조가 규율하고 있다. 인간의 배아를 동물의 자궁에 착상시키거나 동물의 배아를 인간의 자궁에 착상시켜서는 안 되며(제21조 제1항), 인간의 난자를 동물의 정자로 수정시키거나 동물의 난자를 인간의 정자로 수정시키는 행위(다만, 의학적으로 인간 정자의 활동성을 시험하기 위한 경우는 제외한다), 핵이 제거된 인간의 난자에 동물의 체세포 핵을 이식하거나 핵이 제거된 동물의 난자에 인간의 체세포 핵을 이식하는 행위, 인간의 배아와 동물의 배아를 융합하는 행위, 다른 유전정보를 가진 인간의 배아를 융합하는 행위는 금지된다(제21조 제2항). 또한 제21조 제2항에 해당하는 행위로부터 생성된 것을 인간 또는 동물의 자궁에 착상시키는 행위 또한 금지된다(제21조 제3항).

생명윤리안전법이 이종간의 착상 등을 금지하는 것은 초기배아의 인간존엄과 생명권 때문이 아니라, 인간종을 다른 종과 섞는 것에 대한 혐오에 그 근본 이유가 있다. 생명윤리안전법은 초기배아의 인간존엄과 생명권을 보호하는 과제가 아닌, 인간종사회의 규범을 해치는 특정 배아줄기세포연구를 금지해야 하는 과제 앞에 서있는 것이다. 생명윤리안전법이 인간종정체성과 관련하여 어떻게 그리고 어느 정도 규범적으로 근거되는지에 대한 물음은 생명윤리안전법의

---

6 생명윤리안전법은 인간복제를 금지하고 있지만, 인간복제 금지에 대해서도 견해대립이 있다. 인간복제에 반대하는 입장은 반대논거로 1) 인간존엄 침해, 2) 인격권 내지 사생활의 자유 침해, 3) 기술적 결함으로 인한 해악, 4) 유전자 풀의 다양성 감소 및 비자연성, 5) 혼인 및 가족생활의 혼란 유발을 드는 반면에, 인간복제에 찬성하는 입장은 찬성논거로 1) 인간복제의 무해성, 2) 생식의 자유로서의 복제의 자유, 3) 연구의 자유의 영역으로서 복제의 허용, 4) 선호공리주의에 근거한 인간복제의 허용을 든다. 인간복제에 대한 찬성논거와 반대논거에 대한 자세한 설명으로 이인영, 생명의 시작과 죽음: 윤리논쟁과 법 현실, 삼우사, 2009, 55-72쪽.

근거설정에서 가장 중요한 문제 중의 하나이다. 물론 '인간종 정체성' 개념 또한 '인간존엄' 개념처럼 모호하고 불명확한 것이 사실이다. '인간종 정체성' 개념이 어느 정도 규범적 효력을 가질 수 있을지는 '키메라생성'을 중심으로 구체적으로 논의되어야 할 것이다. 배아줄기세포연구가 인간종의 정체성에 관련되는 한, 깊이 있는 윤리적 논의가 전제되어야 할 것이다.[7]

4. 배아줄기세포주를 이용한 연구

2005년에 제정된 생명윤리안전법은 2008년 개정을 통해 줄기세포주 등록제를 도입하였고, 2012년 개정을 통해 이를 보완하였다. 2008년 개정법에는 관련 규정이 독립된 절로 분류되어 있지 않았으나, 2012년 개정법은 독립된 절로 규정하였다. 또한 2008년 개정법에는 '줄기세포주' 용어를 사용했으나, 2012년 개정법에서 '배아줄기세포주' 용어로 구체화하였다.

또한 2012년 개정법은 '배아줄기세포주'에 대한 정의규정을 두어 2008년 개정법에서 불분명했던 부분을 입법적으로 해결하였다(제2조 제10호). 이에 따르면, '배아줄기세포주(embryonic stem cell lines)'는 배아, 체세포복제배아, 단성생식배아 등으로부터 유래한 것으로서, 배양 가능한 조건에서 지속적으로 증식할 수 있고 다양한 세포로 분화할 수 있는 세포군을 말한다. 이 정의규정은 체세포복제배아 이외에 실제 연구가 행해지고 있는 단성생식배아에 관한 부분도 규정하여 연구현실과의 조화를 꾀하고 있다. 2008년 개정법에서는 법체계적으로 줄기세포주의 등록·제공·이용을 규정하였던 제20조의2 내지 제20조의4가 제20조(잔여배아의 제공 및 관리)를 전제하고 있는 조문이므로, 제20조의2 내지 제20조의

---

7 '인간배아줄기세포연구에 대한 미국 국립과학원 지침서'는 현재 허용해서는 안 되는 인간배아줄기세포연구로 '인간배아줄기세포를 영장류의 배반포에 삽입하거나 또는 어떤 배아줄기세포를 인간 배반포에 삽입하는 연구'를 든다. '인간배아줄기세포연구를 위한 ISSCR 가이드라인'은 압도적인 과학적 근거가 부족하거나 심각한 윤리적 우려를 야기한다는 폭넓은 국제적 합의가 있어 현재 수행되어서는 안 되는 연구로 '인간 만능 세포나 전분화능 세포를 포함한 연구의 산물(products)을 인간 또는 영장류 동물의 자궁에 이식하는 연구', '생식세포를 형성할 가능성이 있는 인간 세포를 지닌 동물 키메라 간의 교배 연구'를 드는 반면에, 줄기세포연구감독(SCRO) 기능과 같이 줄기세포연구 관련 사안들을 다루기 위해 특별히 구성된 체제나 기구의 포괄적인 심사를 추가로 받은 후에만 허용되는 연구형태로 '어떤 수단을 이용하든 새로운 인간 전분화능 세포주를 확립하는 연구 형태', '만능 세포나 전분화능 세포를 확립해 낸 배반포, 생식세포 또는 체세포를 제공한 공여자의 신원을 연구자가 쉽게 확인하거나 알 수 있는 연구', '인간 만능 세포나 전분화능 줄기세포를 착상 전 단계의 인간 배아와 융합시키는 연구', '인간세포를 이용해 동물 키메라를 생성하는 연구'를 든다.

4가 체세포복제배아에서 유래한 줄기세포주에도 적용되는지가 문언상으로 불명확하였다.[8]

배아와 배아줄기세포와는 달리, 배아줄기세포주는 인간이 될 수 있는 잠재력을 가지고 있지 않으며, 인간배아의 지위를 가지지 않는다. 따라서 수립된 배아줄기세포주를 이용한 연구는 배아연구와는 다르게 규율된다. 하지만 배아줄기세포주 연구는 인간배아를 파괴함으로써 생긴 배아줄기세포주를 연구대상으로 한다는 점에서 양자는 관련성이 있다. 무엇보다도 배아줄기세포주가 윤리적 틀 안에서 추출되고, 보관되고, 관리하는 차원에서 규율이 필요하다. 생명윤리안전법 제4장 제4절 '배아줄기세포주'는 배아줄기세포주의 등록(제33조), 배아줄기세포주의 제공(제34조), 배아줄기세포주의 이용(제35조)을 규율하고 있다. 배아줄기세포주를 수립하거나 수립한 자는 그 배아줄기세포주를 제34조에 따라 제공하거나 제35조에 따라 이용하기 전에 보건복지부령으로 정하는 바에 따라 그 배아줄기세포주를 보건복지부장관에게 등록하여야 한다(제33조 제1항). 배아줄기세포주를 수립한 자가 그 배아줄기세포주를 타인에게 제공하려면 보건복지부령으로 정하는 바에 따라 기관생명윤리위원회의 심의를 거쳐야 한다(제34조 제1항). 제33조 제1항에 따라 등록된 배아줄기세포주는 체외에서 질병의 진단·예방 또는 치료를 위한 연구, 줄기세포의 특성 및 분화에 관한 기초연구, 그 밖에 국가생명윤리심의위원회의 심의를 거쳐 대통령령으로 정하는 연구 목적으로 이용할 수 있다(제35조 제1항). 배아줄기세포주를 이용하려는 자는 해당 연구계획서에 대하여 보건복지부령으로 정하는 바에 따라 기관생명윤리위원회의 심의를 거쳐 해당 기관의 장의 승인을 받아야 한다(제35조 제2항).

실질적인 등록업무는 '질병관리본부장'이 담당하고 있다. 줄기세포주를 등록하려는 자는 줄기세포주 등록신청서에 줄기세포주 특성설명서, 줄기세포주의 수립에 사용된 잔여배아의 연구용 이용에 관한 동의서 사본, 잔여배아 이용 목록을 첨부하여 '질병관리본부장'에게 제출하여야 한다(생명윤리안전법 시행규칙 제12조의2 제1항 참조). 줄기세포주의 등록을 위해서는 수립 방법과 동의 절차가 법에서 허용하고 있는 범위 안일 것과 줄기세포주의 개체식별, 유전자발현, 분화능력 등이

---

8 상세한 설명은 김현철, 개정생명윤리법에 따른 줄기세포 연구의 법적 쟁점, 이상목 外, 줄기세포 연구와 생명의료윤리, 아카넷, 2012, 332면 이하.

과학적으로 검증되었을 것이 요구된다(생명윤리안전법 시행규칙 제12조의3 제1항 참조). 반면 2005년 1월 1일 전에 수립된 줄기세포주가 제1항 제2호를 충족하는 경우와 외국기관으로부터 수입한 줄기세포주인 경우에는 줄기세포주의 등록기준에 적합한 것으로 본다(생명윤리안전법 시행규칙 제12조의3 제2항 참조).[9]

II. 판례 및 사례

1. 헌법재판소 2010. 5. 27. 2005헌마346 결정

가. 제한되는 기본권 – 배아생성자의 배아에 대한 결정권

배아는 정자 및 난자의 제공과 그 결합에 의해 생성되므로, 정자 및 난자 제공자는 배아생성자라 일컬을 수 있다. 배아생성자는 배아에 대해 자신의 유전자정보가 담긴 신체의 일부를 제공하고, 또 배아가 모체에 성공적으로 착상하여 인간으로 출생할 경우 생물학적 부모로서의 지위를 갖게 되므로, 배아의 관리 또는 처분에 대한 결정권을 가진다고 할 것이다.

이러한 배아생성자의 배아에 대한 결정권은 헌법상 명문으로 규정되어 있지는 아니하지만, 헌법 제10조로부터 도출되는 일반적 인격권(헌재 1990. 9. 10. 89헌마82; 헌재 2003. 6. 26. 2002헌가14 등 참조)의 한 유형으로서의 헌법상 권리라 할 것이다.

한편, 배아의 이익을 가장 잘 보호할 수밖에 없는 입장에 있는 배아생성자는 배아에 대한 결정권을 가짐으로써 타인으로부터 가해지는 배아에 대한 위험을 배제할 수 있게 되고, 이를 통해 헌법질서가 요구하는 배아에 대한 충실한 법적 보호를 도모할 수 있다.

다만, 배아생성자의 자기결정권도 일반적인 기본권 제한의 경우와 마찬가지로 국가안전보장·질서유지 또는 공공복리를 위하여 필요한 경우에는 그 본

---

9 '줄기세포주의 등록'에 대한 상세한 설명은 최경석, 줄기세포주 등록 및 이용에 관한 법적 규제와 쟁점, 이상목 外, 줄기세포 연구와 생명의료윤리, 아카넷, 2012, 304쪽 이하.

질적 내용을 침해하지 않는 범위 내에서 법률로써 제한이 가능하다. 배아의 경우 형성 중에 있는 생명이라는 독특한 지위로 인해 국가에 의한 적극적인 보호가 요구된다는 점, 배아의 관리·처분에는 공공복리 및 사회 윤리적 차원의 평가가 필연적으로 수반되지 않을 수 없다는 점에서도 그 제한의 필요성은 크다고 할 것이다. 그러므로 배아생성자의 배아에 대한 자기결정권은 자기결정이라는 인격권적 측면에도 불구하고 배아의 법적 보호라는 헌법적 가치에 명백히 배치될 경우에는 그 제한의 필요성이 상대적으로 큰 기본권이라 할 수 있다.

나. 생명윤리법 제16조 제1항, 제2항이 배아생성자의 자기결정권을 침해하는지 여부

(1) 생명윤리법 제16조 제1항, 제2항은 배아가 생성된 후 수정되지 아니하고 5년이 지난 후에는 배아를 연구목적으로 이용하지 않는 한 폐기하도록 규정하고 있다. 이는 배아생성자의 자발적 의사와 무관하게 입법으로 배아의 보존기간을 설정한 것이므로, 배아생성자의 배아에 대한 결정권을 직접 제한한다.

(2) 배아생성자가 체외인공수정의 방법으로 배아를 생성시키는 것은 출산의 자유와 함께 가족을 구성하여 삶을 영위할 자유의 한 측면으로 인정될 수 있는 것인데, 당사자들의 동의를 받아 생성된 배아에 대해서는 가급적 장기간 보존하여 착상을 시도하고, 국가가 마음대로 그 폐기 여부를 결정하기보다는 가급적 배아생성자의 결정권을 존중하는 것이 바람직하다.

그런데 체외수정기법은 현재의 과학기술 수준에서 임신성공률을 높이기 위해 한 번에 다수의 체외수정배아를 생성하는 방식으로 시도되는 것이 일반적이어서 잔여배아가 다수 생성되는 것은 불가피하다. 이러한 현실 하에서 냉동된 잔여배아 수의 증가로 인한 사회적 비용을 절감하고, 의료기관의 관리 소홀로 배아가 부적절한 연구목적으로 부당하게 사용되는 것을 방지해야 할 필요성이 크다.

만일 보존기간 제한을 두지 않는다면 의료기관이 지나치게 많은 잔여배아를 관리하면서 인적, 물적 비용이 증가하고 그 관리에 많은 부담이 생겨 자칫하면 관리의 소홀로 이어질 수 있다. 또한 배아를 장기간 냉동 보관할 경우에는 이를 해동하더라도 임신목적에 적합하게 사용하기도 쉽지 않다. 그리고 보존기간을 두더라도 기간경과 후 폐기를 당사자의 자율에 맡길 경우 배아생성자가 잔여배아에 대한 결정권을 행사하지 않거나 할 수 없는 상황에서는 배아의 관리가 역시 부실하게 되어 그 부적절한 이용가능성 또한 높아지게 된다. 따라서 이 사건 심판대상조항이 배아에 대한 보존기간 및 폐기의무를 규정한 것은 그 입법목적의 정당성과 방법의 적절성이 인정된다.

(3) 또한 5년이라는 보존기간을 두고 보존기간 경과 후 폐기를 규정한 것에 대해 살피건대, 이와 다른 방식으로 위 입법목적을 실현하면서 청구인 3, 4의 기본권을 덜 침해하는 수단이 명백히 존재한다고 할 수 없는 점, 5년 동안의 보존기간이 임신을 원하는 사람들에게 배아를 이용할 기회를 부여하기에 명백히 불합리한 기간이라고 볼 수 없는 점, 이와 유사한 규율을 영국·프랑스 등 선진각국의 입법에서도 찾아볼 수 있는 점, 배아 수의 지나친 증가와 그로 인한 사회적 비용의 증가 및 부적절한 연구목적의 이용가능성을 방지하여야 할 공익적 필요성의 정도가 배아생성자의 자기결정권이 제한됨으로 인한 불이익의 정도에 비해 작다고 볼 수 없는 점 등을 고려하면 이 사건 심판대상조항이 피해의 최소성에 반하거나 법익의 균형성을 잃었다고 보기도 어렵다 할 것이다.

다. 소 결

따라서 생명윤리법 제16조 제1항, 제2항은 청구인 3, 4의 배아에 대한 자기결정권을 침해하여 헌법에 위반되지 아니한다.

III. 분 석

1. 적법요건에 대한 판단

헌법재판소 2010. 5. 27. 2005헌마346 결정은 '본안에 대한 판단'에 앞서 '적법요건에 대한 판단'을 하여, 청구인들의 청구인적격을 먼저 다룬다. '적법요건에 대한 판단'에서 헌법재판소는 청구인 1, 2(체외 인공수정으로 생성된 배아 중 이식되지 않고 보존되어 있는 배아들), 5 내지 13(법학자, 윤리학자, 철학자, 의사 등의 직업인)의 심판청구 및 청구인 3, 4(부부로서 임신의 목적으로 위와 같이 정자 또는 난자를 제공하여 청구인 1, 2를 생성하게 한 배아생성자들)의 심판청구 중 생명윤리안전법 제13조 제1항, 제16조 제3항, 제17조 제1호, 제2호, 제20조 제4항, 제22조, 부칙 제2항, 제3항 및 구 생명윤리안전법 제16조 제4항, 제17조 제3호, 제20조 제1항 내지 제3항에 대한 청구 부분은 부적법하다고 판단하여 이를 모두 각하하였다. '적법요건에 대한 판단'에서 헌법재판소가 유일하게 청구인적격이 적법하다고 판단한 것은 청구인 3, 4의 심판청구 중 생명윤리안전법 제16조 제1항, 제2항에 대한 청구 부분이다.

헌법재판소가 청구인적격이 부적법하다고 판시한 내용을 상세히 살펴보면, 임신 외의 목적으로 배아를 생성하지 못하도록 한 생명윤리안전법 제13조 제1항은 청구인 3, 4가 임신 외의 목적으로 배아를 생성하려 하거나, 임신목적의 배아 생성까지 금지하여야 한다는 주장을 하고 있는 것이 아니어서, 애당초 청구인 3, 4의 기본권을 침해할 가능성이 없으며, 체외수정배아의 생성에 대해 법적 세부규율을 하는 것이 오히려 난자제공자의 건강 보호와 의료전문가의 자율성 보장을 도모하지 못하게 되는 결과를 낳을 수 있고, 설령 난자제공자에 대한 위험이 발생할 수 있다고 하더라도 이는 난자제공자와 배아시술자 간의 사적 관계로부터 초래되는 것이므로, 이 사건 조항으로 인해 청구인 3, 4의 기본권이 침해될 가능성 또는 그 법적 관련성을 인정할 수 없다고 판시하였다.

인공수정으로 생성된 배아 중에 임신의 목적으로 이용하고 남은 배아를 가리키는 잔여배아(생명윤리안전법 제2조 제3호 참조)를 연구목적으로 이용할 수 있도록 허용하고 그에 필요한 절차를 규율하고 있는 생명윤리안전법 제17조 제1호, 제2호, 제20조 제4항 및 부칙 제2항, 구 생명윤리안전법 제17조 제3호, 제20조 제1항 내지 제3항에 대해서는 이 조항들이 직접적으로 청구인 3, 4의 양심이나 인격의 형성·유지를 방해하고 그들에게 정자·난자의 제공을 강요하거나 유전자정보 등 자신들의 사적 정보를 공개하게 하는 바가 없고, 이 조항들로 인해 청구인 3, 4의 의사에 반하여 배아가 연구목적에 이용될 수 있는 것도 아니며, 그 밖에 본질적으로 동일한 집단임에도 청구인 3, 4와 차별 취급되고 있다고 할 만큼 의미 있는 비교집단이 존재하지도 않으므로 청구인 3, 4의 기본권을 침해할 가능성이나 청구인 3, 4와의 자기관련성이 인정되지 않는다고 판시하였다.

핵이 제거된 인간 또는 동물의 난자에 인간의 체세포 핵을 이식하여 생성된 배아인 체세포복제배아의 연구목적 이용을 허용하고 그 범위와 절차에 관해 규율하고 있는 구 생명윤리안전법 제22조 및 생명윤리안전법 부칙 제3항에 대해서는 청구인 3, 4가 인공수정배아를 생성하였을 뿐 체세포복제배아의 생성과 무관한 사람들인 이상, 이 조항들이 청구인 3, 4의 기본권을 침해할 가능성이나 청구인 3, 4와의 자기관련성이 인정되지 않는다고 판시하였다.

헌법재판소가 청구인 3, 4의 심판청구 중 청구인적격이 적법하다고 판단한 것은 생성된 배아의 보존기간을 최장 5년으로 정하고, 보존기간이 지난 후 연구목적에 이용되지 않는 배아는 폐기하도록 정하고 있는 생명윤리안전법 제16조 제1항, 제2항에 대한 청구 부분인데, 이는 청구인 3, 4가 배아의 보존기간을 5년보다 장기간 또는 무기한으로 정하고자 하더라도 이를 허용하지 않는 조항으로서 배아생성자인 청구인 3, 4의 기본권을 직접 제한하고 있으므로, 청구인 3, 4의 주장으로부터 기본권침해의 가능성과 자기관련성·직접성을 인정하였다. 다만, 생명윤리안전법 제16조 제3항 및 구 생명윤리안전법 제4항은 배아폐기의 기록·보관 및 그 절차에 관한 사항을 규율하고 있으므로 청구인 3, 4의 기본권과 법적 관련성이 없다고 보았다.

2. 본안에 대한 판단

'적법요건에 대한 판단'을 마친 후, 헌법재판소는 '본안에 대한 판단'에서 잔여배아를 5년간 보존하고 이후 폐기하도록 한 생명윤리안전법 제16조 제1항, 제2항이 배아생성자의 배아에 대한 결정권을 침해하는지를 다루는데, 청구인 3, 4의 생명윤리안전법 제16조 제1항, 제2항에 대한 청구 부분을 이유없다고 판단하고 이를 기각하였다. 이에 대한 결정요지는 다음과 같다.

"3. 배아생성자는 배아에 대해 자신의 유전자정보가 담긴 신체의 일부를 제공하고, 또 배아가 모체에 성공적으로 착상하여 인간으로 출생할 경우 생물학적 부모로서의 지위를 갖게 되므로, 배아의 관리 또는 처분에 대한 결정권을 가진다. 이러한 배아생성자의 배아에 대한 결정권은 헌법상 명문으로 규정되어 있지는 아니하지만, 헌법 제10조로부터 도출되는 일반적 인격권의 한 유형으로서의 헌법상 권리라 할 것이다.

다만, 배아의 경우 형성 중에 있는 생명이라는 독특한 지위로 인해 국가에 의한 적극적인 보호가 요구된다는 점, 배아의 관리·처분에는 공공복리 및 사회윤리적 차원의 평가가 필연적으로 수반되지 않을 수 없다는 점에서도 그 제한의 필요성은 크다고 할 것이다. 그러므로 배아생성자의 배아에 대한 자기결정권은 자기결정이라는 인격권적 측면에도 불구하고 배아의 법적 보호라는 헌법적 가치에 명백히 배치될 경우에는 그 제한의 필요성이 상대적으로 큰 기본권이라 할 수 있다.

4. 이 사건 심판대상조항이 배아에 대한 5년의 보존기간 및 보존기관 경과 후 폐기의무를 규정한 것은 그 입법목적의 정당성과 방법의 적절성이 인정되며, 입법목적을 실현하면서 기본권을 덜 침해하는 수단이 명백히 존재한다고 할 수 없는 점, 5년 동안의 보존기간이 임신을 원하는 사람들에게 배아를 이용할 기회를 부여하기에 명백히 불합리한 기간이라고 볼 수 없는 점, 배아 수의 지나친 증가와 그로 인한 사회적 비용의 증가 및 부적절한 연구목적의 이용가능성을 방지하여야 할 공익적 필요성의 정도가 배아생성자의 자기결정권이 제한됨으로 인한 불이익의 정도에 비해 작다고 볼 수 없는 점 등을 고려하면, 이 사건 심판대상조항이 피해의 최소성에 반하거나 법익의 균형성을 잃었다고 보기 어렵다."

헌법재판소 2010. 5. 27. 2005헌마346 결정은 매우 아쉬움을 남기는 결정이다. 헌법재판소는 헌법재판소법 제68조 제1항에 따른 헌법소원에서 법령으로 인한 기본권 침해를 이유로 헌법소원을 청구하려면 당해 법령 그 자체에 의하여 자유의 제한, 의무의 부과, 권리 또는 법적 지위의 박탈이 생긴 경우여야 하며, 어떤 법령조항이 헌법소원을 청구하고자 하는 자의 법적 지위에 아무런 영향을 미치지 아니하는 경우라면 애당초 기본권 침해의 가능성이나 위험성이 없으므로 그 법령조항을 대상으로 헌법소원을 청구하는 것이 허용되지 않는다고 보았다. 이 때문에 '본안에 대한 판단'에서 다루어야 할 내용을 '적법요건에 대한 판단'에서 다 빼버리고 말았다.

하지만 헌법소원이 주관적인 권리구제절차일 뿐 아니라 객관적 헌법질서의 수호와 유지에 기여한다는 이중적 성격을 고려한다면, 헌법재판소는 2010. 5.

27. 2005헌마346 결정에서 청구인이 주장하는 기본권 침해여부에 대한 심사에 한정하지 않고 (I. 개요에서 개괄적으로 다룬) 쟁점들, 즉 잔여배아를 이용한 연구, 체세 포핵이식 배아를 이용한 연구, 이종 간의 착상 등 금지, 착상전 유전자진단(PGD) 등을 구체적으로 다루어야만 했다.

IV. 연습문제

1. 생명윤리안전법은 제4장 제2절 '배아생성의료기관'에서 배아의 생성에 대한 여러 사항을 규율한 후에, 제4장 제3절 '잔여배아 연구 등'에서 잔여배아를 이용한 연구를 규율하고 있다. 생명윤리안전법과 시행령이 규율하는 내용을 살피고, 2012년 개정 생명윤리안전법에서 개정된 내용을 살펴보시오.

2. 생명윤리안전법 제31조는 체세포복제배아 및 단성생식배아를 이용한 연구를 규율하고 있다. 생명윤리안전법과 시행령이 규율하는 내용을 살피고, 2012년 개정 생명윤리안전법에서 개정된 내용을 살펴보시오.

3. 생명윤리안전법 제20조는 인간 복제를 금지하고, 제21조는 이종 간의 착상 등을 금지하고 있다. 생명윤리안전법이 규율하는 내용을 구체적으로 살펴보시오.

4. 생명윤리안전법은 제4장 제4절 '배아줄기세포주'에서 배아줄기세포주의 등록(제33조), 배아줄기세포주의 제공(제34조), 배아줄기세포주의 이용(제35조)을 규율하고 있다. 생명윤리안전법과 시행령이 규율하는 내용을 살피고, 2012년 개정 생명윤리안전법에서 개정된 내용을 살펴보시오.

V. 토론과제

1. 잔여배아를 이용한 연구, 체세포복제배아 연구는 세계 각국의 나라마다 달리 규율하고 있다. 영국, 미국, 독일, 일본 등 세계 각국의 '생명윤리법'이 규율하고 있는 바를 비교법적으로 살펴보시오.

2. '인간배아줄기세포연구에 대한 미국 국립과학원 지침서(NAS Stem Cell Guidelines)'와 '인간 배아줄기세포연구를 위한 ISSCR 가이드라인'은 '이종 간의 착상 등의 금지'에 대해 어떻게 규율하고 있는지 살펴보시오.

3. 인간복제를 반대하는 근거와 찬성하는 근거를 살펴보시오.

VI. 읽을거리

1. '인간배아줄기세포 연구를 위한 국제줄기세포학회(international Society for Stem Cell Research: ISSCR) 가이드라인' 전문은 "권복규·박은정, 줄기세포연구자를 위한 생명윤리, 세창출판사, 2007, 119-156쪽"에서 찾을 수 있다.

2. '인간배아줄기세포연구를 위한 미국 국립과학원(The National Academy of Science: NAS) 가이드라인' 전문은 "권복규·박은정, 줄기세포연구자를 위한 생명윤리, 세창출판사, 2007, 157-358쪽"에서 찾을 수 있다.

3. 미국, 영국, 독일, 호주, 일본의 줄기세포연구 법률과 가이드라인에 대해서는 "생명윤리정책연구센터, 각국의 줄기세포연구 가이드라인, 2008"을 참조하시오. '인간배아줄기세포 연구를 위한 국제줄기세포학회 가이드라인' 전문과 '인간배아줄기세포연구를 위한 미국 국립과학원 가이드라인' 전문은 위 책에도 실려 있다.

4. '생명윤리안전법' 전반에 대한 이해를 위해서는 "최경석·김현철, 생명윤리안전법의 쟁점과 이해, 생명윤리정책연구센터, 2010"을 참조하시오.

5. 배아줄기세포주 등록·제공·이용에 대한 상세한 설명으로는 "최경석, 줄기세포주 등록 및 이용에 관한 법적 규제와 쟁점, 이상목 엮음, 줄기세포 연구와 생명의료윤리, 아카넷, 2012, 299면 이하"를 참고하시오.

6. 2012년 개정 생명윤리안전법의 주요 쟁점에 대한 상세한 설명은 "김현철, 개정생명윤리법에 따른 줄기세포 연구의 법적 쟁점, 이상목 엮음, 줄기세포 연구와 생명의료윤리, 아카넷, 2012, 329면 이하"를 참조하시오.

제 6 장

Law and Bioethics

낙 태

낙 태

I. 개 요

Law and Bioethics

1. 낙태의 3가지 정당화모델

　낙태를 규율하는 모델에는 기간해결방식, 적응사유방식, 상담해결방식이 있다. 기간해결방식은 일정한 기간 내에 행하여진 낙태는 정당화사유를 묻지 않고 허용하는 방식이고, 적응사유방식은 우생학적 정당화사유, 윤리적 정당화사유, 의학적 정당화사유 등 낙태의 정당화사유에 해당하여야 낙태를 허용하는 방식이다. 상담해결방식은 임산부와의 상담을 거친 뒤 임산부 자신의 책임 하에 낙태를 허용하는 방식을 말한다.

　기간해결방식은 법이 정한 기간 내에 낙태가 이루어지기만 하면 낙태는 정당화되고, 실질적인 정당화사유나 어떠한 이유로 낙태가 행해졌는지는 묻지 않는다. 기간해결방식을 취하는 입법례는 보통 임신 12주 이내의 기간 내의 낙태를 허용하고 있다. 적응사유방식(정당화사유방식)은 임신 기간과 상관없이 낙태를 원칙적으로 금지하나, 법이 정한 정당화사유에 해당하는 경우에 예외적으로 낙태를 허용하는 방식을 말한다. 우리나라 모자보건법은 적응사유방식(정당화사유방식)을 취하고 있다. 적응사유방식(정당화사유방식)을 취하는 입법례는 보통 우생학적 정당화사유, 윤리적 정당화사유, 의학적 정당화사유 3가지를 두고 있다. 우생학적 정당화사유는 법에서 정한 우생학적 질환을 가진 아이의 출산이 예상되는 경우이며, 윤리적 정당화사유는 강간 등에 의하여 임신한 경우나 근친간 임신 등 반윤리적 성행위에 의해 임신한 경우이다. 의학적 정당화사유는 임신으로 인하여 임산부의 생명이나 건강을 해칠 수 있는 경우를 말한다. 적응사유방식(정당화사유방식)에서 우생학적 정당화사유, 윤리적 정당화사유, 의학적 정당화사유를 어느 정도로 규율할지를 두고 논의가 있지만, 가장 논의가 분분한 것은 '사회·경제적 정당화사유'를 인정할지 여부에 대한 것이다. 사회·경제적 정당화사유를 인정하여 법에 규정하면, 아이를 양육할 수 있는 경제적·사회적 조건이 현실적으로 갖추어지지 않을 경우에도 낙태가 허용된다.

상담해결방식은 임산부와의 상담을 거친 뒤 임산부 자신의 책임 하에 낙태를 허용하는 방식을 말한다. 상담해결방식을 도입하는 입법례에서는 임산부를 통해서만 태어나지 않은 생명은 보호된다는 점과 '상담을 통한 보호효과'가 '제재를 통한 억압적인 보호효과'보다 더 효과적이고 효율적이라는 점이 강조된다.

2. 우리나라 낙태 규율 및 현실

미국 연방대법원에는 두 가지 종류의 사건, 즉 낙태사건과 그 외의 모든 사건이 있다고 할 정도로 낙태의 정당화사유에 대한 문제는 미국 연방대법원에서 매우 중요하게 다루어졌다.[1] 독일 연방헌법재판소 또한 2차에 걸친(1975년, 1993년) 낙태판결에서 낙태의 정당화모델을 어떻게 가져가는 것이 독일 기본법에 합치되는가를 두고 고민을 거듭하였다. 미국과 독일의 최고재판소 밖에서는 '선택우선론(pro-choice)'과 '생명우선론(pro-life)' 사이에 '합의가 불가능한' 가치대립이 벌어졌고, 지금도 계속되고 있다. 낙태논쟁을 통해 쟁점을 파악할 수 있고, 헌법재판을 통해 (잠정적) 결론이 내려졌다 하더라도 낙태 문제는 합의가 불가능한

---

1 Jeffrey Toobin(강건우 역), 더 나인(The NINE), 라이프맵, 2010, 70쪽.

'가치충돌'의 성격을 지니고 있어 계속되는 충돌상황을 피할 수 없다.

미국·독일과 달리, 우리나라는 모자보건법에 규정된 낙태의 정당화사유가 헌법에 위배되는지 여부에 대해 헌법재판소가 직접 다루지는 않았고, 그에 대한 장외논쟁도 미국·독일에 비해서는 덜 했다.[2] 인구증가억제정책의 일환으로 1973년에 제정된 '모자보건법'의 비호 아래 낙태는 불법적으로 이루어졌고, 정부당국은 이를 단속하지 않았다. 이는 공식적으로 342,433건으로 추정되고,[3] 비공식적으로는 150만 건으로 추정되는 '인공임신중절 시술건수'와 2007년 1심 선고 7건(집행유예 4명, 선고유예 3명), 2008년 1심 선고 3건(집행유예 2건, 선고유예 1건), 2009년 1심 선고 5건(집행유예 1건, 선고유예 4건)에 지나지 않는 '처벌건수와 처벌정도'를 보면 잘 알 수 있다. 사정이 이렇다면, 낙태죄를 규율한 형법 제269조와 제270조는 법규범의 실효성을 상실하여 사문화되었다고 평가할 수 있겠다.[4] 모자보건법 또한 법규범의 실효성을 상실한 것으로 보이는데, 이는 '인공임신중절 시술건수'에서 미혼모의 낙태 등 모자보건법의 정당화사유에 해당하지 않는 낙태가 전체 인공임신중절 시술건수의 정당화사유에 해당하는 낙태보다 훨씬 많기 때문이다.

낙태에 대한 주요 법규정에는 형법 제269조와 제270조, 모자보건법 제14조와 제28조, 모자보건법 시행령 제15조가 있다. 형법 제269조와 제270조는 낙태죄를 형벌로 처벌하는데 반해, 모자보건법 제14조와 모자보건법 시행령 제15조는 낙태죄에 대한 위법성조각사유를 규정하고 있다. 형법이 규율하는 낙태죄를 살펴보면, 형법 제269조는 자기낙태죄(제1항), 동의낙태죄(제2항), 동의낙태죄의 결

---

2 하지만 최근 한국사회에도 약간의 움직임이 태동하고 있다. 2005년 '저출산·고령사회위원회' 출범에서 시작하여, 2010년 2월에는 프로라이프 의사회가 상습적으로 불법 낙태시술을 하는 의사 8명을 고발하는가 하면, 2010년 3월에는 보건복지가족부에서 '불법인공임신중절예방 종합계획'을 발표하기도 했다. 2010년 3월에는 프로라이프 의사회의 '2010년 태아 살리기 범국민대회'와 이에 대한 여성계의 반발이 있었다. 대한산부인과에서는 2010년 3월에 '모자보건법 개정안마련을 위한 특별위원회'(TFT)를 출범시키고, '태아 측 사유에 의한 인공임신중절 허용규정', '의학적 사유에 의한 인공임신중절 허용규정', '비의학적 사유에 의한 인공임신중절 허용규정'을 중심으로 한 공청회를 차례로 개최하였다. 현재의 불법 인공임신중절 문제 제기의 배경과 전개 현황에 대해 자세히는 손영수, 형법상 낙태와 모자보건법상 인공임신중절에 관한 의료법리학적 이해, Korean Journal of Obstetrics and Gynecology, Vol. 53 No. 6 June 2010, 467쪽 이하; 김향미, 모자보건법상 의학적 인공임신중절 허용사유, 2010년 제96차 대한산부인과학회 학술대회지, 112쪽 이하.

3 이는 시술기관 평균 건수에 전체 의료기관 수를 적용하여 추정한 수치로서, 기혼은 198,515건, 미혼은 143,918건으로 추정되었다. 김해중, 인공임신중절 실태조사 및 종합대책수립(보건복지부 지원 연구보고서), 고려대학교, 1995, 247쪽.

4 '법규범의 실효성'은 사람들이 법규범을 준수하는지 여부와 사람들이 법규범을 준수하지 않으면 법적 제재가 가해지는가 여부에 달려 있다. 법규범의 실효성에 대해서는 Robert Alexy(이준일 역), 법의 개념과 효력, 고려대학교 출판부, 2007, 122쪽.

과적 가중범인 낙태치사상죄(제3항)를, 형법 제270조는 업무상 동의낙태죄(제1항), 부동의 낙태죄(제2항), 업무상 동의낙태죄·부동의 낙태죄의 결과적 가중범인 낙태치사상죄(제3항)를 규율하고 있다. 낙태미수죄와 과실에 의한 낙태죄에 대한 처벌조항은 없다. 반면에 모자보건법 제14조와 모자보건법 시행령 제15조는 인공임신중절수술의 허용요건을 규정하고 있는데, 모자보건법 규정에 의한 인공임신중절수술을 받은 자와 수술을 행한 자는 형법 제269조 제1항, 제2항 및 제270조 제1항의 규정에 불구하고 처벌받지 않는다(모자보건법 제28조).[5] 이는 낙태죄의 위법성조각사유로서, '법령에 의한 정당행위'에 해당된다.

낙태죄에 대한 형법의 적용이 배제되기 위해서는, 인공임신중절수술이 모자보건법 제14조와 모자보건법 시행령 제15조에 규정되어 있는 허용요건 4가지를 충족하여야 한다. 인공임신중절수술은 ① 의사에 의해 행해져야 한다. 산부인과 전문의일 필요는 없다. ② 본인과 배우자(사실상의 혼인관계에 있는 사람 포함)의 동의가 있어야 한다.[6] 배우자의 동의까지 필요로 하는 점에 특색이 있는데, 사실상 배우자의 동의요건은 거의 준수되지 않고 있어 사문화됨에 따라 법조항을 존치시킬 필요성 여부에 대한 문제가 제기됨은 물론, 임신중절의 당사자도 아닌 배우자의 동의를 그 요건으로 하고 있어 피시술자 본인의 자기결정권을 침해하고 있다는 점에서도 비난받을 소지를 안고 있다는 비판이 제기된다.[7] ③ 임신한 날로부터 24주일 이내에 행해져야 한다. 이전 시행령〈개정 2006. 6. 7〉에는 임신한 날로부터 28주일 이내에 인공임신중절수술이 가능하도록 규정되었으나,[8] 개정 시행령〈전문개정 2009. 7. 7〉은 임신한 날로부터 24주일 이내로 개정하였다. 이에 대해서는 태아의 생존능력은 오늘날 산부인과 의료기술의 발달수준에 비추어 임신 후 약 20주 이후로 잡는 것이 좋다는 견해를 주목하고 임신 20주 이내로 개정해

---

5 주의할 점은 모자보건법 제28조가 자기낙태죄(제269조 제1항), 동의낙태죄(제269조 제2항), 업무상 동의낙태죄(제270조 제1항)에 적용되지, 부동의 낙태죄(제270조 제2항), 동의낙태죄의 결과적 가중범인 낙태치사상죄(제269조 제3항), 업무상 동의낙태죄·부동의 낙태죄의 결과적 가중범인 낙태치사상죄(제270조 제3항)에는 적용되지 않는다는 점이다.

6 배우자가 사망, 실종, 행방불명 기타 부득이한 사유로 인하여 동의를 할 수 없는 때에는 본인의 동의로 족하고(모자보건법 제14조 제2항), 본인이나 배우자가 심신장애로 의사표시를 할 수 없을 때에는 그 친권자나 후견인의 동의로, 친권자나 후견인이 없을 때에는 부양의무자의 동의로 각각 그 동의를 갈음할 수 있다(제14조 제3항).

7 김해중, 인공임신중절 실태조사 및 종합대책수립(보건복지부 지원 연구보고서), 고려대학교, 1995, 204쪽.

8 의학의 발달로 임신 24주가 경과한 태아의 생존 가능성이 매우 높아졌음에도 불구하고 모자보건법은 생존이 가능한 임신 후 24주 이후 28주일 이내에 있는 태아의 경우도 임신중절을 허용하는 결과를 가져온 점에 대한 비판으로는 김해중, 인공임신중절 실태조사 및 종합대책수립(보건복지부 지원 연구보고서), 고려대학교, 1995, 203쪽.

야 한다는 견해가 있다.[9] ④ 모자보건법 제14조 제1항 제1호 내지 제5호 중 어느 하나에 해당하는 정당화사유가 존재하여야 한다. 5가지 정당화사유는 우생학적 정당화사유, 윤리적 정당화사유, 의학적 정당화사유로 다시 분류된다.

우생학적 정당화사유에는 본인이나 배우자가 대통령령으로 정하는 우생학적 또는 유전학적 정신장애나 신체질환이 있는 경우(제1호)와 본인이나 배우자가 대통령령으로 정하는 전염성 질환이 있는 경우(제2호)가 해당된다. 주요 특징은 대통령령이 정하는 우생학적 또는 유전학적 정신장애나 신체질환, 전염성 질환의 주체를 '태아'가 아니라, '본인이나 배우자'로 하였다는 점에 있다. 이에 대해서는 우생학적 또는 유전학적 정신장애나 신체질환, 전염성 질환이 유전되는지 여부가 불명확하고, 유전된다고 하더라도 이를 낙태의 허용사유로 삼는 것은 정신질환자, 장애아 등 동 장해나 질환이 있는 자들의 기본적인 인권을 침해하는 요인을 포함하고 있다는 비판이 있다.[10] 따라서 과거와는 달리 과학기술의 발달로 산전 진단 등을 통해 태아에게 일어나는 질환을 알 수 있는 방법이 있으므로 태아 자체를 기준으로 정당화사유를 판단하는 입법형식이 더 타당하다는 주장이 제기된다.[11] 이는 본인이나 배우자가 유전학적 정신장애나 신체질환이 없는 경우에도 태아에게 다양한 유전학적 이상과 선천성 이상이 발생할 가능성이 있고, 본인이나 배우자가 전염성 질환에 감염이 되더라도 배아 혹은 태아에게 반드시 감염을 일으키는 것은 아니기 때문이다.[12] 구체적으로 우생학적 정당화사유에 해당하는 질환은 모자보건법 시행령〈전문개정 2009. 7. 7〉 제15조 제2항과 제3항에 규정되어 있는데,[13] 이전 시행령〈개정 2006. 6. 7〉 제2항과 제3항에서 문제시되었던 질환이 삭제되었다.[14] 판례에 따르면, 다운증후군은 모자

---

9 김일수, 살인과 낙태의 한계 – 모자보건법 개정안의 모색, 오선주교수 정년기념논문집, 2001, 293쪽.

10 김해중, 인공임신중절 실태조사 및 종합대책수립(보건복지부 지원 연구보고서), 고려대학교, 1995, 202쪽.

11 권복규·김현철, 생명윤리와 법, 제2판, 이화여자대학교 출판부, 2009, 98쪽; 김향미, 모자보건법상 의학적 인공임신중절 허용사유, 2010년 제96차 대한산부인과학회 학술대회지, 115쪽.

12 김향미, 모자보건법상 의학적 인공임신중절 허용사유, 2010년 제96차 대한산부인과학회 학술대회지, 115쪽.

13 제15조(인공임신중절수술의 허용한계) ② 법 제14조 제1항 제1호에 따라 인공임신중절수술을 할 수 있는 우생학적 또는 유전학적 정신장애나 신체질환은 연골 무형성증, 낭성 섬유증 및 그 밖의 유전성 질환으로서 그 질환이 태아에 미치는 위험성이 높은 질환으로 한다.
③ 법 제14조 제1항 제2호에 따라 인공임신중절수술을 할 수 있는 전염성 질환은 풍진, 톡소플라즈마증 및 그 밖에 의학적으로 태아에 미치는 위험성이 높은 전염성 질환으로 한다. 〈전문개정 2009. 7. 7〉

14 제15조(인공임신중절수술의 허용한계) ② 법 제14조 제1항 제1호의 규정에 의하여 인공임신중절수술을 할 수 있는 우생학적 또는 유전학적 정신장애나 신체질환은 다음 각 호와 같다. 1. 유전성 정신분열증 2. 유전성 조울증 3. 유전성 간질증 4. 유전성 정신박약 5. 유전성 운동신경원 질환 6. 혈우병 7. 현저한 범죄경향이 있는 유전성

보건법 시행령 제15조 제2항의 인공임신중절사유에 해당하지 않음이 명백하여 부모가 태아가 다운증후군에 걸려 있음을 알았다고 하더라도 태아를 적법하게 낙태할 결정권을 가지고 있지 않으며, 다운증후군을 가진 아이가 태어나더라도 부모의 적법한 낙태결정권은 침해되지 않는다.[15] 반면에 출생 후 생존이 불가능한 일부 질환은 임신을 유지한다고 하더라도 출생 후 생존 자체가 불가능하여 임신을 유지할 필요나 실익이 전혀 없고, 따라서 임신 중 발견이 되는 경우에는 임신중절이 허용되어야 할 필요가 큰 질환들 — 예컨대 무뇌아 — 도 단지 유전학적 질환이나 장애가 아니라는 이유만으로 그 임신중절이 현행법 하에서는 허용되지 않는 낙태 시술이 되어 불법적인 것으로 간주되는 불합리한 결과를 초래한다는 지적이 있다.[16]

윤리적 정당화사유에는 강간 또는 준강간에 의하여 임신한 경우(제3호)와 법률상 혼인할 수 없는 혈족 또는 인척간에 임신한 경우(제4호)가 해당된다. 후자는 혼인신고가 불가능한 사이에 잉태된 아이는 국가가 죽여도 괜찮다는 면죄부를 주는 꼴이어서, 생명이 혼인의 적법성 여부에 좌우되는 것은 이론적 설명가능성을 완전히 뛰어넘는다는 비판이 있다.[17]

의학적 정당화사유에는 임신의 지속이 보건의학적 이유로 모체의 건강을 심각하게 해치고 있거나 해칠 우려가 있는 경우(제5호)가 해당된다. 판례에 따르면, 임신의 지속이 모체의 생명과 건강에 심각한 위험을 초래하게 되어 모체의 생명과 건강만이라도 구하기 위하여 임공임신중절수술이 부득이하다고 인정되는 경우이며,[18] 이러한 판단은 치료행위에 임하는 의사의 건전하고도 신중한 판단에 위임되어 있다.[19] 하지만 의학적 정당화사유에는 '모체의 건강'이라는 매우 광범위한 개념을 사용하고 있을 뿐만 아니라 '해칠 우려가 있는 경우'라는 위험범까지 포함하고 있어 의학적 정당화사유의 본래 의미는 퇴색하고 '귀에 걸면

정신장애 8. 기타 유전성 질환으로서 그 질환이 태아에 미치는 위험성이 현저한 질환

③ 법 제14조 제1항 제2호의 규정에 의하여 인공임신중절수술을 할 수 있는 전염성질환은 태아에 미치는 위험성이 높은 풍진·수두·간염·후천성면역결핍증 및 전염병예방법 제2조 제1항의 전염병을 말한다. 〈개정 2006. 6. 7〉

15 대법원 1999. 6. 11. 선고 98다22857 판결; 대법원 2002. 3. 29. 선고 2000다61947 판결.

16 김해중, 인공임신중절 실태조사 및 종합대책수립(보건복지부 지원 연구보고서), 고려대학교, 1995, 202쪽.

17 배종대, 낙태에 대한 형사정책, 고려법학 제50호, 2008, 239쪽. 동시에 법률상 혼인신고가 불가능한 범위라는 민법상의 가변적 기준에 형법의 정당화사유를 종속시키는 것은 문제라고 지적되고 있다.

18 대법원 1985. 6. 11. 선고 4도1958 판결; 대법원 2005. 4. 15. 선고 2003도2780 판결.

19 대법원 1985. 6. 11. 선고 4도1958 판결.

귀걸이 코에 걸면 코걸이' 식의 고무줄 사유가 될 수 있는 가능성이 있다는 지적이 있다. 이에 따르면 의학적 정당화사유는 모체의 생명이 위협받는 상황으로 제한해야 하고, 생명에 지장이 없는 신체에 대한 일반적 위험은 제외하는 것이 바람직하요.[20]

최근에 여성계를 중심으로 '사회·경제적 사유'를 신설하여 미성년자의 임신, 양육이 현실적으로 불가능한 상태에서의 임신 등의 경우에 낙태를 허용하자는 주장이 강력하게 제기되고 있다.[21] 이 견해에 따르면, '사회·경제적 사유'를 통해 미혼여성의 불법낙태를 합법화하여 미혼여성의 위험한 불법낙태시술을 막을 수 있고, 모자보건법의 실효성 또한 높일 수 있게 된다. 이에 대해서는 미혼모의 출산, 유아에 대한 사회적 편견이 팽배한 우리나라의 사정상 낙태죄가 출산을 강요하는 수단으로 작용하기는 어려워도, '사회적 사정'이 그러하다 하여 '사회·경제적 사유'가 정당화사유가 될 수는 없다는 견해가 있다.[22] 1995년에 발간된 '인공임신중절 실태조사 및 종합대책 수립'에 따르면, 미혼여성이 인공임신중절을 하는 이유의 96%가 미혼, 미성년자, 경제적 어려움 등 사회경제적 이유인 것으로 밝혀졌다.[23]

1995년에 발간된 '인공임신중절 실태조사 및 종합대책 수립'에는 임신 12주 이내, 임신 24주 이내(태아가 모체 밖에서 생존이 가능하기 전), 임신 24주 이후(태아가 모체 밖에서 생존이 가능한 경우)로 나누어 임신중절 허용기준을 마련하였는데, 이에 따르면 사회·경제적 사유'(사회경제적인 이유로 인해 임신의 유지나 출산 후 양육이 어렵다고 판단되는 경우)는 임신 12주 이내에만 허용하고, '미성년자가 임신한 경우'는 임신 24주 이내이면 허용된다. 임신중절은 의사와 상담을 시행한 경우에 한하여 허용하며, 상담일로부터 4일 이상이 경과한 후에 시술하여야 한다. 시술의는 임신중절 허

---

20 배종대, 낙태에 대한 형법정책, 고려법학 제50호, 2008, 238쪽.
21 박찬걸, 낙태죄의 합리화 정책에 관한 연구, 법학논집 제27권 제1호, 215쪽.
22 배종대, 낙태에 대한 형법정책, 고려법학 제50호, 2008, 240쪽. "현실이 그러하니 낙태를 처벌해서는 안 된다는 경험주의자들의 주장은 당위가 현실로부터 직접 나오는 것으로 잘못 생각한데 기인하는 것으로 본다. 범죄화·비범죄화의 규범결단, 형사 정책적 결단을 내리는 일은 규범학자들이 총체적 형법학의 세 기둥(범죄학, 형사정책, 형법도그마틱)을 통해 해야 한다."(231-232쪽, 258쪽) 같은 주장으로 김영환, 낙태죄 논쟁의 재구성(토론문), 형사정책연구 제2권 제2호, 1991, 409쪽 이하. 이에 따르면 임신중절행위에 관한 논쟁을 재구성하기 위해서는 서로 독립적이면서 그러나 상호연관을 맺는 경험적인 범죄학, 해석학적인 형법학 그리고 규범적인 형사정책이라는 세 가지의 구성요소를 받아들여야 한다.
23 김해중, 인공임신중절 실태조사 및 종합대책수립(보건복지부 지원 연구보고서), 고려대학교, 1995, 248쪽.

용사유가 존재한다는 점을 당해 시술과 관련이 없는 1인 이상의 의사가 확인하여 작성한 서면을 제출받아 확인하고, 시술 후 일정기간이 경과한 후에 임신중절의 사유 등을 해당관청에 보고하여야 한다.[24]

II. 판례 및 사례

1. 대법원 1985. 6. 11. 선고 84도1958 판결

인간의 생명은 잉태된 때부터 시작되는 것이고 회임된 태아는 새로운 존재와 인격의 근원으로서 존엄과 가치를 지니므로 그 자신이 이를 인식하고 있던지 또 스스로를 방어할 수 있는지에 관계없이 침해되지 않도록 보호되어야 한다 함이 헌법 아래에서 국민일반이 지니는 건전한 도의적 감정과 합치되는 바이므로 비록 모자보건법이 특별한 의학적, 우생학적 또는 윤리적 적응이 인정되는 경우에 임산부와 배우자의 동의 아래 인공임신중절수술을 허용하고 있다 하더라도 이로써 의사가 부녀의 촉탁 또는 승낙을 받으면 일체의 낙태행위가 정상적인 행위이고 형법 제270조 제1항 소정의 업무상촉탁낙태죄에 의한 처벌을 무가치하게 되었다고 할 수는 없으며 임산부의 촉탁이 있으면 의사로서 낙태를 거절하는 것이 보통의 경우 도저히 기대할 수 없게 되었다고 할 수도 없다.

2. 대법원 2007. 6. 29. 선고 2005도3832 판결

가. 사람의 생명과 신체의 안전을 보호법익으로 하고 있는 형법의 해석으로는 규칙적인 진통을 동반하면서 분만이 개시된 때(소위 진통설 또는 분만개시설)가 사람의 시기라고 봄이 타당하다.

---

24 김해중, 인공임신중절 실태조사 및 종합대책수립(보건복지부 지원 연구보고서), 고려대학교, 1995, 254쪽 이하.

나. 제왕절개 수술의 경우 '의학적으로 제왕절개 수술이 가능하였고 규범적으로 수술이 필요하였던 시기'는 판단하는 사람 및 상황에 따라 다를 수 있어, 분만개시 시점, 즉 사람의 시기도 불명확하게 되므로 이 시점을 분만의 시기로 볼 수는 없다.

다. 현행 형법이 사람에 대한 상해 및 과실치사상의 죄에 관한 규정과는 별도로 태아를 독립된 행위객체로 하는 낙태죄, 부동의 낙태죄, 낙태치상 및 낙태치사의 죄 등에 관한 규정을 두어 포태한 부녀의 자기낙태행위 및 제3자의 부동의 낙태행위, 낙태로 인하여 위 부녀에게 상해 또는 사망에 이르게 한 행위 등에 대하여 처벌하도록 한 점, 과실낙태행위 및 낙태미수행위에 대하여 따로 처벌규정을 두지 아니한 점 등에 비추어 보면, 우리 형법은 태아를 임산부 신체의 일부로 보거나, 낙태행위가 임산부의 태아양육, 출산 기능의 침해라는 측면에서 낙태죄와는 별개로 임산부에 대한 상해죄를 구성하는 것으로 보지는 않는다고 해석된다. 따라서 태아를 사망에 이르게 하는 행위가 임산부 신체의 일부를 훼손하는 것이라거나 태아의 사망으로 인하여 그 태아를 양육, 출산하는 임산부의 생리적 기능이 침해되어 임산부에 대한 상해가 된다고 볼 수는 없다.

3. 헌법재판소 2008. 7. 31. 2004헌마1010, 2005헌바90 결정(병합)

이 사건 규정의 태아 성별 고지 금지는 낙태, 특히 성별을 이유로 한 낙태를 방지함으로써 성비의 불균형을 해소하고 태아의 생명권을 보호하기 위해 입법된 것이다. 그런데 임신 기간이 통상 40주라고 할 때, 낙태가 비교적 자유롭게 행해질 수 있는 시기가 있는 반면, 낙태를 할 경우 태아는 물론, 산모의 생명이나 건강에 중대한 위험을 초래하여 낙태가 거의 불가능하게 되는 시기도 있는데, 성별을 이유로 하는 낙태가 임신 기간의 전 기간에 걸쳐 이루어질 것이라는 전제 하에, 이 사건 규정이 낙태가 사실상 불가능하게 되는 임신 후반기에 이르러서도 태아에 대한 성별 정보를 태아의 부모에게 알려 주지 못하게 하는 것은 최소 침해성 원칙을 위반하는 것이고, 이와 같이 임신후반기 공익에 대한 보호의 필요성이 거의 제기되지 않는 낙태 불가능 시기 이후에도 의사가 자유롭게 직업수행을 하는 자유를 제한하고, 임부나 그 가족의 태아 성별 정보에 대한 접근을 방해하는 것은 기본권 제한의 법익 균형성 요건도 갖추지 못한 것이다. 따라서 이 사건 규정은 헌법에 위반된다 할 것이다.

국회는 2007. 4. 11. 법률 제8366호로 의료법을 전부 개정하여 위 19조의2 제2항을 제20조 제2항에서 규정하고 있는데, 그 내용에는 변함이 없으므로 이 규정 역시 의료인의 직업수행의 자유와 태아 부모의 태아성별 정보에 대한 접근을 방해받지 않을 권리를 침해하므로 헌법에 위반된다.

그런데 위와 같은 이 사건 심판대상 규정들에 대해 단순위헌결정을 할 경우 태아의 성별 고지 금지에 대한 근거 규정이 사라져 법적 공백상태가 발생하게 될 것이므로 헌법불합치결정을 한다. 그리고 의료법 제20조 제2항은 입법자가 2009. 12. 31.을 기한으로 새 입법을 마련할 때까지 잠정 적용하며, 구 의료법 제19조의2 제2항은 이미 개정되어 효력을 상실하고 있지만, 2005헌바90 당해 사건과 관련하여서는 여전히 그 효력을 유지하고 있다고 할 것이므로 당해 사건과 관련하여 그 적용을 중지하고, 국회가 의료법 규정을 개정하면 그 개정 법률을 적용하여야 한다.

4. 대법원 1999. 6. 11. 선고 98다22857 판결

모자보건법 제14조 제1항 제1호는 인공임신중절수술을 할 수 있는 경우로 임산부 본인 또는 배우자가 대통령령이 정하는 우생학적 또는 유전학적 정신장애나 신체질환이 있는 경우를 규정하고 있고, 모자보건법시행령 제15조 제2항은 같은 법 제14조 제1항 제1호의 규정에 의하여 인공임신중절수술을 할 수 있는 우생학적 또는 유전학적 정신장애나 신체질환으로 혈우병과 각종 유전성 질환을 규정하고 있을 뿐인데, 기록에 의하면 다운증후군은 유전성 질환이 아님이 명백하다. 따라서 다운증후군은 위 조항 소정의 인공임신중절사유에 해당하지 않음이 명백하여 원고의 부모가 원고가 다운증후군에 걸려 있음을 알았다고 하더라도 원고를 적법하게 낙태할 결정권을 가지고 있었다고 보기 어려우므로, 원고의 부모의 적법한 낙태결정권이 침해되었음을 전제로 하는 원고의 이 사건 청구는 이 점에 있어서 이미 받아들이기 어렵다고 할 것이다. 나아가서 원고는 자신이 출생하지 않았어야 함에도 장애를 가지고 출생한 것이 손해라는 점도 이 사건 청구원인 사실로 삼고 있으나, 인간 생명의 존엄성과 그 가치의 무한함 (헌법 제10조)에 비추어 볼 때, 어떠한 인간 또는 인간이 되려고 하는 존재가 타인에 대하여 자신의 출생을 막아 줄 것을 요구할 권리를 가진다고 보기 어렵고, 장애를 갖고 출생한 것 자체를 인공임신중절로 출생하지 않은 것과 비교해서 법률적으로 손해라고 단정할 수도 없으며, 그로 인하여 치료비 등 여러 가지 비용이 정상인에 비하여 더 소요된다고 하더라도 그 장애 자체가 의사나 다른 누구의 과실로 말미암은 것이 아닌 이상 이를 선천적으로 장애를 지닌 채 태어난 아이 자신이 청구할 수 있는 손해라고 할 수는 없다.

5. 서울서부지법 2006. 12. 6. 선고 2005가합4819 판결

[1] 상염색체 열성유전질환이 있는 자녀를 출산한 경험이 있는 산모를 담당하는 산부인과 전문의로서는 산모 등이 정상아를 출산하고자 하였고 태아가 위 유전질환 환자인 것을 예상하였다면 출산하지 아니하였을 것임이 확실하므로, 통상의 경우와 달리 산모가 포태한 태아가 위 유전질환 환자일 가능성을 배제하기 위하여 가능한 모든 검사를 시행하여 보아야 할 의료상 주의의무가 있다.

[2] 태아가 산전 검사인 융모막 검사에서 정상아로 확인되었으나 출생 후 운동신경세포생존(SMN1) 유전자 결손에 의한 척추성 근위축증(SMA) 환자로 진단받은 사안에서, 태아가 가족 병력에 비추어 SMA 환자일 확률이 높고, 태아가 SMA 환자일 경우 그 부모가 출산을 원하지 않는다는 사정 등을 잘 알고 있는 의사로서는 통상의 경우와 달리 태아가 SMA 환자일 가능성을 배제하기 위하여 (즉, 융모막 검사의 오류가능성을 최소화하기 위하여) 가능한 모든 검사를 시행하여 보아야 할 의무가 있으므로, 의사가 태아에게서 SMN1 유전자의 결손이 없음을 확진하기 위하여 필요한 양수천자 등의 추가검사조차 시행하지 않았다면 의료상 과실이 있다.

[3] 의사가 태아의 척추성 근위축증(SMA) 검사 방법으로서 융모막 검사 자체의 정확도가 97.5%로 오류가능성이 있다는 점과 융모막 검사보다 더 정확한

검사 방법인 양수천자 등이 있다는 점 등에 대하여 태아의 부모에게 설명을 하지 않은 사안에서, 의사가 설명의무를 다하지 아니하였다.

6. 대법원 2002. 3. 29. 선고 2000다61947 판결

모자보건법상 태아의 다운증후군의 병력이 있다는 사정은 적법한 낙태의 사유가 될 수 없으므로(대법원 1999. 6. 11. 선고 98다22857 판결 참조) 적어도 법률적으로는 원고가 태아를 낙태하려고 시도할 수는 없었다는 사정을 알 수 있는바, 이러한 사정들에 비추어 보면, 원고가 포태한 태아에게 다운증후군의 의심이 있는지의 여부는 의사가 통상의 검사 결과의 통보 이상으로 모든 가능성에 대하여 설명하여야 할 만큼 중대한 결과에 관한 것이라고는 볼 수 없어서 원고가 가능한 다른 검사방법에 관하여 설명을 듣지 못하였다고 하더라도 기형아 검사에 관한 자기선택권이나 검사 결과 태아에게 다운증후군이 있음이 확인된 후 낙태수술을 할 것인지에 관한 자기선택권을 침해당하였다고 보기는 어렵고, 따라서 피고가 임산부의 신체나 태아의 건강상태에 관하여 이상 징후가 없는 상황에서 그 당시의 의료수준에서 가장 적합하다고 판단되는 검사방법을 통하여 검사를 한 결과 정상이라는 판정을 내린 다음, 의학적이고 직업적인 소신과 판단에 따라 임산부에게 그와 같은 판정 결과를 알려 주었다면 그로써 통상 요구되는 의무를 다한 것이고, 보다 정확하기는 하나 위험성이나 비용 등 때문에 구체적인 이상 징후나 위험한 인자를 갖고 있는 임산부에 대하여만 한정적으로 실시하도록 되어 있는 검사방법에 관하여 더 이상의 구체적인 설명과 안내를 하여 주지 않았다고 하여 의사의 설명의무를 다하지 않은 것이라고 할 수는 없다.

7. 헌법재판소 2012. 8. 23. 2010헌바402 결정

헌법재판소 2012. 8. 23. 2010헌바402 결정은 다음과 같이 쟁점을 명확하게 정리하고 있다. "청구인은 자기낙태죄 조항이 임부의 임신 초기의 낙태행위까지 금지하고 이를 형사처벌하는 것이 임부의 기본권을 침해하므로, 조산사의 낙태행위를 금지하고 처벌하는 이 사건 법률조항(형법 제270조 제1항 – 필자 첨가)도 당연히 위헌이라는 취지로 주장한다. 앞서 본 바와 같이 업무상 동의낙태죄와 자기낙태죄는 대향범이고, 이 사건은 낙태하는 임부를 도와주는 조산사의 낙태를 처벌하는 것이 위헌인지 여부가 문제되는 사안이므로, 임부의 낙태를 처벌하는 것이 위헌이라고 판단되는 경우에는 동일한 목표를 실현하기 위해 임부의 동의를 받아 낙태시술을 한 조산사를 형사처벌하는 이 사건 법률조항도 당연히 위헌이 되는 관계에 있다고 봄이 상당하다. 그러므로 자기낙태죄 조항이 위헌이라고 판단되는 경우에는 이 사건 법률조항도 같은 사유로 바로 위헌이 되는 반면, 자기낙태죄 조항이 합헌이라고 판단되는 경우에는 더 나아가 이 사건 법률조항이 조산사의 업무상 동의낙태를 2년 이하의 징역에 처하도록 규정하고 있는 것이 책임과 형벌 간의 비례원칙 및 평등원칙에 위배되는지 여부를 따로 살펴볼 필요가 있게 된다.”

가. 다수의견

[1] 이 사건 법률조항(형법 제270조 제1항)과 자기낙태죄는 대향범이고, 이 사건은 낙태하는 임부를 도와주는 조산사의 낙태를 처벌하는 것이 위헌인지 여부가 문제되는 사안이므로, 자기낙태를 처벌하는 것이 위헌이라고 판단되는 경우에는 동일한 목표를 실현하기 위해 임부의 동의를 받아 낙태시술을 한 조산사를 형사처벌하는 이 사건 법률조항도 당연히 위헌이 되는 관계에 있다고 봄이 상당하다.

[2] 인간의 생명은 고귀하고, 이 세상에서 무엇과도 바꿀 수 없는 존엄한 인간 존재의 근원이며, 이러한 생명에 대한 권리는 기본권 중의 기본권이다. 태아가 비록 그 생명의 유지를 위하여 모(母)에게 의존해야 하지만, 그 자체로 모(母)와 별개의 생명체이고 특별한 사정이 없는 한 인간으로 성장할 가능성이 크므로 태아에게도 생명권이 인정되어야 하며, 태아가 독자적 생존능력을 갖추었는지 여부를 그에 대한 낙태 허용의 판단 기준으로 삼을 수는 없다. 한편, 낙태를 처벌하지 않거나 형벌보다 가벼운 제재를 가하게 된다면 현재보다도 훨씬 더 낙태가 만연하게 되어 자기낙태죄 조항의 입법목적을 달성할 수 없게 될 것이고, 성교육과 피임법의 보편적 상용, 임부에 대한 지원 등은 불법적인 낙태를

방지할 효과적인 수단이 되기에는 부족하다. 나아가 입법자는 일정한 우생학적 또는 유전학적 정신장애나 신체질환이 있는 경우와 같은 예외적인 경우에는 임신 24주 이내의 낙태를 허용하여(모자보건법 제14조, 동법 시행령 제15조), 불가피한 사정이 있는 경우에는 태아의 생명권을 제한할 수 있도록 하고 있다. 나아가 자기낙태죄 조항으로 제한되는 사익인 임부의 자기결정권이 위 조항을 통하여 달성하려는 태아의 생명권 보호라는 공익에 비하여 결코 중하다고 볼 수 없다. 따라서 자기낙태죄 조항이 임신 초기의 낙태나 사회적·경제적 사유에 의한 낙태를 허용하고 있지 아니한 것이 임부의 자기결정권에 대한 과도한 제한이라고 보기 어려우므로, 자기낙태죄 조항은 헌법에 위반되지 아니한다.

[3] 이 사건 법률조항은 그 법정형의 상한이 2년 이하의 징역으로 되어 있어 법정형의 상한 자체가 높지 않을 뿐만 아니라, 비교적 죄질이 가벼운 낙태에 대하여는 작량감경이나 법률상 감경을 하지 않아도 선고유예 또는 집행유예 선고의 길이 열려 있으므로, 지나치게 과중한 형벌을 규정하고 있다고 볼 수 없다. 그러므로 이 사건 법률조항은 책임과 형벌 간의 비례원칙에 위배되지 아니한다.

나. 4인(이강국, 이동흡, 목영준, 송두환 재판관)의 반대의견

태아에 대한 국가의 보호의무에는 여성이 임신 중 또는 출산 후 겪게 되는 어려움을 도와주는 것까지 포함된다고 보아야 할 것이고, 국가는 생명을 보호하는 입법적 조치를 취함에 있어 인간생명의 발달단계에 따라 그 보호정도나 보호수단을 달리할 수 있다. 현대 의학의 수준에서는 태아의 독자적 생존능력이 인정되는 임신 24주 이후에는 임부의 낙태를 원칙적으로 금지하고, 임부의 생명이나 건강에 현저한 위해가 생길 우려가 있는 등 특단의 사정이 있는 경우에만 낙태를 허용함이 바람직하다. 임신 중기(임신 13주 – 24주)의 낙태는 임신 초기(임신 1주 – 12주)의 낙태에 비하여 임부의 생명이나 건강에 위해가 생길 우려가 증가한다는 점에서 국가는 모성의 건강을 증진하기 위하여 낙태의 절차를 규제하는 등으로 임신중기의 낙태에 관여할 수 있다고 할 것이다. 그런데 임신 초기의 태아는 고통을 느끼지 못하는 반면, 임신 초기의 낙태는 시술방법이 간단하여 낙태로 인한 합병증 및 모성사망률이 현저히 낮아지므로 임신 초기에는 임

부의 자기결정권을 존중하여 낙태를 허용해 줄 여지가 크다. 따라서 임신 초기의 낙태까지 전면적, 일률적으로 금지하고 처벌하고 있는 자기낙태죄 조항은 침해의 최소성 원칙에 위배된다. 한편, 형법상 낙태죄 규정이 현재는 거의 사문화되어 자기낙태죄 조항으로 달성하려는 태아의 생명보호라는 공익은 더 이상 자기낙태죄 조항을 통하여 달성될 것으로 보기 어려운 반면, 자기낙태죄 조항으로 제한되는 사익인 임부의 자기결정권은 결코 가볍게 볼 수 없어 법익의 균형성 요건도 갖추지 못하였다. 그러므로 자기낙태죄 조항은 임신 초기의 낙태까지 전면적, 일률적으로 금지하고 처벌하고 있다는 점에서, 임부의 자기결정권을 침해하여 헌법에 위반된다.

자기낙태죄 조항이 임부의 임신 초기의 낙태까지 전면적, 일률적으로 처벌하고 있다는 점에서 위헌이므로, 동일한 목표를 실현하기 위하여 임신 초기의 임부의 촉탁 또는 승낙을 받아 낙태시술을 한 조산사를 형사처벌하는 이 사건 법률조항도 위 범위 내에서 위헌이다.

III. 분 석

Law and Bioethics

1. 대법원 1985. 6. 11. 선고 84도1958 판결

이 판결은 의사가 산모의 생명에 직접적인 위험이 없음을 알았음에도 불구하고, 경제적 사정이 있어서 낙태하여야 한다는 산모의 촉탁에 의해 낙태행위를 한 경우는 형법 제20조의 '사회상규에 위배되지 아니하는 행위'에 해당하지 않으며, 따라서 낙태행위의 위법성이 조각되지 않는다고 판시하였다.

그리고 이 판결은 인공임신중절수술 허용한계인 '임신의 지속이 보건의학적 이유로 모체의 건강을 심히 해하고 있거나 해할 우려가 있는 경우'를 임신의 지속이 모체의 생명과 건강에 심각한 위험을 초래하게 되어 모체의 생명과 건강만이라도 구하기 위하여 임공임신중절수술이 부득이하다고 인정되는 경우로 정의내리고 있으며, 이러한 판단은 치료행위에 임하는 의사의 건전하고도 신중한 판단에 위임되어 있다고 판시하고 있다.

또한 이 판결은 헌법재판소 2010. 5. 27. 2005헌마346 결정 내용과 비교하여 서로 배치되는 내용을 담고 있다. 즉 대법원 1985. 6. 11. 선고 84도1958 판결은 "인간의 생명은 잉태된 때부터 시작되는 것이고 회임된 태아는 새로운 존재와 인격의 근원으로서 존엄과 가치를 지니므로 그 자신이 이를 인식하고 있던지 또 스스로를 방어할 수 있는지에 관계없이 침해되지 않도록 보호되어야 한다 함이 헌법 아래에서 국민일반이 지니는 건전한 도의적 감정과 합치한다"고 판시하고 있는데, 이는 헌법재판소 2010. 5. 27. 2005헌마346 결정이 "수정 후 착상 전의 배아가 인간으로 인식된다거나 그와 같이 취급되어야 할 필요성이 있다는 사회적 승인이 존재한다고 보기 어렵다"고 판시한 것과 상치된다.

2. 대법원 2007. 6. 29. 선고 2005도3832 판결

이 판결은 피고인인 조산사가 임신에서부터 분만에 이르기까지의 과정에서 행하여야 하는 제반의 조치를 태만히 한 업무상 과실이 있음에도 불구하고, 태아 사망 당시 태아가 '사람'으로 되었음을 전제로 한 업무상 과실치사죄와 태아 사망으로 인하여 피해자가 상해를 입었음을 전제로 한 업무상 과실치상죄를 모두 부정하고, 피고인의 무죄를 선고한 원심판결(서울중앙지법 2005. 5. 12. 선고 2004노1677 판결)이 정당하다고 보았다. 그 근거로는 '업무상 과실치사죄'에 대해서는 분만의 개시라고 할 수 있는 규칙적인 진통이 시작되지 않았으므로 이 사건 태아는 아직 업무상 과실치사죄의 객체인 '사람'이 아니라고 보았고, '업무상 과실치상죄'에 대해서는 태아를 사망에 이르게 하는 행위가 임산부 신체의 일부를 훼손하는 것이 아니며, 태아의 사망으로 인하여 임산부의 생리적 기능이 훼손된 것도 아니어서 임산부에 대한 상해가 될 수 없다고 보았다.

임신 28주가 지나 생존능력을 다 갖춘 태아를 모체 안에서 살해하면 낙태죄이고, 모체 밖으로 이끌어 내어 살해하면 살인죄가 된다는 해석론이 과연 헌법적인 생명보호의 취지에 합치하며 또한 생명에 대한 일반인의 현실인식과 사리에도 합당한지 의문을 제기하는 견해가 있다.[25] 이 견해는 낙태와 살인의 한

---

25 김일수, 살인과 낙태의 한계 – 모자보건법 개정안의 모색, 오선주교수 정년기념논문집, 2001, 292쪽 이하.

계에 관한 통설의 고정관념을 근본적으로 수정할 필요가 있음을 언급하면서, 태아의 생명보호를 극대화하기 위해 태아가 모체 안에 있건 밖에 있건 구별없이 태아에게 스스로의 생존능력이 있는 한 낙태를 전면 금지시키고 그 이후의 낙태를 살인과 동등하게 취급하는 방안을 제시한다. 이 견해는 독일 Freiburg 대학 Max-Flanck 외국형법 및 국제형법연구소의 2000년 3월 연구결과를 소개하고 있는데, 이에 따르면 전통윤리적·종교적 관점에서 이미 태어난 사람의 생명과 아직 태어나지 않은 태아의 생명을 동등한 가치로 인식해온 폭넓은 일반인의 의식은 태아가 모체 안에 있었느냐 밖에 있었느냐에 따라 낙태와 살인을 구별하는 형법해석은 사회적 현실인식에 반한다.

3. 헌법재판소 2008. 7. 31. 2004헌마1010, 2005헌바90 결정(병합)

가. 5인의 다수의견(헌법불합치의견)

5인(이강국, 김희옥, 민형기, 목영준, 송두환 재판관)의 다수의견(헌법불합치의견)은 태아의 성별을 고지하는 것을 의료인의 직업수행에 당연히 내재되어 있는 행위로 보았을 뿐 아니라, 부모의 태아성별정보에 대한 접근을 방해받지 않을 권리를 부모로서 당연히 누리는 천부적이고 본질적인 권리로서 헌법 제10조로부터 도출되는 일반적 인격권으로부터 나온다고 보아, 구 의료법 제19조의2 제2항(개정 의료법 제20조 제2항)이 태아의 성별에 대하여 이를 고지하는 것을 금지하는 것이 의료인의 직업수행의 자유와 부모의 태아성별정보에 대한 접근을 방해받지 않을 권리를 침해한다고 판시하였다.

기본권 제한이 정당한지 여부에 대해 다수의견은 '입법목적의 정당성'과 '수단의 적합성'은 인정한 반면에, '피해의 최소성'과 '법익의 균형성'은 부정하였다. 성비의 불균형을 해소하고 태아의 생명권을 보호하기 위한 '입법목적의 정당성'과 남아선호사상 내지 그 경향이 완전히 근절되었다고 단언하기 어려운 오늘날의 현실에서 이 사건 규정은 성별을 이유로 하는 낙태 방지라는 입법목적에 어느 정도 기여할 것이라는 이유로 '수단의 적합성'은 인정하였다. 반면에 낙태가 사실상 불가능하게 되는 시기인 임신 후반기에 이르러서도 태아에 대한 성별정보를 태아의 부모에게 알려 주지 못하게 하는 것은 의료인과 태아의 부모에 대한 지나친 기본권 제한으로서 '피해의 최소성' 원칙에 반한다고 보았으며, 공익에 대한 보호의 필요성이 거의 제기되지 않는 낙태가 불가능한 시기 이후에까지 태아의 생명 보호를 이유로 의사의 직업수행의 자유나 임부 및 그 가족의 기본권을 제한하는 것은 과도한 사익의 침해로서 '기본권 제한의 법익균형성' 요건을 충족시키지 못하다고 보았다.

이에 다수의견은 단순위헌결정을 하면 임신기간 전 기간에 걸쳐 태아의 성별 고지를 가능하게 하는 부당한 결과를 초래하기 때문에 헌법불합치의견을 제시하면서, 낙태가 거의 불가능한 시기인 임신 후반기에 한정하여 태아의 성별 고지를 허용하여, 낙태의 위험은 없으면서도 의료인의 직업의 자유를 보장함은 물론, 태아의 부모가 태아에 대한 정보에 접근하는 것도 방해하지 않는 입법을 마련할 것을 입법자가 2009년 12월 31일을 기한으로 촉구하였다.

이에 따라 2009년 12월 31일 개정된 의료법 제20조는 다음과 같이 규율하고 있다.

제20조(태아 성 감별 행위 등 금지) ① 의료인은 태아 성 감별을 목적으로 임부를 진찰하거나 검사하여서는 아니 되며, 같은 목적을 위한 다른 사람의 행위를 도와서도 아니 된다.
② 의료인은 임신 32주 이전에 태아나 임부를 진찰하거나 검사하면서 알게 된 태아의 성(性)을 임부, 임부의 가족, 그 밖의 다른 사람이 알게 하여서는 아니 된다

뿐만 아니라 개정 의료법은 제88조의3(벌칙) 조항에 "제20조를 위반한 자는 2년 이하의 징역이나 1천만 원 이하의 벌금에 처한다"고 규정하였다. 형법에 있는 낙태죄가 2년 이하의 징역 등을 명시하고 있는 반면에, 개정 전 의료법에서는 성감별 처벌규정으로 3년 이하의 징역 또는 1천만 원 이하의 벌금을 부과하였는데, 성감별 처벌이 낙태죄보다 심한 것은 불합리하다는 비판이 반영되었다.

나. 3인의 단순위헌의견

3인(이공현, 조대현, 김종대 재판관)의 단순위헌의견은 태아의 성별에 대하여 이를 고지하는 것을 금지하는 이 사건 규정이 의료인의 직업수행의 자유와 부모의 태아성별정보에 대한 접근을 방해받지 않을 권리를 침해한다는 다수의견에 동

의하면서, 더 나아가 부모의 태아에 대한 양육권도 제한한다고 보았다. 특히 3인의 단순위헌의견은 태아 성별 고지 행위를 태아의 생명을 박탈하는 행위로 간주하고 이를 사회적으로 비난받아야 할 반사회적이고 비윤리적인 행위로 낙인찍어 태아의 성별 고지 행위 금지에 태아의 생명 보호라는 입법목적을 설정한 것은 그 자체로서 정당화될 수 없다고 보았다. 이 사건 규정은 헌법 제37조 제2항이 요구하는 기본권 제한의 필요성(입법목적의 정당성)이 인정되지 않으므로, 더 나아가 기본권 제한수단의 적절성이나 기본권 침해의 최소성, 법익균형성에 관하여 따져볼 필요도 없다.

다. 1인의 반대의견

1인(이동흡 재판관)의 반대의견은 일반적 인격권으로부터 나오는 태아의 부모가 갖는 태아의 성별 정보에 대한 접근을 방해받지 않을 권리나 부모의 태아에 대한 보호양육권이라는 것이 우리 헌법상 보장된 기본권에 속하는 것인지 의문을 제기하면서, 사실상 이익에 불과한 것으로 보았다. 태아의 부모가 갖는 태아의 성별 정보에 대한 접근을 방해받지 않을 권리를 일반적 인격권에서 도출해내는 것에 대해, 1인의 반대의견은 일반적 인격권의 범주를 과도하게 확대한 것이라는 비판을 면하기 어려울 뿐만 아니라 헌법상 보장된 기본권이 아닌 것을 헌법상 기본권으로 보기 위한 나머지 포괄적 기본권 조항으로 도피하는 것이라고 보았다. 임신 후반기에도 태아의 성별을 이유로 낙태를 하지 않는다는 보장이 없으며, 따라서 태아의 생명보호와 성비의 불균형 해소라는 입법목적의 달성을 위해서는 임신 기간 전 기간 동안 태아의 성별 고지를 금지하는 것이 불가피하고, 이 사건 심판대상 규정을 통하여 달성하려는 태아의 생명보호 등과 같은 공익의 중대성에 비하여 이 사건 심판대상 규정으로 인한 의료인의 직업수행의 자유의 제한 정도는 극히 미미한 것이므로, 이 사건 심판대상 규정은 기본권제한에 있어서 과잉금지원칙에 위반되지 않는다고 판시하였다.

4. 원치 않은 생명과 원치 않은 출생

'원치 않은 생명(wrongful life)' 소송에 대한 대법원 판례(대판 1999. 6. 11. 선고 98

다22857)는 인간 생명의 존엄성과 그 가치의 무한함에 비추어 장애를 갖고 출생한 것 자체를 법률상 손해로 볼 수 없다는 이유로 장애아의 손해배상청구를 부정하였다. 학설은 판례의 입장과 같이 부정설이 다수설이나, 긍정하는 견해도 있다.[26]

  '원치 않은 생명' 소송은 선천적 장애아의 출산을 인공임신중절을 통해 막을 수 있었음에도 불구하고 태어나게 한 것에 대해 '태어난 장애아'가 소를 제기하는 반면에, '원치 않은 출생(wrongful birth)' 소송은 '태어난 장애아의 부모'가 소를 제기한다.[27] 법원은 대법원 1999. 6. 11. 선고 98다22857 판결에서 '원치 않은 생명'에 대해서는 의사의 손해배상책임을 인정하지 않았지만, '원치 않은 출생'에 대해서는 손해배상책임을 인정한 바 있다. '원치 않은 출생'은 모자보건법의 인공임신중절 사유에 해당하는 경우와 해당하지 않는 경우로 다시 나뉜다. 판례(서울서부지법 2006. 12. 6. 선고 2005가합4819 판결)는 인공임신중절 사유에 해당하는 척수성근위축증(SMA)의 경우에 손해배상책임을 인정하였다. 이에 따르면, 태아가 가족 병력에 비추어 SMA 환자일 확률이 높고, 태아가 SMA 환자일 경우 그 부모가 출산을 원하지 않는다는 사정 등을 잘 알고 있는 의사로서는 통상의 경우와 달리 태아가 SMA 환자일 가능성을 배제하기 위하여 가능한 모든 검사를 시행하여 보아야 할 의무가 있으므로, 의사가 태아에게서 SMN1 유전자의 결손이 없음을 확진하기 위하여 필요한 양수천자 등의 추가검사조차 시행하지 않았다면 의료상 과실이 있다. 반면에 판례(대법원 2002. 3. 29. 선고 2000다61947 판결)는 인공임신중절 사유에 해당하지 않은 다운증후군의 경우에는 낙태 여부를 결정할 수 있는 자기선택권을 침해당하였다고 보기 어렵다는 이유로 손해배상책임을 부정하였다. 다만 판례(대법원 1997. 11. 26. 선고 97다36842 판결)는 인공임신중절 사유에 해당하지 않는 다운증후군의 경우에서, 태아가 기형아라면 그 태아를 출산하여 키울 것인지 여부를 선택하고 대비할 수 있는 자기결정권을 침해하였다고 보아 부모의 정신적 손해에 대한 위자료를 인정하였다.

---

26 원치 않는 생명에 대한 장애아의 손해배상청구를 부정하는 견해(신현호, 윤진수. 김민중·박종원)와 인정하는 견해(최재천, 이은영)에 대한 학설 소개는 이덕환, 원치 않는 장애아 출산에 대한 손해배상, 법학논집 제24권 제2호, 504-506쪽.

27 wrongful life의 번역어로는 '원치 않는 생명', '잘못된 생명' 등이 있고, wrongful birth의 번역어로는 '원치 않는 출생', '잘못된 출생' 등이 있다.

IV. 연습문제

1. 낙태를 규율하는 모델에는 기간해결방식, 적응사유방식, 상담모델방식이 있다. 각 모델의 장·단점을 논하시오.

2. 우리나라 낙태죄 규정(형법과 모자보건법)에 대해 설명하고, 우리나라 낙태죄 규율에 대해 제기되는 여러 비판점을 서술하시오.

3. 연간 비공식 통계로 150만건의 낙태가 이루어지고, 이에 대해 법적 제재는 1년에 2, 3건 정도밖에 처벌되지 않는다. 이런 사정이라면 형법 제269조, 제270조의 낙태죄 규정은 거의 사문화된 것이라고 할 수 있겠다. 형법의 낙태죄 조항은 실효성을 과연 상실한 것인지, 상실하였다면 그 실효성을 높일 방안은 무엇인가?

4. 최근 여성계를 중심으로 '사회·경제적 사유'를 신설하여 미성년자의 임신, 양육이 현실적으로 불가능한 상태에서의 임신 등의 경우에 낙태를 허용하자는 주장이 강력하게 제기되고 있다. 이 견해에 따르면, '사회·경제적 사유'를 통해 미혼여성의 불법낙태를 합법화하여 미혼여성의 위험한 불법낙태시술을 막을 수 있고, 모자보건법의 실효성 또한 높일 수 있게 된다. 이에 대해서는 미혼모의 출산, 유아에 대한 사회적 편견이 팽배한 우리나라의 사정상 낙태죄가 출산을 강요하는 수단으로 작용하기는 어려워도, '사회적 사정'이 그러하다 하여 '사회·경제적 사유'가 정당화사유가 될 수는 없다는 견해가 있다. 양 견해에 대한 당신의 입장은 어떠한가?

V. 토론과제

1. 낙태에 대한 논의를 인간존엄을 통해서가 아니라, 생명권을 통해 수행함을 통해 모순 없는 해결책을 찾아야 한다고 주장하는 견해가 있다. 이 견해에 따르면, 낙태논의의 출발점은 인간존엄 '개념'이 아닌 생명권 '개념'이 되어야 하며, 이를 통해 낙태논의에서의 모순을 피할 수 있게 된다. 생명

윤리의 여러 문제에서 인간존엄 '개념'은 확장되어 적용되고 있으며, 이 때 인간존엄 '개념'은 절대적 효력을 갖는다는 점에서 합리적 논증대화를 막고 있다. 낙태논의의 출발점은 인간존엄이 아닌 생명권이 되어야 한다는 주장을 고찰해 보시오.

2. 미국 Roe v. Wade 판결의 주요 내용은 다음과 같다. "산모의 생명을 구하기 위한 경우를 제외하고, 임신 기간이나 당사자의 이해관계와는 무관하게 일체의 낙태를 금지하는 텍사스 주법과 같은 법령은 적정절차를 규정한 수정헌법 제14조에 위배된다.

   (a) 1분기 말이 되기까지, 낙태 결정과 그 시행은 임산부의 주치의의 의학적 소견에 맡긴다.
   (b) 2분기 말 이후부터, 산모의 건강에 대한 주의 이익을 증진시키기 위하여, 산모의 건강과 관련하여 합리적인 방식으로 낙태 과정을 규제할 수 있다.
   (c) 체외생존가능성이 발생한 이후, 주는 인간 생명의 잠재성을 우선적으로 고려하여, 이 경우 낙태를 규제할 수 있으며, 금지할 수도 있다. 그러나 산모의 생명 혹은 건강을 보호하기 위해 낙태가 반드시 필요하다는 적절한 의학적 소견이 있을 경우는 예외로 한다."[28]

   체외생존가능성을 기준으로 2분기와 3분기를 나누는 3분기 체계(trimester system)는 이후 논쟁의 핵심적인 내용이 되는데, 체외생존가능성이 발생한 이후, 주가 낙태를 규제·금지할 수 있다고 판시한 미국 Roe v. Wade 판결의 타당성을 살피시오.

3. 드워킨은 파생된 반대(derivative objection)와 독립된 반대(detached objection)를 구별한다. 전자는 모든 인간이 갖는 권익이 존재하고 태아도 이를 가지고 있다고 전제하고 이 전제로부터 정부가 태아를 보호할 의무가 파생한다는 주장이고, 후자는 특정한 권익의 존재를 전제하거나 그에 의존하지 않고, 정부가 생명의 내재적 가치를 보호할 독립적 의무를 가지고 있다는 주장이다. 낙태와 관련해서 파생된 반대와 독립된 반대를 살펴보시오.

VI. 읽을거리

Law and Bioethics

1. 우리나라의 인공임신중절 실태에 대한 연구로 "김해중, 인공임신중절 실태조사 및 종합대책수립 (보건복지부 지원 연구보고서), 고려대학교, 1995"를 참조하시오.

---

28 Gregory E. Pence(구영모·김장한·이재담 역), 의료윤리 I, 광연재, 2003, 316면.

2 미국 Roe v. Wade 판결의 쟁점과 그 이후에 전개된 사건에 대해서는 "Gregory E. Pence(구
  영모·김장한·이재담 역), 의료윤리 I, 광연재, 2003, 307쪽 이하"를 참조하시오.

3. 파생된 반대와 독립적 반대에 대한 드워킨의 견해에 대해서는 "Ronald Dworkin(박경신·김지미
   역), 생명의 지배영역 − 낙태, 안락사, 그리고 개인의 자유, 이화여자대학교 생명의료법연구소 고
   전번역총서1, 2008"을 살펴보시오.

4. 낙태에 대한 상담모델에 대해서는 "Winfried Hassemer(변종필 역), 절차적 정당화, Winfried
   Hassemer(배종대·이상돈 편역), 형법정책, 세창출판사, 1998, 160쪽 이하"를 참조하시오.

5. 재생산권에 대해서는 "김태선, 낙태와 재생산권, 김태선·오정진·조은희·차선자, 법여성학, 세창
   출판사, 2011, 298-312쪽"을 참조하시오.

제 7 장

Law and Bioethics

유전자검사 및 치료

제7장
유전자검사 및 치료

I. 개 요

1. 유전자 시대의 도래

게놈 프로젝트의 종료로 우리 사회는 유전자 시대를 맞이하게 되었다. 많은 질병이 유전자와 어떤 관련을 맺고 있을 것이라고 예상하면서 유전자치료를 포함하여 건강과 형질의 변화를 위한 유전자 조작에 대한 기대가 난무하였다. 우선 유전자 조작에 대한 우려로서 유전자 조작의 안전성에 대한 심각한 우려가 대두되었다. 유전자 조작은 체세포에 가해지는 유전자 조작과 생식 세포에 가해지는 유전자 조작으로 구분되며, 세대 간 유전을 통한 예상할 수 없는 부작용을 우려하여 생식선(germ-line)에 대한 유전자치료에 대해서는 반대하는 의견이 형성되어 왔다. 그러나 체세포에 대한 유전자 조작의 경우에도 생물체가 지닌 항상성에 가져올 변화를 우려하여 유전자 조작에 대한 안전성 문제가 제기되기도 한다. 현재 유전자치료제 연구는 상용화 단계를 목표로 대부분 임상시험 단계에 있으며, 미국과 유럽 국가들이 연구를 선도하고 있으나 한국에서도 최근 다수의 임상시험을 수행하고 있어 이 분야에 대한 관심을 놓지 않고 있다. 유전자치료에서 윤리적으로 문제되는 가장 중요한 쟁점은 안전성의 문제이다.

2. 유전자 조작에 대한 우려

유전자치료와 관련해서는 안전성 이외에도 몇 가지 우려들이 논의되었다. 생식선에 대한 유전자 조작을 금지하는 것은 단지 세대를 걸쳐 개인들에게 건강상의 해가 발생할 것이라는 우려를 넘어서서, 인간종의 정체성 변화에 대한 우려에 기인하기도 한다. 그밖에, 무엇보다도 가장 일반적인 우려는 유전정보의 오남용에 대해서이다. 유전자 결정론이란 잘못된 견해가 의학계뿐만 아니라 사회적으로도 이런 저런 방식으로 드러나는 경우가 종종 있다. 질병을 진단하고 치료하는 데 있어 유전자의 인과적 역할에 대한 지식을 활용하는 것은 여타 질병에 대한 진단 및 치료와 별 차이가 없을 것이다. 그러나 몇몇 질환이 유전자와 인과관계를 지니고 있다는 사고를 넘어서서, 모든 질병이 유전적으로 결정된다는 사고는 대단히 위험하다. 이러한 사고방식은 인간과 환경의 상호작용에 대한 고려가 배제된 채, 많은 경우 하나의 확률로 이해되어야 할 유전자 진단, 즉 유전인자형과 표현형 사이의 관계를, 유전인자형의 100% 실현가능성으로 인식하는 것은 대단히 위험하다.[1]

또한 좀 더 넓은 시각에서는 유전자치료나 조작 자체가 가져올 사회변화에 대해 우려하는 목소리도 있다. 우선 유전자치료를 포함한 유전자 조작이 빈부의 차이에 따라 그 이용이 제한된다면, 정의(justice)의 문제를 야기할 것이라는 우려가 있다. 알렌 부케넌(Allen Buchanan), 댄 브락(Dan W. Brock), 노먼 다니엘즈(Norman Daniels), 다니엘 위클러(Daniel Wikler)는 유전자 조작이 나치 시대의 우생학으로 귀결될 것이라는 우려에 대해 거리를 두면서 '자유주의적 우생학'을 언급하고 있으며, 이들은 안전성이 확보된다면 유전자 조작과 관련하여 해결해야

---

1 최경석·김중호·이경상·구인회, "유전자검사 및 연구의 윤리적 문제와 유전치료의 문제: 유전자 결정론을 중심으로", 『한국의료윤리교육학회지』, 9권 2호(한국의료윤리교육학회, 2006. 12.), 223-233면 참조.

할 문제는 결국 분배적 정의의 문제라는 견해를 피력하고 있다.[2] 한편 마이클 샌델(Michael Sandel)은 유전자 조작을 인간의 삶에 대한 지배욕구로 본다. 그러나 샌델은 이러한 지배욕구의 실현으로 인해 우리가 무엇을 상실하고 있는지 심각하게 생각하라고 경고한다. 그는 유전자조작을 통해 그동안 우리 사회가 유지해 왔던 "은총에 대한 감사"가 상실될 것이고, 자연이 만들어낸 불행에 대한 대비로 강조되었던 사회적 연대감이 상실될 것임을 경고한다.[3]

3. 유전자검사 관련 법적 규제

유전자검사는 현실적으로 시행되고 있는 검사이다. 생명윤리안전법(이하 "법")은 유전자검사에 대한 규정을 통해 검사대상자를 보호하고 검사행위를 관리하고 있다. 우선, 교육·고용·승진·보험 등 사회활동에서 유전정보에 의한 차별을 금지하고 있다(법 제46조 제1항). 또한 유전자검사의 시행을 강요하거나 그 결과를 제출하도록 강요할 수 없다(법 제46조 제2항). 따라서 유전자검사를 하기 전에 검사대상자로부터 서면동의를 획득하는 것이 원칙이다(법 제51조 제1항).[4] 하지만 의료기관에서 질병의 진단 또는 치료를 목적으로 하면서 검사 후 검사대상물을 즉시 폐기하는 경우에는 서면동의가 면제될 수 있다(동법 시행규칙 제52조 제1항). 그런데 이 경우, 서면동의가 면제되더라도 유전자검사의 목적과 방법, 예측되는 유전자검사의 결과와 의미 등은 구두로 검사대상자나 그의 법정대리인에게 충분히 설명되어야 한다(동법 시행규칙 제52조 제2항). 따라서 우리 법은 서면동의가 면제되는 유전자검사의 경우 구두동의를 획득하도록 요구하고 있다.

그러나 유전자검사기관이 검사대상물을 인체유래물연구자나 인체유래물은행에 제공하기 위해서는 개인정보의 보호 및 처리에 대한 사항, 검사대상물의 보존, 관리 및 폐기에 관한 사항, 검사대상물의 제공에 관한 사항, 동의의 철회, 동의 철회시 검사대상물의 처리, 검사대상자의 권리 등에 대한 사항이 포함된

---

2 Allen Buchanan, Dan W. Brock, Norman Daniels, Daniel Wikler, *From Chance to Choice: Genetics and Justice*, Cambridge University Press, 2000.

3 마이클 샌델, 김선욱·강준호·구영모·김은희·박상혁·최경석 역,『공동체주의와 공공성』(철학과 현실사, 2008), 242-272면.

4 단, 시체 또는 의식불명인 사람이 누구인지 식별하여야 할 긴급한 필요가 있거나 특별한 사유가 있는 경우 또는 다른 법률에 규정이 있는 경우에는 동의 없이 유전자검사를 할 수 있다(법 제51조 제5항).

서면동의를 유전자검사 동의와는 별도로 받아야 한다(법 제51조 제2항). 이러한 규정은 검사대상물이 유전자 연구 여부와 상관 없이 인체유래물연구에 이용되는 경우, 검사대상물은 본인을 위한 진료 목적의 사용과는 본질적으로 성격을 달리하는 연구 목적으로 이용되는 것이기 때문에 인체유래물 기증자인 검사대상자의 권리를 엄격하게 존중하기 위한 조치이다.[5]

　　생명윤리안전법은 과학적 증명이 불확실하여 검사대상자를 오도할 우려가 있는 신체외관이나 성격에 관한 유전자검사 또는 국가생명윤리심의위원회의 심의를 거쳐 대통령령으로 정하는 유전자검사를 금지하고 있다(법 제50조 제1항). 현재 금지 또는 제한하는 유전자 검사 19가지가 생명윤리안전법 시행령 별표 2에 열거되어 있다. 한편 배아 및 태아를 대상으로 하는 유전자검사, 즉 착상전 유전자진단(PGD: Preimplantation Genetic Diagnosis) 및 산전 진단(PD: Prenatal Diagnosis)으로 시행하는 유전자 진단은 유전질환을 진단하기 위한 목적으로만 수행할 수 있는데(법 제50조 제2항), 해당 질환은 154개 질환으로 생명윤리안전법에 언급된 근이영양증과 동법 시행령 별표3에 62개 질환, "배아 또는 태아를 대상으로 유전자검사를 할 수 있는 유전질환"(보건복지부고시 제2011-140호)에 91개 질환이 열거되어 있다.

　　위와 같은 열거방식은 금지되는 검사와 검사가 허용되는 질환이 무엇인지 명확하게 제시하고 있다는 장점이 있다. 그러나 새로운 검사나 질환이 추가되어야 할 경우, 일정한 행정 절차를 거쳐야 하는 단점이 있고, 개별 사례에 직면하여 검사 여부에 대한 논란이 발생할 경우 신속하게 해당 사안에 대응하기 곤란하다는 단점이 있다. 또한 이와 같은 운영 방식은 유전자검사기관이나 해당 기관의 담당 의사가 전문적인 기준에 따라 검사 여부를 자율적으로 결정하지 못하게 함으로써 담당 의사가 환자를 위해 전문직 윤리에 입각한 자신의 의학적 소견에 따라 소신 있는 결정을 내리지 못하도록 하는 단점이 있다. 뿐만 아니라, 이와 같은 열거방식은 논란이 되는 검사에 대해 기관위원회가 검사 여부를 심의할 수 있도록 하는 여지도 남겨 놓고 있지 않다.[6] 이와 같은 결과는 국

---

5 이 문제는 인체유래물의 이차적 사용과 관련된 문제인데, 참고로 인체유래물연구자가 기증자로부터 인체유래물과 그로부터 얻은 유전정보를 제공하는 것에 대해 서면동의를 받는 경우에 기관위원회의 심의를 거쳐 인체유래물과 그로부터 얻은 유전정보를 인체유래물은행이나 다른 연구자에게 제공할 수 있다(생명윤리안전법 제38조 제1항).
6 다만 유전자 연구의 경우에는 금지되는 유전자검사라 하더라도 기관위원회가 연구의 필요성을 인정하여 승인하는

내 의료계의 자율성이 어느 정도 성숙되어 있느냐 그리고 자율성을 행사할 만큼의 신뢰를 확보하고 있느냐는 문제와도 연관을 맺고 있다. 일각에서는 지금과 같은 항목 열거방식보다는 서구와 같이 요건 열거 방식을 취해 해당 요건의 충족여부를 담당의사나 기관위원회가 판단하도록 하는 것이 바람직하다는 의견도 있다.

검사대상물의 보관기간과 관련하여 일반적으로 유전자검사의 경우에는 즉시 폐기하는 경우도 있고 환자 진료를 위해 일정 기간 보관해 두는 경우도 있다. 의료기관인 유전자검사기관에서 재검사 가능성이 있어 6개월미만 보관하는 경우에는 즉시 폐기하는 것과 동일하게 서면동의 면제대상으로 보고, 6개월 이상 1년 미만 보관하는 경우에는 서면동의를 받아야 하며 유전자검사동의서 검사목적란에 "재검가능"을 명시하고 보관하도록 권고하고 있다.7 그런데 법은 보관에 따른 비용 문제에 대해 언급하고 있지 않다. 따라서 보관에 따라 발생된 비용을 보관 의뢰자에게 부과하는 것은 기관이 자율적으로 결정할 수 있는 문제이다.

그러나 연구를 위해 검사대상물을 보관하는 경우에는 서면동의를 획득하는 것이 원칙이다. 생명윤리안전법 제39조 제1항은 인체유래물연구자는 동의서에 정한 기간이 지난 인체유래물등을 폐기하여야 한다고 규정하고, 기증자가 보존기간의 변경이나 폐기를 요청하는 경우에는 이 요청에 따라야 한다고 규정하고 있다. 따라서 연구자는 특정 기간 동안의 보관이나 영구 보관에 대해 동의를 획득한 후 해당 기간 동안 인체유래물을 보관할 수 있다.

4. 유전자치료 관련 법적 규제

유전자치료를 하고자 하는 의료기관은 보건복지부장관에게 신고하여야 한다(법 제48조 제1항). 현단계 유전자치료란 거의 대부분이 임상연구단계의 치료이므로 대부분 임상연구에 필요한 동의를 연구대상자로부터 획득한 후 시행된다. 그러나 현행법은 임상연구단계를 거쳐 유전자치료가 상용화된 경우에도 유전자

경우에는 유전자검사를 실시할 수 있도록 하고 있다(생명윤리안전법 시행령 별표2 제7호 참조).
7 보건복지부, 『생명윤리법 관련 기관 관리안내』(발간등록번호 11-1352000-000885-10), 2013, 89면.

치료기관은 유전자치료를 하고자 하는 환자에게 치료의 목적, 예측되는 치료 결과 및 그 부작용, 그리고 보건복지부령으로 정하는 사항에 대해 미리 설명한 후 서면동의를 받아야 한다(법 제48조 제2항). 이와 같은 조치는 우리가 중대한 수술을 할 경우 의사가 서면동의를 획득한 후 수술하는 경우와 유사하게 생각할 수 있다.

생명윤리안전법은 유전자치료에 관한 연구가 수행되는 조건을 한정하고 있는데, 유전자치료에 관한 연구는 보건복지부장관이 정하는 질병의 예방이나 치료를 위하여 필요하다고 인정하는 경우가 아니라면 유전질환, 암, 후천성면역결핍증, 그 밖에 생명을 위협하거나 심각한 장애를 불러일으키는 질병의 치료를 위한 연구여야 하고, 아울러 현재 이용 가능한 치료법이 없거나 유전자치료의 효과가 다른 치료법과 비교하여 현저히 우수할 것으로 예측되는 치료를 위한 연구여야 한다(법 제47조 제1항). 이 규정에 의해 생명에 위협이 없는 경미한 질환, 예를 들어 미용을 위한 유전자치료에 관한 연구는 수행될 수 없다. 또한 유전자 치료는 배아, 난자, 정자 및 태아에 대하여 시행하여서는 안 된다고 규정하고 있다(법 제47조 제2항). 난자와 정자는 생식선 치료에 대한 세대간 부작용의 우려로 인해 국제적으로 유전자치료를 권장하지 않고 있어 납득할 만한 조치이며, 배아 역시 생식선과 유사한 위험을 지닐 것이란 우려가 있어 이와 같은 유전자치료의 금지조치는 수용할 만하다. 그러나 태아에 대한 유전자치료를 금지하는 것은 재고의 여지가 있다. 왜냐하면 유전자치료의 안전성이 확보된다면 태아 단계에서 치료하는 것이 효과적일 수 있기 때문이다.

5. 검사대상물의 이차적 사용 및 인체유래물은행

유전자검사를 위해 획득한 검사대상물은 환자가 동의한 경우 인체유래물연구자나 인체유래물은행에 기증될 수 있다. 미래 연구를 위해 인체유래물은행은 대단히 중요한 기능을 수행하고 있다. 인체유래물은행을 개설하려는 자는 보건복지부장관의 허가를 받아야 한다(법 제41조 제1항). 유전자검사기관이 검사대상물을 인체유래물연구자나 인체유래물은행에 제공하기 위하여는 검사대상자로부터 유전자검사에 대한 동의와는 별도로 개인정보의 보호 및 처리에 대한 사항, 검사대상물의 보존, 관리 및 폐기에 관한 사항, 검사대상물의 제공에 관한 사항, 동의의 철회, 동의 철회 시 검사대상물의 처리, 검사대상자의 권리 등이 포함된 서면동의를 받아야 한다(법 제51조 제2항).

만약 인체유래물은행이 직접 인체유래물을 채취하거나 채취를 의뢰할 경우에는 인체유래물연구의 목적(인체유래물은행이 인체유래물연구를 직접 수행하는 경우만 해당한다), 개인정보의 보호 및 처리에 관한 사항, 인체유래물등이 제공되는 연구자 및 기관의 범위에 관한 사항, 인체유래물등의 보존, 관리 및 폐기에 관한 사항, 동의의 철회, 동의의 철회 시 인체유래물등의 처리, 인체유래물 기증자의 권리 등이 포함된 서면동의를 받아야 한다(법 제42조 제1항). 인체유래물은행은 인체유래물과 그것으로부터 얻은 유전정보를 타인에게 제공할 경우, 익명화하여야 한다(법 제43조 제2항). 또한 제공시 무상제공이 원칙이지만 인체유래물등의 보존 및 제공에 든 경비를 인체유래물을 제공받는 자에게 인체유래물은행의 장은 요구할 수 있다(법 제43조 제3항). 그리고 인체유래물은행의 장은 개인정보 관리 및 보안을 담당하는 책임자를 지정해야 한다(법 제44조 제4항).

6. 주요 법적 쟁점

유전자검사와 관련해서 생명윤리안전법에서 허용하는 배아 및 태아를 대상으로 한 유전자검사가 모자보건법과의 조화를 기할 수 없다는 문제점이 있다. 법에서 허용되는 유전자검사를 한 후 해당 질환에 대한 발병률이 높다는 의학적 견해를 접하게 되었을 경우, 배아의 생성자나 태아의 부모가 취할 수 있는 방법이란 전자의 경우에는 선별착상이고 후자의 경우에는 낙태일 가능성이 높다. 선별착상은 법적으로는 엄격히 말해 낙태에 해당하지 않으나 보수적인 입장에 서 있는 사람들의 윤리적 견해로는 배아파괴로 이어져 생명을 훼손하는 것이라고 비판한다. 태아를 대상으로 한 유전자검사의 경우에는 반드시 그런 것은 아니겠지만 많은 경우 낙태로 이어질 가능성이 높다.

일부 사유에 대해 낙태를 허용하고 있는 모자보건법은 부모가 유전질환을 앓고 있는 경우에 낙태를 허용하고 있다. 이것은 모자보건법의 해당 조문이 지금과 같은 유전자검사기술이 없었던 때 만들어졌기 때문이다. 개정을 통해 현실화하는 방법도 있겠으나 해당 조문의 변경은 단지 그 문제에만 그치지 않고 모자보건법에 열거된 낙태 허용 조건 그 자체에 대한 우리 사회의 팽팽한 이견에 직면하게 되어 개정이 이루어지지 못하는 어려운 상황에 처해 있다. 따라서 태아에게만 예측되는 유전질환을 근거로 태아를 낙태하는 것은 현행 모자보건법 제14조에서 허용하는 낙태 사유가 되지 못한다. 이와 같이 두 법이 서로 조화를 이루지 못하는 가운데, 우리 사회는 낙태 문제에 대해 현실적으로 운용가능한 법안을 마련하지 못한 채, 불법 낙태가 사회 전반에 만연하는 경험을 하였던 것이며 지금도 불법 낙태의 문제는 해결되지 않은 채 남아 있다.

II. 판례 및 사례

Law and Bioethics

1. 미국 N사의 한국 내 유전자검사 서비스사업

미국 N사의 한국 영업대리점인 주식회사 ○사(이하 '○사')가 한국 내 유전자검사 서비스사업을 진행하면서 다음과 같은 사업을 진행하고자 한다.

가. 유전자 서비스 진행절차 : 유전자검사를 원하는 소비자의 침(타액)을 의료기관이나 기타 개인으로부터 의뢰받아 동의서를 받은 후 직접 혹은 간접적으로 수집한 후 이를 미국 본사의 연구기관에 보내어 약 4주 후에 영문으로 된 의사용/개인용 검사결과서를 받아서 의료기관 혹은 개인에게 전달하는 서비스

나. 유전자검사결과 예측서비스를 해주는 질환의 종류: 대장암, 폐암, 위암, 전립선압, 복부대동맥류, 알츠하이머, 심방세동, 뇌동맥류, 소아지방변종, 크론병, 심정맥혈전증, 제2형당뇨, 녹내장, 그레이브스질병, 심장마비, 루푸스, 혈색소침착증, 유당분해효소결핍증, 황반변성, 흑색종, 다발성경화증, 비만, 골관절염, 건선, 하지불안증후군, 류마티스관절염, 유육종 등 28개 질환

위와 같은 사업 계획에 대해 첫째, ○사가 유전자검사기관으로 신고하여야 하

는지, 둘째, 서비스의 범위가 한국의 현행법 테두리안에서 적합한지 문의하였다.

III. 분 석

1. 미국 N사의 한국 내 유전자검사 서비스사업 관련 쟁점 분석

미국 N사의 한국영업대리점인 O사의 한국 내 유전자검사 서비스사업과 관련하여 다음과 같은 쟁점들이 존재한다.

가. 유전자검사기관으로의 신고 필요성

생명윤리안전법 제49조 제1항에서 "유전자검사를 하려는 자는 유전자검사 항목에 따라 보건복지부령으로 정하는 시설 및 인력 등을 갖추고 보건복지부장 관에게 신고하여야 한다."고 규정하고 있다.

본 건의 경우 '유전자검사를 하려는 자'에 해당하므로 한국의 보건복지부장 관에게 유전자검사기관으로 신고해야 한다. 그러나 O사는 직접 유전자검사 행 위를 하지 않는 N사의 영업대리점에 불과하므로, 사실상 유전자검사기관으로 신고하기 위해 필요한 시설 및 장비, 인력 등을 갖추고 있기 어려우며, 실제 이 를 수행하는 측은 N사이므로 이들이 유전자검사기관으로서 국내에서 영업이 가능한 자격과 기준, 국내법 준수여부 등을 부과하고 신고하도록 해야 한다.

그러나 향후 다음 사항에 대한 정책적 판단이 중요할 것으로 보인다. 1) 국 내에서 검체의 수집은 이루어지나 실제 유전자검사가 국외에서 행해질 수 있는 유전자검사 대행업(검체 수집 및 동의 획득 기관)을 인정할 것인지에 대한 정책적 입장. 2) 보다 근본적으로 유전자검사 또는 연구를 위해 내국인의 검체가 국외로 나 가는 것과 그 절차와 결과의 처리 방안 등에 대하여 정책적으로 어떤 입장을 취할 것인지. 3) 자율성 존중 또는 개인정보보호 차원을 넘어서 한국인의 집단 적 유전정보 보호에 대한 정책이 마련되어야 할 것이다.

나. 서비스 범위의 적법성

생명윤리안전법은 제50조 제1항에서 "과학적 증명이 불확실하여 검사대상자를 오도(誤導)할 우려가 있는 신체 외관이나 성격에 관한 유전자검사"는 제한하고 있다. 본 건에서 제공하고자 하는 유전자검사의 대상이 되는 질환들은 현재 국내 의료기관에서 시행되고 있지 않은 승인되지 않은 검사이므로 과학적 타당성이 의심된다.

따라서 유전자검사의 제한 범위에 포함되는지에 대한 의학계의 검토를 바탕으로 국가생명윤리심의 위원회나 산하 전문위원회의 추가적 논의 및 정책 결정이 필요할 것이다. 또한, 생명윤리안전법 제50조 제3항은 "의료기관이 아닌 유전자검사기관에서는 질병의 예방, 진단 및 치료와 관련한 유전자검사를 할 수 없다."고 규정하고, 다만 의료기관의 의뢰를 받아 유전자검사를 하는 경우는 예외로 한다고 규정하고 있다. 본 건의 O사는 의료기관이 아니므로 질병의 진단과 관련한 유전자검사를 할 수 없고, 의료기관에서 의뢰를 받아 수행하는 경우에만 이러한 검사가 수행 가능하다. 따라서 의료기관으로부터 의뢰받아 동의를 취득하는 경우가 아니라면 질병의 예방, 진단 및 치료와 관련한 유전자검사 서비스가 불가하다고 보아야 할 것이다.

이 경우 유전자검사기관은 의료기관의 의뢰를 받아 수행하더라도 각각의 검사 항목에 대한 동의서 및 설명문을 각각 작성하는 것이 원칙이다.

다. 동의서 내용

생명윤리안전법 제51조 제1항은 유전자검사기관이 유전자검사에 쓰일 검사대상물을 직접 채취하거나 채취를 의뢰할 때 검사대상물을 채취하기 전 획득해야 하는 서면동의에 포함되어야 하는 내용으로 유전자검사의 목적, 검사대상물의 관리에 관한 사항, 동의의 철회, 검사대상자의 권리 및 정보보호를 명시하고 있고, 동법 시행규칙 제51조 제1항에서 유전자검사기관의 휴업·폐업 시 검사대상물의 폐기 또는 이관에 관한 사항과 유전자검사 결과기록의 보존기간 및 관리에 관한 사항도 서면동의에 포함되도록 규정하고 있다. 따라서 유전자검사기관인 N사는 국내법에 따른 서면동의 획득과 검사대상물의 수집, 보관 및 폐기에 관한 사항을 준수하여야 한다. 또한 검사대상물이 미국 본사로 이동하여 검사되고 있으며, 결과를 어떻게 처리하고 보관하는지에 대한 설명이 동의 설명문에 구체적으로 제시되어야 한다.

라. 동의 절차 관련 사항

위와 같이 동의서에 포함되어야 하는 내용들이 충분히 설명된 후 동의가 획득되어야 할 것이며, 환자가 이해하기 쉬운 언어로 설명되어야 할 것이다. 그런데 현행법상 본 건에서는 제공되는 예측 서비스의 유전자검사 결과 및 의미 등에 대한 "충분한 설명"이 검사대상자를 보호할 수 있는 유일한 장치이므로 이에 대한 관할 부처인 보건복지부의 철저한 관리 및 감독이 요구된다.

또한, 특정 질환의 환자가 아닌 일반인을 대상으로 질병에 대한 예측을 위한 유전자검사가 시행된다고 할 경우, 그 목적과 결과가 갖는 함의가 '진단'인지, '예측'인지는 매우 중요할 것이며, 이러한 검사결과에 대한 과학적 근거 역시 매우 중요하다. 따라서 이에 대한 충분한 검토와 의견 수렴을 통한 정책 결정이 필요할 것이다.

마. 검사결과의 해석에 대한 추가 논의

생명윤리안전법은 유전자검사기관의 적정성을 유지하기 제49조 제3항에서 유전자검사기관이 "유전자검사의 정확도 평가를 받게 할 수 있고, 그 결과를 공개할 수 있다"고 규정하고 있다. 유전자검사기관의 유전자검사 정확도 평가를 위해 동법 시행규칙 제48조 제1호에서 유전자검사결과의 정확도, 유전자검사기관의 업무수행과정의 적정성, 유전자검사를 위한 시설 및 장비의 적합성, 유전자검사 인력의 적정성을 평가받도록 하고 있다. 따라서 N사도 이를 준수하도록 하여야 한다.

또한 유전자검사의 대상자에게는 검사결과의 정확도도 중요하지만 그 결과의 해석도 중요하므로 결과의 내용 및 전달 방식에 대한 검토 역시 필요하다. 따라서 검사 결과가 대상자 즉 본 서비스의 소비자에게 전달하는 과정에서 이해를 돕기 위한 한글화 작업이 필요하며 의학적 해석을 제공해 줄 수 있는 전문 유전상담사나 전문 의료인을 통한 결과 전달을 검토할 필요가 있다.

바. 기타 O사 영업행위에 대한 관리 감독 사항

정부는 내국인의 검사대상물이 외국으로 이동하는 것과 관련하여 내국인의 정보가 비록 개인 차원에서는 익명화되어 처리된다하더라도 비교적 단일 민족으로 구성된 한국인의 유전정보가 오남용되는 위험성에 대해 진지하게 검토하고 집단적 차원에서 한국인의 유전정보를 보호하는 조치 또한 검토해야 한다.

또한 두 사(N사와 O사)의 계약행위는 공정해야 할 것이다. 예컨대, 물질양도각서(MTA) 체결 등 검체의 양도 및 결과 처리 등에 관한 계약 내용이 적절하고 공정한지 면밀히 검토할 필요가 있다. 아울러 생명윤리안전법 제49조 제4항에 따라 유전자검사기관은 유전자검사의 업무를 휴업하거나 폐업하려는 경우에는 보건복지부장관에게 신고하여야 한다.

IV. 연습문제

1. 현행 생명윤리안전법은 유전자검사의 과학적 측면과 유전자검사 결과의 사회적 이용 측면에서 유전자검사 결과의 오남용을 막기 위해 어떤 내용들을 규정하고 있는지 설명해 보시오.

2. 유전자검사를 허용하거나 금지하는 국내 규제방식의 특징을 설명하고, 이러한 규제 방식이 지닌 장점과 단점을 설명해 보시오.

3. 배아나 태아를 대상으로 하는 유전자검사를 허용하는 생명윤리안전법과 인공임신중절을 예외적으로 허용하는 모자보건법 간의 법률적 부조화의 문제가 왜 발생하는지 구체적인 법률 내용을 제시하며 설명해 보시오.

4. 유전자치료가 허용되는 조건이 무엇인지 설명해 보고, 이와 같은 조건을 부과하는 이유가 무엇인지 설명해 보시오.

5. 유전자검사를 할 때 획득해야 하는 동의 내용과 동의 방식에 대해 설명하고, 만약 검사대상물을 연구에 활용하거나 인체유래물은행에 기증하도록 하려면 어떻게 해야 하는지 설명해 보시오.

6. 국내 환자들의 검사대상물이 외국 소재 은행으로 이관되어 연구에 활용된다고 할 때, 어떤 내용들이 설명되어야 하며, 개인정보보호를 넘어서서 어떤 사항들이 고려되어야 할지 설명해 보시오.

V. 토론과제

1. 생명윤리안전법은 교육·고용·승진·보험 등 사회활동에서 유전정보에 의한 차별을 금지하고 있으며, 유전자검사의 시행을 강요하거나 그 결과를 제출하도록 강요할 수 없다고 규정하고 있다. 그런데 만약 몇몇 유전질환과 관련해서는 유전자검사의 정확도가 매우 높을 뿐만 아니라 해당 유전

질환의 발생 여부를 판단하는 유일한 방법이 유전자검사이며, 이 유전질환이 발생했을 경우 특정 업무의 수행에 심대한 영향을 미칠 뿐만 아니라 질환의 발병으로 인해 엄청난 사회적 손실을 유발한다고 할 경우, 여전히 유전정보를 고용 결정 여부에 활용하지 못하고, 취업시 고용기관이 유전자검사 결과를 제출하도록 강요할 수 없는 것인지 아니면 현재 고용과정에서 건강검진을 받는 것과 같이 해당 유전질환에 대해서만큼은 유전자검사 결과를 이용할 수 있도록 해야 할지에 대해 논의해 보시오.

2. 인체유래물은행은 생명윤리안전법에서 인체유래물 또는 유전정보와 그에 관련된 역학정보(疫學情報), 임상정보 등을 수집·보존하여 이를 직접 이용하거나 타인에게 제공하는 기관으로 정의되어 있다. 타인에게 제공할 목적으로 수집하지 않고 자신의 연구를 위해 수집하는 경우에는 굳이 인체유래물은행으로 허가받을 필요가 없다. 그러나 그렇다고 해서 인체유래물을 수집한 연구자가 타인에게 인체유래물을 제공할 수 없는 것도 아니다. 결국 이와 같은 현행법은 연구자의 유사 은행의 기능 수행을 금지하지 못하고 있다. 그런데 이것은 인체유래물은행의 활성화를 저해하는 문제점을 야기한다. 인체유래물은행의 활성화는 의·생명과학의 연구를 위해 반드시 필요한 부분이다. 하지만 인체유래물은행에 소요되는 비용 및 공간 문제, 보안책임자의 의무적 설치, 익명화 의무 등 인체유래물은행의 설치로 인해 야기되는 부담은 소규모 기관에게는 부담스러운 일로 여겨진다. 어떻게 하면 인체유래물은행이 활성화되고, 연구자가 사적으로 검체를 수집, 보관한 후 은행처럼 인체유래물을 제공하는 일이 줄어들 수 있도록 할 수 있는지 가능하고 바람직한 정책 대안을 논의해 보시오.

VI. 읽을거리

Law and Bioethics

1. 필요원인과 충분원인의 구분을 통해 유전자 결정론에 대한 반박 논의를 위해서는 최경석, 김중호, 이경상, 구인회, "유전자검사 및 연구의 윤리적 문제와 유전치료의 문제: 유전자 결정론을 중심으로", 『한국의료윤리교육학회지』 제9권 2호, 한국의료윤리교육학회, 2006을 참조하시오.

2. 모자보건법과 생명윤리안전법의 부조화 문제와 배아 및 태아를 대상으로 한 유전자진단에 대한 현행법의 문제점에 대해서는 김장한, "착상전 유전자 진단 및 산전 진단에 대한 법적 윤리적 고

찰", 『대한산부회지』 Vol. 49 No.12, 대한산부인과학회, 2006을 참조하시오.

3. 유전학 전문가의 입장에서 경험하게 된 사례에 대한 보고를 바탕으로 한 현행 산전검사의 문제점에 대해서는 최지영, 정선용, 김현주, "산전검사 대상 질환에 대한 법적 규제의 문제점에 대한 고찰", 『대한의학유전학회지』, 제4권 제2호, 대한의학유전학회, 2007, 186~189를 참조하시오.

4. 유전자치료와 관련된 쟁점에 대해서는 이인영, "유전자검사와 유전자치료에 관한 쟁점사항과 사회적 수용도", 『한림법학포럼』, 제16권, 한림대학교 법학연구소, 2005를 참조하시오.

제 8 장

Law and Bioethics

인간대상연구 및
인체유래물연구

인간대상연구 및 인체유래물연구

I. 개 요

1. 인간대상연구와 인간존엄의 가치

의학 및 의료기술의 발달은 인간의 수명을 연장시켜 주었을 뿐만 아니라 질병의 고통과 괴로움을 덜어 주었다. 이와 같은 의료기술의 혜택은 과학적 의학연구의 성과를 기반으로 한다. 의학연구는 사람을 대상으로 연구하는 특수성 때문에 그 필요성이 인정됨에도 불구하고 인간을 수단으로 여기지 않아야 하는 윤리적 당위와 충돌을 벌이기 쉽다. 현재 우리가 준수하고 있는 국제적 가이드라인이나 법규는 사실상 잘못된 인간대상연구의 부끄러운 경험을 통해 정비되었다. 제2차 세계대전 중 독일군과 일본군에 의해 자행된 비윤리적인 생체실험은 뉘른베르크 강령(1947)과 이후 헬싱키 선언(1964)이 마련되도록 했다. 인권을 중시해 온 미국에서조차 30년 동안 흑인 환자들을 속여 연구해 온 충격적인 사건인, 터스키키 매독연구는 미국 정부의 벨몬트 보고서(1979)가 작성되도록 했다. 또한 인류를 새로운 희망과 우려 속에 빠뜨리게 했던 게놈 프로젝트는 생명윤리에 대한 국가 간의 최초 선언인 〈인간게놈과 인권에 관한 보편선언〉(1997)이 만들어지게 하였고, 이어 〈유네스코 생명윤리와 인권 보편 선언〉(2005)도 만들어지게 되었다.

인간을 대상으로 한 연구에서 인권이 유린되지 않고 인간의 존엄성이 훼손되지 않도록 하기 위해서는 자율성의 존중이 중요한 해결책이었다. 충분한 정보에 의한 동의(informed consent)의 강조는 자율성이 발휘되기 위한 제도적 이념이다. 연구에 참여하는 연구대상자나 인체유래물 기증자는 연구의 목적, 방법, 위험과 혜택, 약물의 경우 부작용, 연구결과의 활용에 대한 정보, 개인정보보호에 대한 조치, 피해보상, 동의 철회의 권리, 동의 철회에 따른 조치 등 연구에 대한 충분한 설명을 듣고 어떠한 강압도 없는 상황에서 자발적으로 참여해야한다. 물론 이러한 이상이 실현되는 데 방해가 되는 여러 요소들이 존재하고 있으며, 충분한 정보에 의한 동의나 자율성 개념에 대한 연구뿐만 아니라 인간대상연구와 관련된 다음과 같은 다양한 주제에 대한 연구가 진행되고 있다. 예를들어, 건강인을 대상으로 하는 경우 연구대상자의 유인 문제와 자율성의 침해문제, 무작위 임상시험과 같은 무작위 배정에 의한 비교 연구의 윤리적 문제, 익명화 방법 및 해제 기준의 문제, 적절한 보상 기준의 문제 등이 그것이다. 충분한 정보가 무엇인지도 쉽게 정의될 수 없는 어려운 문제이다.

하지만 이러한 어려움에도 불구하고 누구나 동의할 수 있는 윤리적 원칙이 부재한 것은 아님에 주의해야 한다. 누구나 동의할 수 있는 윤리적 원칙에 근거하여 인간대상연구에 대한 보편적인 가이드라인이 개발되어 왔다는 점도 주목할 필요가 있다.

2. 인간대상연구 및 인체유래물연구의 정의

인간대상연구에는 침습적인 행위가 개입되는 연구뿐만 아니라 비침습적인 연구 즉 설문, 면담 및 관찰 등을 통해 연구 데이터를 수집하는 연구도 포함된다. 헬싱키 선언은 인간대상연구에 인체유래물과 식별가능한 개인정보를 대상으로 하는 연구를 포함시키고 있으며, 헬싱키 선언의 내용을 시행하기 위해 보다 구체적이고 상세한 내용을 서술한 CIOMS(Council for International Organizations of Medical Sciences) 가이드라인 역시 위와 같은 비침습적인 연구를 인간대상연구에 포함시키고 있다. 위 선언과 가이드라인은 인간대상연구의 경우 IRB(Institutional Review Board)의 승인을 받은 후 연구를 수행해야 한다고 규정하고 있다. 미국의 경우 인간대상연구는 45CFR46 연방규정에 의해 규율되고 있으며, IRB의 심의를 거친 후 연구가 수행되어야 함을 명시하고 있다.

한국은 2005년 시행된 생명윤리안전법에서는 인간대상연구 중 유전자연구만 다루었으나, 2013년 2월 2일 시행된 생명윤리안전법 전부개정법에서는 모든 인간대상연구를 규율 대상에 포함시키게 되었다. 현행 생명윤리안전법은 인간대상연구를 사람을 대상으로 물리적으로 개입하거나 의사소통, 대인 접촉 등의 상호작용을 통하여 수행하는 연구 또는 개인을 식별할 수 있는 정보를 이용하는 연구로서 보건복지부령으로 정하는 연구로 정의하고 있다(법 제2조 제1호). 인간대상연구는 동법 시행규칙 제2조 제1항에서 다음과 같이 세 가지로 나누어 상세히 규정되고 있는데, 첫째, 사람을 대상으로 물리적으로 개입하는 연구로서 연구대상자를 직접 조작하거나 연구대상자의 환경을 조작하여 자료를 얻는 연구, 둘째, 의사소통, 대인 접촉 등의 상호작용을 통하여 수행하는 연구로서 연구대상자의 행동관찰, 대면(對面) 설문조사 등으로 자료를 얻는 연구, 셋째, 개인을 식별할 수 있는 정보를 이용하는 연구로서 연구대상자를 직접·간접적으로 식별할 수 있는 정보를 이용하는 연구로 정의되어 있다.

따라서 그동안 〈의약품임상시험관리기준〉[1]에 의해 규제되었던 의약품 개발과 관련된 인간대상연구도 생명윤리안전법의 적용 범위에 포함되게 되었으며, 인간대상연구 일반은 생명윤리안전법이 규정하고 있는 기관위원회의 심의와 연구대상자의 동의획득에 대한 규정을 준수하여야 한다.

인간대상연구의 정의와 관련하여 한 가지 주목해야 하는 것은 생명윤리안전법은 인체유래물을 이용한 연구를 인간대상연구에 포함시키지 않고 별도로 정의하고 있다는 점이다. 생명윤리안전법은 인체유래물연구를 인체유래물을 직접 조사·분석하는 연구로 정의하고 있으며(법 제2조 제12호), 여기서 "인체유래물"(人體由來物)이란 인체로부터 수집하거나 채취한 조직·세포·혈액·체액 등 인체

---

1 〈의약품임상시험관리기준〉은 「의약품 등의 안전에 관한 규칙」(총리령) 별표4로 규정되어 있다.

구성물 또는 이들로부터 분리된 혈청, 혈장, 염색체, DNA, RNA, 단백질 등으로 정의되고 있다(법 제2조 제11호). 따라서 종전처럼 유전자연구만 특별히 규율되는 것이 아니며 '유전자연구'라는 용어조차 생명윤리안전법에는 등장하지 않는다. 이러한 변화는 유전자연구에만 민감하게 반응할 필요가 없으며 유전자연구냐 아니냐라는 구별에 따른 차별적인 규율 적용을 탈피하고, 유전정보를 획득해 낼 수 있는 인체유래물을 이용하는 연구 일반에 대해 규제할 필요가 있다는 인식을 반영한 것이라 이해할 수 있다.

3. 자율성 존중과 충분한 정보에 의한 동의

인간대상연구와 인체유래물연구가 윤리적으로 정당화되는 근거는 이론적으로는 자발적인 연구 참여에 있다. 연구대상자가 자발적으로 연구에 참여하기를 원했다면 연구자는 연구대상자나 기증자를 단순한 수단이 아닌, 하나의 인격체로 대우하는 것이다. 그런데 자발적으로 참여하기 위해서는 해당 연구에 대한 충분한 정보를 제공받고 참여 여부를 결정할 수 있어야 한다. 그것이 흔히 말하는 'informed consent' 즉 '충분한 정보에 의한 동의'라는 이상이다. 이상이라고 표현하는 이유는 현실적으로는 충분한 정보가 무엇인지, 정말 이해하고 동의하는 것인지, 자율적인 판단이 되기 위해 요구되는 철학적 측면에서의 숙고과정을 충족시키고 있는지 등을 제대로 확인하지 못하기 때문이다. 많은 경우 동의서에 기록된 동의권자의 서명만으로 충분한 정보에 의한 동의가 획득되었다고 여겨지는 것은 안타까운 현실이다.

사실상 '충분한 정보'가 무엇인지 하나만 놓고 생각해 보더라도 어느 범위 그리고 어느 정도까지의 전문지식을 환자에게 전달해야 충분한 정보라고 할 수 있는지 판단하는 것은 쉬운 일이 아니다. 로버트 비치(Robert Veatch)는 전문가 기준, 이성적 인간기준, 주관적 기준을 언급하며 이 부분에 대한 기준을 밝혀 보려 하고 있어 참고할 만한 사항이지만 여전히 명확한 기준을 제시하지는 못하고 있다.[2] 다만 우리는 동의 설명문이 상식을 지닌 보통의 사람들이 공통으로 지닌 관심사항에 대해 그들이 이해할 수 있는 내용을 담아 작성되도록 하여 이

---

2 Rober Veatch, *The Basics of Bioethics*(2nd edition) (Prentice Hall, 2003), pp. 77~79.

성적 인간 기준을 충족시키고, 동의 획득시 개별적인 면담 과정을 통해 본인의 특수한 상황에서 관심을 갖고 있는 사안에 대한 정보를 제공함으로써 주관적 기준이 충족되도록 하는 것이 바람직하다고 말할 수 있을 것이다.[3]

간혹 연구자들은 충분한 정보에 의한 동의를 획득했다면 연구의 윤리성이 확보되었다고 생각하는 잘못을 범하는 데, 동의가 확보되었더라도 연구 설계의 윤리성 등 연구의 비윤리적 측면에 대해서는 연구자에게 책임이 있다고 헬싱키 선언은 밝히고 있다.[4] 피험자 동의서는 법률적 측면에서는 연구 참여에 대한 연구자와 연구대상자 사이의 일종의 계약행위라고 이해할 수 있다. 그리고 연구에 문제가 발생했을 때, 과연 이 계약행위에서 연구자가 충분한 정보를 성실하게 제공하고 있는지는 윤리적 측면에서뿐만 아니라 법적인 측면에서도 문제가 될 수 있음을 연구자는 명심할 필요가 있다.

충분한 정보에 의한 동의 획득을 위해 동의 설명문에 어떤 사항들이 포함되어야 하는지에 대해 생명윤리안전법은 제16조 제1항에서 인간대상연구자는 연구시작 전에 연구대상자로부터 연구 목적, 연구대상자의 참여 기간, 절차 및 방법, 연구대상자에게 예상되는 위험 및 이득, 개인정보 보호에 관한 사항, 연구 참여에 따른 손실에 대한 보상, 개인정보 제공에 관한 사항, 동의의 철회에 관한 사항 등이 포함된 서면동의(전자문서 포함)를 받아야 한다고 규정하고 있다. 그러나 여기서 열거된 사항들은 매우 간략하게 압축적으로 표현된 것이고, 많은 국제적 가이드라인, 특히 CIOMS 가이드라인은 매우 상세하게 어떤 내용들이 설명되어야 하는지 밝히고 있다. 또한 〈의약품임상시험관리기준〉에서도 비교적 상세히 어떤 내용들이 동의설명문에 포함되어야 하는지 열거하고 있다.

4. 동의 면제

이상적으로는 모든 연구 수행에 앞서 동의를 획득하는 것이 바람직하지만

---

3 최경석, "생명의료윤리에서의 '자율성'에 대한 비판적 고찰", 『한국의료윤리학회지』 14권 1호 (한국의료윤리학회, 2011. 3), 21~22면.

4 헬싱키 선언(2008, 서울)은 "16. 인간대상 의학연구는 적절한 과학적 훈련을 받은 유자격자만이 수행할 수 있다. (중략) 연구피험자에 대한 보호책임은 항상 의사나 의료인에게 있으며, 비록 피험자가 동의하였다 하더라도 결코 피험자에게 있는 것이 아니다."라고 밝히고 있다.

연구의 설계 및 연구 내용에 따라 동의가 면제되거나 유보되는 경우가 있다. 동의 면제는 동의를 받을 필요가 없는 것을 의미하고, 동의 유보는 연구대상자가 연구에 참여하기 전에 동의를 받는 것이 원칙이지만 일단 연구에 참여시킨 후 나중에 연구대상자에게 연구 참여에 대한 동의를 획득하는 것을 의미한다.

　헬싱키 선언은 동의면제의 요건을 명시하고 있는데,[5] 이 요건은 연구 목적이 변경됨으로써 동의를 새로이 받아야 하는 경우에도 적용된다. 그러나 이러한 면제 요건을 자의적으로 해석하거나 남용해서는 안 된다. 동의 유보는 주로 응급실에 내원한 환자를 대상으로 연구하는 경우와 같이 연구 참여 전에 연구임을 밝히고 동의를 받는 것이 어려운 경우에 해당한다. 그러나 동의 유보가 필요한 경우라 하더라도 동의 유보 후 응급상황이 해제된 때에 곧바로 동의를 획득해야 하며, 이러한 동의 절차가 미리 기관위원회의 심의를 통해 승인을 받은 상태에서 진행되어야 한다. 따라서 동의 유보가 불가피한 상황이 설명되어야 하고 기관위원회가 이를 수용할 수 있어야 한다.

　생명윤리안전법은 연구대상자의 동의를 받는 것이 연구 진행과정에서 현실적으로 불가능하거나 연구의 타당성에 심각한 영향을 미친다고 판단되는 경우라는 요건과 연구대상자의 동의 거부를 추정할 만한 사유가 없고, 동의를 면제하여도 연구대상자에게 미치는 위험이 극히 낮은 경우라는 요건 모두를 갖추었는지에 대해 기관위원회의 승인을 받아 서면동의를 면제할 수 있는 것으로 규정하고 있다(법 제16조 제3항). 그런데 여기서 주목해야 하는 것은 "서면동의"를 면제할 수 있다고 규정하고 있다는 점이다. 그러나 국제적 가이드라인은 서면동의 면제를 언급하는 것이 아니라 동의 면제를 언급하고 있다. 이러한 문제점은 생명윤리안전법 제16조 제1항에서 동의를 규정함에 있어 서면동의를 획득해야 한다고 규정한 것과 관련이 있다. 대부분의 국제적 가이드라인은 서면동의 획득을 원칙으로 하지만 부득이한 경우 다른 형태의 동의로서 서면화를 면제하는 동의와 구두 동의에 대해 다루고 있고, 단순히 서면동의의 면제가 아니라 동의 면제의 문제를 다루고 있다.

---

5 헬싱키 선언(2008, 서울)은 "25. […] 연구에서 동의를 획득하는 것이 불가능(impossible)하거나 비현실적인 (impractical) 상황이 있을 수 있고, 또는 동의를 구하는 것이 연구의 타당성을 위협하는 상황이 있을 수 있다. 이런 상황에서는 연구윤리위원회가 검토하여 승인한 후에만 연구를 수행할 수 있다."라고 하고 있다.

5. 개인정보보호와 동의 철회에 따른 조치

개인정보보호법에 따르면 건강정보와 유전정보는 민감정보로 규정되어 있다(개인정보보호법 제23조 및 시행령 제18조). 건강정보나 유전정보를 민감한 정보로 인식하고 조심스럽게 다루어야 하는 이유는 이러한 정보가 유출되었을 경우, 개인의 프라이버시가 침해될 수 있고, 경우에 따라서는 사회적 낙인이나 차별이란 부정적인 결과를 낳을 위험이 있기 때문이다. 대량의 정보가 익명의 다수에게 전파될 수 있고 설사 잘못된 정보라고 아무리 설명해도 한 번 유출된 정보를 회수하기 어려운 정보화 사회의 특성상, 개인정보 보호의 중요성은 그 어느 때보다 강조되지 않을 수 없다.

생명윤리안전법은 유전정보로 인한 차별 등을 금지(제46조)하고 있지만 사실 유전정보만이 아니라 임상정보와 같은 건강정보 역시 상황에 따라서는 보험 가입을 거부하는 등 차별의 오·남용 여지가 있다. 따라서 연구에 제공되는 환자의 의무기록 등 임상정보는 익명화나 기밀유지의무에 대한 서약 등과 같은 보안조치를 통해 사용하는 것이 바람직하며, 그렇지 못한 경우에는 적어도 업무상 취득한 정보에 대해서는 기밀유지의 의무가 부과된다는 것이 널리 교육되어야 한다.

인간대상연구나 인체유래물연구에 있어서도 동의설명문에는 연구참여에 따른 개인정보의 보호대책에 대한 설명이 포함되어 있어야 한다. 연구결과 발표시 개인식별정보가 공개되지 않는다는 것뿐만 아니라 연구과정에서 개인식별정보나 개인정보가 어떻게 관리되는지도 설명되어야 한다. 또한 동의를 철회한 경우 이미 수집된 개인정보를 어떻게 처리할 것인지에 대해서도 설명할 필요가 있다. 흔히 연구자들은 그동안 축적된 정보를 영구 익명화한 후 사용하겠다는 것을 설명문에 밝히는 경우가 많다. 의약품 임상시험의 경우에는 이러한 조치가 납득할 만한 것이라 평가된다. 그러나 인체유래물연구의 경우에는 임상시험의 경우와는 달리 동의철회로 인해 수반되는 침습적인 행위의 중단이 존재하지 않는다. 따라서 동의 철회의 의도가 무엇이었는지에 따라 단순히 제공된 인체유래물을 폐기하는 것으로 충분한지 아니면 그동안 인체유래물을 이용하여 축적해 낸 정보 자체도 폐기하거나 영구 익명화하는 것이 필요한지 판단할 필요가 있다.

6. 인체유래물연구 관련 법적 규제

인체유래물연구에도 위에서 언급한 충분한 정보에 의한 동의 획득, 동의 면제 요건, 개인정보보호의 내용이 동일하게 적용된다. 다만 여기서는 인체유래물연구에 특별히 부과되는 몇 가지 규정을 살펴보고자 한다. 우선 동의 획득과 관련하여, 생명윤리안전법은 인간대상연구에서 요구되는 연구 목적이나 개인정보의 보호 및 처리에 관한 사항, 동의 철회에 대한 사항 외에도 인체유래물의 보존 및 폐기에 관한 사항, 인체유래물등(즉, 인체유래물과 그로부터 얻은 유전정보)의 제공에 관한 사항, 동의 철회 시 인체유래물등의 처리, 인체유래물 기증자의 권리, 연구 목적의 변경 등에 대한 사항이 포함된 서면동의를 받도록 요구하고 있다(법 제37조 제1항).

아울러 획득된 인체유래물을 인체유래물은행이나 다른 연구자에게 제공하는 것과 관련해서, 생명윤리안전법은 인체유래물연구자는 인체유래물 기증자로부터 인체유래물등을 제공하는 것에 대하여 서면동의를 받은 경우에는 기관위원회의 심의를 거쳐 인체유래물등을 인체유래물은행이나 다른 연구자에게 제공할 수 있다(법 제38조 제1항)고 규정하고 있다. 생명윤리안전법에서 "제공"이란 기증이 아니라 제3자에게 제공하는 것을 의미한다. 따라서 제공에 대한 동의가 없었다면 인체유래물은행이나 다른 연구자에게 제공하는 것은 금지된다고 위 규정을 엄격하게 해석할 수 있다. 또한 인체유래물연구자는 인체유래물 및 유전정보를 다른 연구자에게 제공하는 경우, 인체유래물 기증자가 개인식별정보를 포함하는 것에 동의한 경우를 제외하고는 익명화하여 제공하여야 한다(법 제38조 제2항).

인체유래물연구에 사용되는 검체는 여러 가지 방식으로 획득된다. 연구자가 직접 연구를 위해 인체유래물기증자로부터 채취한 경우가 있을 수 있고, 연구자가 인체유래물은행이나 다른 연구자가 수집해 놓은 인체유래물을 분양 받아 연구하는 경우가 있을 수 있다. 이 경우 인체유래물연구기관의 기관위원회는 연구자가 이용하려는 인체유래물이 적법한 절차에 따라 획득한 것인지 확인할 필요가 있다.

II. 판례 및 사례

1. 검사대상물의 이차적 사용 또는 양도

(출처: 이정현·박인걸, "인체유래물질의 재산권의 허용범위와 그 이용을 위한 관련법규의 정비방안", 『법학연구』, 제37집, 2010. 2. 58~59면)

1980년 초 워싱턴 대학 병원에서 근무하였던 저명한 외과의사이지 전립선암연구자인 Catalona는 전립선 암 연구를 위하여 그의 환자들에게 조직, 혈액, 골수 등을 기증하도록 권유하였다. 기증에 앞서 연구지원자는 워싱턴 대학 유전자 연구소에서 발행한 팸플릿으로 설명을 듣고 인폼드 컨센트 서식에 서명하였다. 서식의 주된 내용은 연구지원자가 그들의 물질에 대한 이용에 관하여 철회하거나 폐기할 권리를 가진다는 것이며, 연구지원자가 다른 연구기관에 그들의 물질을 이관할 수 있는지의 여부에 대해서는 설명되어 있지 않았다. Catalona은 연구지원자들로부터 전립선암 수술로 인한 치료기간 동안 임상데이터와 생물학적 물질을 수집하였다. 이 샘플들을 이용한 연구와 임상시험은 전립선암에 대한 유전학적 연구와 전립선 특이항원 검사(Prostate Specific Antigen: PSA)방법을 개발하는데 유용하게 이용되었다. 그 이후 의사 Catalona는 워싱턴 대학에서 노스웨스턴 대학으로 자리를 옮겼고, 떠나기 전 그는 그의 연구에 참여하고 있던 연구지원자들에게 생식비뇨기관보관소(Genetic Urinary Biorepository)에 기증하였던 인체생물학적 물질들을 양도할 것을 요구하는 서면을 보냈다. 약 6,000명의 연구지원자는 의사 Catalona에게 그들의 물질을 양도하였다.

2. 대법원 2010. 10. 14. 선고 2007다3162 판결

(출처: 2010. 11. 15. 『판례공보』, 2055-2062면)

불법행위의 성립 및 손해배상의 범위에 관한 피고들의 상고이유에 관하여

가. 약사법 위반에 관하여

(1) 이 사건 중간엽 줄기세포가 약사법상의 의약품에 해당하는지 여부

구 약사법(2007. 4. 11. 법률 제8365호로 전부 개정되기 전의 것, 이하 '약사법'이라 한다)은 직접 의약품에 관한 정의 규정을 두는 한편(제2조 제4항), 의약품의 제조를 업으로 하고자 하는 자는 보건복지부령이 정하는 바에 의하여 품목별로 식품의약품안전청장의 허가를 받아야 하고(제26조), 의약품등으로 임상시험을 하고자 하는 자는 임상시험계획서를 작성하여 식품의약품안전청장의 승인을 받도록 규정하고 있으며(제26조의4 제1항), 구 약사법 시행규칙(2004. 7. 28. 보건복지부령 제291호로 개정되기 전의 것)은 임상시험계획의 승인을 받은 임상시험용 의약품은 제조품목허가의 대상에서 제외한다고 규정하고 있다(제21조의2).

이와 같이 약사법은 의약품에 관하여 임상시험계획의 승인이나 제조품목허가의 권한을 식품의약품안전청장에게 부여하였을 뿐 의약품의 구체적 범위를 하위 법령으로 정하도록 위임하는 규정을 두고 있지 않으므로, 약사법의 규제를 받는 의약품인지 여부는 그 정의 규정인 약사법 제2조의 해석에 따라 판단하여야 하는바, 약사법은 제2조 제4항 제2호에서 '사람 또는 동물의 질병의 진단·치료·경감·처치 또는 예방의 목적으로 사용되는 물품으로서 기구·기계 또는 장치가 아닌 것'을 의약품의 하나로 규정하고 있고, 사람의 신체에서 분리된 세포가 사람의 질병 치료를 목적으로 인체조직이 아닌 세포단위로 사용되는 경우에는 위 규정에 따른 의약품에 해당하므로 약사법의 규제대상이 된다.

원심이 적법하게 채택한 증거에 의하면, 이 사건 중간엽 줄기세포(이하 '이 사건 줄기세포'라 한다)는 저온보관 중인 제대혈의 백혈구(단핵구)에서 조혈모세포 등과 구분하여 선별한 다음 성장인자 등을 첨가하여 체외에서 증식·배양한 후 사람의 질병 치료를 목적으로 세포단위로 인체에 투여되는 것임을 알 수 있으

므로,이 사건 줄기세포는 약사법의 규제를 받는 의약품에 해당한다고 보아야 한다.

이 부분 원심의 이유설시는 다소 부적절하나 이 사건 줄기세포가 의약품에 해당한다고 본 원심의 결론은 정당하고, 원심판결에 약사법상 의약품의 해석, 위임입법의 한계에 관한 법리오해 등의 잘못이 있다는 피고들의 주장은 받아들일 수 없다.

(2) 이 사건 줄기세포 이식술이 약사법상 임상시험에 해당하는지 여부

약사법 제26조의4 제1항은, 의약품 등으로 임상시험을 하고자 하는 자는 임상시험계획서를 작성하여 식품의약품안전청장의 승인을 얻어야 한다고 규정하고 있는바, 여기서 임상시험은 사람을 대상으로 하는 연구로서 그 연구 당시까지의 지식·경험에 의하여 안전성 및 유효성이 충분히 검증되지 않은 것을 말한다.

원심이 적법하게 확정한 사실관계에 의하면, 이 사건 줄기세포 이식술은 당시까지의 지식·경험에 의하여 안전성 및 유효성이 충분히 검증되지 않은 시술로서 사람을 대상으로 하고 있으므로 임상시험에 해당하고, 따라서 식품의약품안전청장의 승인을 얻지 않고 이 사건 줄기세포를 이식하는 행위는 약사법에 위배되며, 이 사건 줄기세포와 성질이 유사한 조혈모세포 이식에 관하여 건강보험수가산정기준이 마련되어 있더라도 달리 볼 것이 아니다.

원심이 같은 취지에서 식품의약품안전청장의 승인을 얻지 않고 이 사건 줄기세포를 이식한 행위가 약사법에 위배된다고 판단한 것은 정당하고, 거기에 피고들 상고이유 주장과 같이 약사법상 임상시험의 의미 등에 관한 법리를 오해한 잘못이 없다.

이 부분 주장도 받아들일 수 없다.

(3) 미승인 임상시험의 의료행위 자체로 불법행위책임이 성립하는지 여부

관계 법령에 따라 감독관청의 승인이 요구됨에도 이를 위반하여 승인 없이 임상시험에 해당하는 의료행위를 하였더라도 그 자체가 의료상의 주의의무 위반행위는 아니라고 할 것이므로, 당해 의료행위에 있어 구체적인 의료상의 주의의무 위반이 인정되지 아니한다면 그것만으로 불법행위책임을 지지는 아니한

다(대법원 2002. 1. 11.선고 2001다27449 판결 등 참조).

따라서 원심이 식품의약품안전청장의 임상시험계획승인을 받지 않고 의약품인 이 사건 줄기세포를 이식하여 약사법을 위반한 행위만으로 곧바로 불법행위를 구성한다고 판단한 것은 잘못이다. 그러나 다음에서 보는 바와 같이 피고들에게 설명의무 위반에 따른 손해배상책임이 인정되는 이상 위와 같은 잘못이 판결의 결론에는 영향을 미치지 아니하였다.

나. 설명의무 위반에 관하여

(1) 의사는 의료행위에 앞서 환자나 그 법정대리인에게 질병의 증상, 치료방법의 내용 및 필요성, 발생이 예상되는 위험 등 당시의 의료수준에 비추어 상당하다고 인정되는 사항을 설명하여 환자가 그 필요성이나 위험성을 충분히 비교해 보고 그 의료행위를 받을 것인가의 여부를 선택할 수 있도록 할 의무가 있고(대법원 1995. 1. 20. 선고 94다3421 판결 등 참조), 특히 그러한 의료행위가 임상시험의 단계에서 이루어지는 것이라면 해당 의료행위의 안전성 및 유효성(치료효과)에 관하여 그 시행 당시 임상에서 실천되는 일반적·표준적 의료행위와 비교하여 설명할 의무가 있다.

또한 의약품 공급자는 임상시험 단계에 있는 의약품을 공급함에 있어 해당 의약품의 안전성 및 유효성(치료효과) 등 그 구입 여부의 의사결정에 영향을 줄 수 있는 중요한 사정을 수요자에게 고지할 신의칙상의 의무가 있다(대법원 1995. 3. 28. 선고 93다62645 판결, 대법원 2007. 6. 1. 선고 2005다5812, 5829, 5836 판결 등 참조).

한편 수인이 공동하여 타인에게 손해를 가하는 민법 제760조의 공동불법행위의 경우 객관적으로 그 공동행위가 관련공동되어 있으면 족하고 그 관련공동성 있는 행위에 의하여 손해가 발생함으로써 공동불법행위가 성립한다(대법원 2003. 1. 10. 선고 2002다35850 판결 등 참조).

Ⅲ. 분 석

1. 검사대상물의 이차적 사용 또는 양도 관련 쟁점 분석

가. 충분한 정보에 의한 동의 획득 여부

위 사례에서 연구자 Catalona는 전립선 암 연구를 위하여 그의 환자들에게 조직, 혈액, 골수 등의 검사대상물을 연구용으로 획득하고자 했고, 워싱턴 대학 유전자 연구소에서 발행한 팸플릿으로 설명을 듣고 인폼드 컨센트 서식에 서명하였다고 했다. "팸플릿으로 설명을 듣고"라는 부분이 설명문을 나누어 주었을 뿐 대면적인 면담절차가 없었다는 것을 의미한다면, 충분한 정보에 의한 동의였는지 의심해 볼만한 부분이 될 수 있다. 충분한 정보가 무엇인지에 대해서는 이론적으로 논란이 많은 부분이지만, 적어도 동의를 획득하기 전에 설명문에 대해 궁금한 사항이나 개인적으로 질문하고 싶은 것들이 있는지 확인하고 이것에 대해 적절한 정보를 제공하는 단계가 필요하다. 이것은 충분한 정보에 의한 동의 획득이 지녀야 할 윤리적인 기준을 충분히 만족스럽게 충족시키고 있지 못했을 가능성이 있다는 것을 시사한다.

또한 기증자가 검사대상물의 철회나 폐기에 대한 권리를 지니고 있음을 설명한 것은 충분한 정보에 의한 동의를 위해 필요한 설명이지만, 철회나 폐기에 따른 그동안 수집 또는 획득한 정보를 어떻게 처리할 것인지 설명했는지 여부는 위 사례에서 불분명하다. 연구 참여에 대한 동의를 철회하는 경우, 일반적으로는 검사대상물뿐만 아니라 그동안 수집했던 정보를 폐기한다거나 익명화하여 사용할 것이냐는 설명이 제공될 필요가 있다. 이런 부분에 대해서는 생명윤리안전법도 구체적으로 명시하고 있지는 않고 있다. 다만 생명윤리안전법은 제37조 제1항 제5호에서 동의의 철회, 동의 철회 시 인체유래물등의 처리에 대해 설명하도록 요구하고 있고, 제39조에서는 인체유래물 기증자가 폐기를 요청하는 경우 요청에 따라야 한다고 규정하고 있을 뿐이다.

나. 이차적 사용에 대한 동의 여부

위 사례에서 기증자의 검사대상물을 다른 연구기관에 이관할 수 있는지의 여부에 대해서는 설명되어 있지 않았다고 밝히고 있다. 이것은 획득된 검사대상물의 이차적 사용 중 다른 기관에서 사용할 수 있는지 여부에 대한 동의 획득이 없었다고 판단할 수 있게 한다. 연구자 Catalona가 노스웨스턴 대학으로 자리를 옮기면서 이직하기 전 기증자들에게 자신에게 검사대상물을 양도할 것을 요구하는 서면을 보냈다는 것은 연구자 본인도 이 부분에 대한 동의를 애초에는 받지 않았었기 때문에 해당 사안에 대해 동의를 획득하고자 서면을 보냈음을 알 수 있다.

일반적으로 이차적 사용여부에 대해서는 검사대상물을 최초로 획득할 때 동의 여부를 물을 수 있다. 우리나라는 생명윤리안전법 제37조 제1항 제4호에서 인체유래물과 그로부터 얻은 유전정보의 제공에 관한 사항을 제5호에서 연구 목적의 변경에 대한 사항을 설명하고 동의를 받도록 규정하고 있다. 따라서 동법 시행규칙 제34조에 의한 〈인체유래물 연구 동의서〉(별지 제34호 서식)에서는 이차적 사용에 대한 동의 여부"를 묻고 있다.

다. 기증자가 이미 기관에 기증한 검사대상물을 연구자에게 양도할 수 있는가?

위 사례에서는 최초의 동의 획득시 이차적 사용에 대한 동의는 없었던 것으로 판단된다. 그리고 연구자가 기증자에게 다시 서면을 보내 동의를 구하고자 한 것도 이차적 사용에 대해 동의를 획득한 것이 아니라 연구자에게 검사대상물을 양도하겠다는 것에 대한 동의를 받은 것으로 해석된다. 이는 사례에서 "연구지원자들에게 생식비뇨기관보관소에 기증하였던 인체생물학적 물질들을 양도할 것을 요구하는 서면을 보냈다."는 표현으로부터 확인할 수 있다. 연구자는 단순히 이차적 사용에 대한 동의를 얻어 생식비뇨기관보관소로부터 검사대상물을 분양받아 연구에 이용할 수도 있었을 것이다. 그러나 위 사례에서의 연구자는 검사대상물을 단순히 이용하는데 관심을 두지 않고 자신이 획득하는데 기여한 만큼 자신이 직접 보관, 관리하며 연구에 이용하고자 한 것으로 파악된다.

그러나 이와 같은 의도하에 기증자에게 양도에 대한 서면동의를 받았다고 해서 검사대상물이 연구소에서 연구자에게 양도되는 것인지는 생각해 볼 필요가 있다. 다시 말해, 기증을 통해 연구소가 이미 보관, 관리하고 있는 것을 연구소가 아닌 기증자의 동의만으로 연구자에게 양도될 수 있는 것인지 생각해 보아야 한다.

이정현·박인걸에 따르면, 위 사건에서 "워싱턴 대학은 의사 Catalona에게 샘플양도를 거부하였고, 의사 Catalona를 상대로 샘플에 대한 감독권에 관한 확인소송을 제기"하였으며, "샘플의 소유권에 대하여 의사 Catalona나 연구지원자들의 주장을 배척하면서 샘플의 감독권은 워싱턴 대학에 있다고 주장"했다고 한다.[6] 그러나 법원은 "의사인 Catalona는 워싱턴 대학의 지원을 받아 고용인으로써 연구를 한 것이기 때문에 Catalona에게는 소유권이나 재산권적 이익은 없다고 판단"하였고, "연구지원자가 보유하는 그들의 생물학적 물질에 대한 권리는 연구계획서에 따른 연구를 철회할 권리와 그들의 물질을 폐기할 권리만을 가진다."고 했다고 한다.[7] 따라서 이정현·박인걸은 "연구지원자는 의학연구에 자신이 기증한 인체유래 물질에 대하여 그 물질에 대한 이용과 양도를 직접적으로 감독할 수 있는 권한을 가지지 않는다고 본 판결"이라고 소개한다.[8]

그러나 감독권과는 별개로 인체유래물의 소유권이 누구에게 있는지 여전히 의문이고, 기증자가 지니고 있다는 동의 철회 및 폐기 요청의 권리가 인체유래물의 소유권과 어떤 관계를 맺고 있는지 명확하지 않다.

2. 대법원 2010. 10. 14. 선고 2007다3162 판결

가. 사람의 신체에서 분리된 세포가 의약품인가?

위 판례에서의 쟁점 중 주목할 만한 것 중 하나는 사람의 신체에서 분리된 세포가 의약품인지 여부이다. 신체에서 분리된 세포를 이식하는 행위에 초점을 맞출 경우, 이와 같은 행위는 약사법의 적용을 받지 않고 의료법 제53조 신의료

---

6 이정현·박인걸, "인체유래물질의 재산권의 허용범위와 그 이용을 위한 관련법규의 정비방안", 『법학연구』, 제37집, 2010. 2. 59면.
7 이정현·박인걸, "인체유래물질의 재산권의 허용범위와 그 이용을 위한 관련법규의 정비방안", 59–60면.
8 이정현·박인걸, "인체유래물질의 재산권의 허용범위와 그 이용을 위한 관련법규의 정비방안", 60면.

기술의 평가에 관한 규정에 따라야 한다고 이해될 수도 있다.[9] 의료법 제53조 제1항은 "신의료기술평가위원회의 심의를 거쳐 신의료기술의 안전성·유효성 등에 관한 평가를 하여야 한다."고 규정하고, 제53조 제2항은 "제1항에 따른 신 의료기술은 새로 개발된 의료기술로서 보건복지부장관이 안전성·유효성을 평 가할 필요성이 있다고 인정하는 것을 말한다."고 규정하고 있다. 따라서 줄기세 포 시술에서 사용되는 줄기세포가 의약품인지 아닌지는 중요한 쟁점이 아닐 수 없다.

　　최근 제약업계는 기존의 화학 약품 중심의 제약산업이 한계에 도달했다고 판단하고, 새로운 치료제로서 세포치료제 개발 산업에 큰 관심을 보이고 있다. 따라서 새롭게 개발되는 세포치료제가 약사법의 규제대상이 되는지 여부는 기 본적으로 확인해 보아야 할 사안이다. 위 판례는 의료법에 대한 분석을 포함하 고 있지는 않다. 판례는 구 약사법만을 인용하고 있다. 2010년 12월 30일부터 시행된 약사법에서도 "사람이나 동물의 질병을 진단·치료·경감·처치 또는 예 방할 목적으로 사용하는 물품 중 기구·기계 또는 장치가 아닌 것"을 의약품의 하나로 규정하고 있어, 구 약사법과 현행 약사법 사이에 중대한 차이는 없다. 식품의약품안전청은 세포치료제 제조 및 판매와 관련된 사항을 규제하기 위해 「생물학적제제등의제조·판매관리규칙」란 규칙을 제정하여, 생물학적 제제와 관련하여 약사법과 약사법시행규칙에서 정하지 않은 사항에 대해 규정하고 있 다. 이 규칙 제2조 제1호에서 "'생물학적 제제등'이라 함은 물리적·화학적 시험 만으로는 그 역가와 안전성을 평가할 수 없는 생물체, 생물체에서 유래한 물질 또는 그 유사합성에 의한 물질을 함유한 의약품으로서 약사법 제44조 제1항의 규정에 의하여 보건복지가족부장관이 그 제법·성상·성능·품질 및 저장방법과 기타 필요한 기준을 정하는 백신·혈청 및 항독소등 생물학적 제제와 이와 유사 한 제제를 말한다."라고 규정하고 있고,[10] 이어 제2조 제2호에서 "'이와 유사한 제제'라 함은 유전자재조합의약품 및 세포배양의약품을 말한다."라고 규정하고

9　해당 판례가 검토하는 구약사법이 시행되는 당시의 의료법(시행 2007. 4. 28, 법률 제8067호)에서도 제45조의3에 서 신의료기술의 평가에 대해 규정하고 있으며 내용은 동일하다.

10　여기서 제44조 제1항은 구약사법(2007.4.11 법률 제8365호로 전부 개정되기 전의 것)의 조항으로 판단된다. 구 약사법 제44조 제1항은 다음과 같이 규정하고 있다. "식품의약품안전청장은 항생물질과 그 제제, 생물학적 제제 및 대한약전에 수재되지 아니한 의약품으로서 보건위생상 특별한 주의를 요하는 의약품에 대하여 중앙약사심의위 원회의 의견을 들어 그 제법·성상·성능·품질 및 저장방법과 기타 필요한 기준을 정할 수 있다."

있다. 따라서 세포치료제가 약사법의 규제 외에 의료법의 신의료기술평가위원회의 심의를 받아야 하는지는 보건복지부장관이 판단할 사항이지만, 세포치료제가 의약품으로 구분되고 있으며, 약사법의 적용을 받는 대상이란 것도 명백하다.

나. 중간엽 줄기세포 이식행위는 식약청장의 승인을 얻어야 하는가?

사람의 신체에서 분리된 세포, 즉 당해 사건에서의 중간엽 줄기세포를 이식하는 행위를 위해서는 임상시험에 대한 식약청장의 승인을 얻어 이식해야 하는지 여부에 대한 문제이다. 판례는 "여기서 임상시험은 사람을 대상으로 하는 연구로서 그 연구 당시까지의 지식·경험에 의하여 안전성 및 유효성이 충분히 검증되지 않은 것을 말한다."라고 하며, 구 약사법 제26조의4 제1항에서 언급된 임상시험의 의미를 밝혔고, "이 사건 줄기세포 이식술은 당시까지의 지식·경험에 의하여 안전성 및 유효성이 충분히 검증되지 않은 시술로서 사람을 대상으로 하고 있으므로 임상시험에 해당"한다고 판단하고 있다. 따라서 이 사건 줄기세포 이식술은 임상시험에 해당하므로 "식품의약품안전청장의 승인을 얻지 않고 이 사건 줄기세포를 이식하는 행위는 약사법에 위배"된다고 판시하고 있다.

현행 약사법은 정의조항에서 "'임상시험'이란 의약품 등의 안전성과 유효성을 증명하기 위하여 사람을 대상으로 해당 약물의 약동·약력·약리·임상적 효과를 확인하고 이상반응을 조사하는 시험을 말한다."라고 규정하고 있다. 그러나 구 약사법은 임상시험에 대한 정의조항을 갖고 있지 않았다. 중간엽 줄기세포를 이식하는 행위가 임상시험에 해당한다고 판단하기 위해서는 몇 가지 논증이 필요하다. 구 약사법이든 현행 약사법이든 의약품의 제조를 업으로 하는 자는 품목별로 품목허가를 받거나 품목신고를 하여야 한다(구약사법 제26조 제1항, 현행 약사법 제31조 제2항). 그리고 허가를 받고자 하는 품목이 신약 또는 식품의약품안전청장이 지정하는 의약품인 경우에는 안전성·유효성에 관한 시험성적서·관계문헌 기타 필요한 자료를 보건복지부령이 정하는 바에 의하여 제출하여야 한다(구약사법 제26조 제6항, 현행 약사법 제31조 제10항). 안전성·유효성에 관한 시험성적서는 임상시험을 통해 획득된다. 그리고 의약품등으로 임상시험을 하고자 하는 자는 임상시험계획서를 작성하여 식품의약품안전청장의 승인을 얻어야 한다(구약사법

제26조의4, 현행 약사법 제34조). 이와 같이 구 약사법에 따르더라도 다소 복잡하기는 하지만 모든 의약품의 제조 및 판매는 식품의약품안전청장의 관리하에 운용되도록 하고 있다. 따라서 판례는 임상시험의 의미를 제시하며, 아직 품목허가를 받지 않은 줄기세포를 이식하는 것은 임상시험에 해당한다고 본 것이다.

다. 임상시험도 의료행위인가?

위 판례는 임상시험도 명백히 의료행위로 보아야 한다는 점을 밝히고 있다. 임상시험은 연구의 일환으로 시행되는 특성을 지닌다. 따라서 연구와 치료가 구분되어야 한다는 것이 일반적인 견해이다. 비록 일부 임상시험이 치료적 목적을 지닌 경우도 있지만 임상시험은 근본적으로는 연구라는 성격을 지닌다. 그러나 임상시험이 치료가 아닌 연구라 하더라도 의료행위인 점에는 변함이 없음을 명심할 필요가 있다. 결국, 치료적 목적을 지니고 있지 않더라도 의료행위라는 점을 놓쳐서는 안 된다. 아울러 임상시험에 사용되는 시험약 역시 의약품으로 구분되고 있음에 주목할 필요가 있다.

라. 행정법상의 위반 그 자체로 불법행위가 성립하는가?

임상시험에 대한 식약청장의 승인을 얻어야 한다는 행정법상의 위반 그 자체로 불법행위가 성립하는지 다루고 있다. 위 판례에서 주목해야 하는 것 중 하나는 관계 법령에 따라 감독관청의 승인이 요구됨에도 불구하고 이를 위반하여 승인 없이 임상시험에 해당하는 의료행위를 했다는 것 자체가 불법행위로 판단되어서는 안된다는 입장을 보여 주었다는 점이다. 행정법상의 위반행위가 불법행위인지 여부에 대해 명확한 견해가 형성되어 있지 않은 상황을 고려할 때 위 판례가 지닌 의의는 크다고 하겠다. 이와 같은 판단을 내리는 근거는 식품의약품안전청장의 승인 없이 임상시험에 해당하는 의료행위를 하였더라도 그 자체가 의료상의 주의의무 위반행위는 아니라고 보았기 때문이다. 줄기세포를 이식하는 의료행위에 있어 구체적인 의료상의 주의의무 위반이 인정되지 않는다면 승인을 받지 않았다는 것만으로는 불법행위책임을 지지 않는다고 판시한 것이다.

그러나 판례는 당해 사건에서 설명의무 위반이 있다고 판단하였고 이 부분에 대해서는 공동불법행위가 성립한다고 판시하였다.

IV. 연습문제

1. 인간대상연구의 종류에 대해 서술하고, 생명윤리안전법의 정의에 따라 인간대상연구와 인체유래물 연구의 관계에 대해 설명해 보시오.

2. 인간대상연구의 경우, 동의 설명서에 포함되어야 하는 내용들에는 어떤 것들이 있는지 열거하면서 설명해 보고, 특별히 인체유래물연구의 경우에는 어떤 내용들이 동의 설명서에 추가되어야 하는지 설명해 보시오.

3. 인간대상연구에서 동의 면제와 동의 유보의 차이에 대해 설명하고, 동의 면제가 가능한 경우의 예를 제시해 보시오. 아울러 이와 같은 동의 면제가 가능하기 위해서는 연구자가 어떤 절차를 거쳐야 하는지 설명하고, 인체유래물연구의 경우 인체유래물의 이차적 사용에 대한 동의 면제가 가능한지 여부를 그 근거와 함께 설명해 보시오.

4. 의약품 임상시험에 참여한 연구대상자가 동의를 철회하는 경우와 인체유래물연구에 참여한 인체유래물 기증자가 동의를 철회하는 경우, 그 후속 조치가 어떠해야 할 것인지에 대해 설명해 보시오.

5. 인간대상연구와 인체유래물연구에서 개인정보보호를 위한 조치에는 어떤 것들이 있는지 설명해 보고, 인체유래물연구와 인체유래물은행에서는 어떤 경우에 익명화해야 하는지 설명해 보시오.

V. 토론과제

1. 전화 및 인터넷 상의 동의 획득 문제

   최근 미국의 한 연구는 피험자의 동의 획득을 오프라인이 아닌 전화나 온라인에서 진행하는 연구계획서를 제출했고 승인을 받은 바 있다. 시험약은 동의 획득 후 우편으로 우송된다고 한다. 어느 정도의 위험이 있는 연구냐에 따라 이와 같은 동의 방식에 대해 찬반의견이 엇갈릴 수 있지만, 위험의 경중을 떠나서 동의권자가 본인이 맞는지 어떻게 확인할 것이냐는 문제가 있다. 아울러 설사 본인 인증이 이루어진다 하더라도 앞서 논의되었던 충분한 정보에 의한 동의의 정신과 충분한 정보에 대한 기준을 고려하여 이와 같은 방식의 동의 획득을 반대하거나 그렇지 않다면 전화나 인터넷을 통한 동의 획득 방식을 몇 가지 전제조건들과 함께 운영할 수 있을 것이다. 어떻게 하면 충분한 정보에 의한 동의의 정신을 훼손하지 않으면서도 직접 방문하여 동의하는 불편함을 덜어 줄 수 있는지 생각해 보시오.

2. 연구성과물에 대한 공유 문제

일반적으로 의약품임상시험에 참여한 연구대상자는 해당 의약품의 개발에 따른 이익을 개발자와 공유하지 않는다. 인체유래물연구의 경우, 대부분의 동의설명문에서는 기증된 인체유래물의 이용으로 발생한 연구결과물의 상업적 이득(예를 들어, 특허 등)에 대해 인체유래물 기증자가 어떠한 권리도 주장하지 않을 것이란 내용을 담고 있다. 이러한 내용은 연구대상자나 인체유래물 기증자가 공동체의 미래 이익을 위한 자발적인 참여라는 이타성의 정신에 입각하여 연구에 참여해야 함을 확인시키는 내용이다. 그러나 개인의 차원을 넘어 이와 같은 이타성에 의해 성취된 연구결과물에 대해 연구자는 해당 공동체에게 어떤 의무를 갖고 있는지 생각해 보고, 흔히 특허와 같은 제도의 배타적 성격에도 불구하고 연구성과물이 가능하게 한 공동체 구성원들의 인체유래물 기증과 정보 제공 등의 기여 또한 어떻게 사회적 차원에서 공정하게 보상될 수 있을지 생각해 보시오.

VI. 읽을거리

Law and Bioethics

1. 임상시험 과정에서 피험자에게 문제가 발생했을 때, 해당 연구를 승인한 임상시험심사위원회의 민사상 책임 여부에 대한 논의를 위해서는 김기영, "임상시험심사위원회와 위원의 민사상 책임: 법적 근거와 주의의무의 내용을 중심으로", 『생명윤리정책연구』, 제5권 제1호, 이화여자대학교 생명의료법연구소, 2011을 참조하시오.

2. 임상시험심사위원회 위원들의 법적 책임에 대한 미국 판례에 대해서는 박수헌, "임상시험심사위원회 및 그 위원들의 책임에 관한 미국 판례 및 소송제기원인의 고찰", 『공법학연구』, 제8권 제3호, 한국비교공법학회, 2007을 참조하시오.

3. 비교 임상시험의 경우 피험자를 시험군과 대조군에 무작위로 배정하는데, 이와 같은 무작위 임상 시험이 지켜야 할 윤리적 원칙에 대해서는 최경석, "무작위 임상시험의 윤리적, 법적 문제", 『한 국의료윤리학회지』, 제11권 제1호, 한국의료윤리학회, 2008을 참조하시오.

4. 우리나라는 약사법상의 임상시험심사위원회와 생명윤리안전법상의 기관생명윤리위원회가 운영되 어 일선 기관에서는 여러 위원회가 구성·운영되고 있다. 이들 위원회의 효율적인 운영에 대한 개선 방향의 제언에 대해서는 백수진·권복규, "임상시험심사위원회와 기관생명윤리위원회의 개 선방향에 관한 고찰", 『생명윤리정책연구』, 제1권 제2호, 생명윤리정책연구센터, 2007을 참조 하시오.

제 9 장

Law and Bioethics

동물실험

I. 개 요

1. 동물실험과 종정체성

의학과 생명과학이 발달한다는 것은 의학과 생명과학의 연구로 인한 결과물이 인간에게 적용되어 인간의 질병치료 및 삶의 질 향상에 실질적으로 도움을 준다는 함의를 내포하고 있다. 그런데 생명과학 연구의 결과물이 인간에게 적용되기 위해서는 여러 과정이 필요하다. 특히 인간을 상대로 임상시험을 직접 해 보아야 그 연구 결과물이 인간에게 위험하지는 않은지 효능이 있는지 등을 구체적으로 알 수 있다. 제8장에서 자세히 살펴본 것처럼 이러한 임상시험에서는 임상시험에 참여하는 피험자를 보호하기 위한 여러 가지 절차와 장치를 두고 있다. 그런데 인간을 대상으로 하는 임상시험에 돌입하기 위해서는 임상시험에 참여하는 피험자에 대한 위험성에 대해 합리적으로 예측할 수 있는 데이터나 정보를 어느 정도 가지고 있어야 한다. 이때 그 데이터를 얻기 위해 시행하는 것이 동물실험이다. 즉, 동물실험을 통해 인간을 대상으로 임상시험을 하는 것의 위험성과 성공가능성 등을 미리 예측하게 된다. 뿐만 아니라 임상시험을 위한 동물실험 이외에도 기초연구 단계에서 동물을 대상으로 수많은 연구가 이루어지고 있다. 그런데 이러한 동물실험에 사용되는 동물은 실험하는 과정에서 대부분 다치거나 죽게 된다. 즉, 생명과학의 발달은 결국 실험동물의 생명과 신체에 대한 침해를 필수불가결하게 가져오는 것이 현실이다.

동물실험이 아니라도 생명과학의 발달에서 동물은 사람을 위해 수단화되고 생명을 잃는 경우가 많다. 그 한 가지 예로 이종이식 연구가 있다. 이종이식이란 장기나 조직을 이식받아야 하는 사람들의 수요에 비해 공급되는 사람의 장기나 조직이 많이 부족하기 때문에 그 대안으로 동물의 장기나 조직을 인간에게 이식 가능한 형태로 형질 변환시켜서 이를 이용하는 것이다. 이런 이종이식 연구는 결국 인간에게 장기나 조직을 공급할 목적으로, 인간의 형질을 어느 정도 가진 동물을 생산하고 희생시키는 과정을 필수적으로 포함하게 된다. 그 외에도 생명과학의 발달 과정에서 수많은 동물들이 동물연구 과정에서 필요불가결하게 희생되게 된다. 그렇다면 우리는 그 동물들에게 어떤 처우를 해야 생명윤리적으로 타당할 것인가?

생명과학의 발달로 인한 동물 문제는 이런 동물의 희생이라는 쟁점에만 국한되지는 않는다. 어떤 동물연구들은 종정체성의 혼란이라는 문제를 야기하기도 하는데, 이러한 연구들은 동물간의 종정체성을 넘어서는 이종교배나 이종융합을 포함하기도 하기 때문이다. 나아가 어떤 연구들은 인간과 동물간의 종정체성 문제를 불러일으키기도 한다. 사람의 특정 유전자나 생식세포 또는 배아를 동물의 생식세포나 배아와 융합하는 등의 연구들은 결국 사람의 어떤 형질을 가진 동물을 만들게 돼 동물의 종정체성을 넘어 인간의 종정체성에 대해서도 근본적인 질문을 던지게 된다. 그렇다면 생명윤리법의 관점에서는 이런 쟁점들을 어떻게 대응해야 할 것인가? 이하에서는 이에 대해서 차례로 살펴보기로 하자.

2. 3R 원칙과 실험동물의 처우

실험동물로는 래트(rat), 마우스(mouse), 토끼, 개, 닭 등이 흔히 사용되며 필요에 따라 원숭이, 침팬지, 소, 말, 거북이, 개구리, 혹은 어류가 사용되기도 한다. 최근에는 분자생물학과 유전공학의 발전으로 특수한 목적을 가지고 형질을 조작한 각종 실험동물들이 등장하고 있는데 인간의 질병모델을 연구하기 위해 만든 누드마우스 등이 그 예이다. 살아 있는 실험동물을 체계적인 의학연구에 사용한 것은 17세기부터이나 19세기에 마장디, 베르나르와 같은 실험생리학자들이 등장하면서 동물실험은 의학연구에 빼놓을 수 없는 도구가 되었다.[1] 이들의 실험은 살아 있는 동물을 생체 해부(vivisection)하여 그 생체기능을 관찰하는 것이었는데 당시에도 동물애호가들의 상당한 반감을 불러일으켰다.[2]

동물실험에 대한 사람들의 견해는 다양하게 나뉜다.[3] 먼저 인간의 복지 증진을 위해 동물을 희생시키는 것은 윤리적으로 문제될 것이 없다는 입장이 있다. 이 입장에 따르면 인간은 동물을 식용으로 삼기 위해 도살하는 것이 윤리적으로 문제가 없는 것과 마찬가지로 인간을 위해 동물을 실험하는 것도 문제가 없다는 것이다. 그러나 다른 입장에 따르면, 동물도 고통과 쾌감을 느끼며 스스로에게 주어진 생명에 따라 자신의 삶을 추구하여야 하는 존재라고 주장한다. 따라서 동물의 생명을 희생하여 인간의 복지를 추구하는 것은 지극히 인간중심적인 종차별적 발상이라는 것이다. 동물을 보호하여야 한다는 입장에도 크게 두 가지 형태로 나뉜다. 그 중 하나는 동물에게 인간과 같은 생명을 보호받고

---

1 신약 개발과정은 새로 합성한 화합물 또는 자연에서 추출한 물질 등을 선정하여 실험실에서 신약으로서의 가능성을 평가하는 신약 후보물질 선정 단계와 실험실에서 개발된 신약후보물질을 동물에게 투여하여 안전성 및 효능 등을 평가하는 전임상 시험(preclinical studies) 단계, 그리고 셋째, 신약개발과정 또는 치료개발과정에서 가장 중요한 단계인, 개발중인 신약 또는 새로운 치료법의 안전성, 효능 등을 건강한 지원자 또는 대상환자에서 평가하는 임상시험(clinical trials) 단계로 이루어진다. 전임상 시험(preclinical trial)또는 비임상 시험은 기초탐색과정을 거쳐 도출된 후보물질(lead comp.)의 유효성과 안전성(독성)을 테스트하는 단계로서, 약물이 체내에 어떻게 흡수되어 분포돼 배설되는가를 연구하는 약리동태와 약효약리시험 과정을 거친다. 이러한 과정을 거친 후, 동물실험을 통해 시험약이 지니는 안전성을 테스트하는 독성시험이 실시된다. 독성시험은 실험동물을 통해 약이 갖는 독성을 테스트하는 것으로 실험동물은 건강한 동물로서 품종이 확실하고 특정 병원균이 없는 동물을 사용한다. 실험동물로는 마우스, 토끼, 기니피그, 돼지, 페렛, 햄스터, 개, 영장류 등이 사용되며 이들 실험동물을 통해 다양한 독성시험(1회 투여 독성시험, 반복 투여 독성시험, 생식·발생독성시험, 유전독성시험, 면역독성시험, 발암성시험, 국소독성시험, 흡입독성시험 등)이 실시된다.
2 권복규·김현철, 생명윤리와 법, 2nd edition, 이화여자대학교 출판부, 2009, 251쪽.
3 이하의 논의는 생명윤리와 법, 1st edition, 이화여자대학교 출판부, 2005, 185쪽.

행복을 추구할 권리를 인정하는 동물권(animal rights)을 주장하는 사람들이다. 다른 하나는, 동물이 인간과 같은 권리를 가지는 것은 아니지만, 동물은 지구에서 인간과 같이 살아야 할 동료 생명이므로 당연히 그 복지를 위해 동물을 존중하고 보호하여야 한다는 동물복지(animal welfare) 주장자이다. 절충적인 의견을 제시하는 사람들은 동물이 인간과 동일한 도덕적 지위나 권리를 가지는 것은 아니지만, 마구잡이로 동물을 희생시키거나 불필요한 고통을 주는 것은 동물을 위해서 뿐만 아니라 인간 자신을 위해서도 바람직하지 않다고 주장한다. 이런 입장을 지지하는 사람들은 동물실험 그 자체는 인정하지만 동물실험을 하는 방법과 절차에 대해서는 일정한 규제가 있어야 한다고 주장한다.

이러한 절충적인 입장은 동물실험에 대한 생명윤리의 원칙을 세우는데 많은 기여를 하였다. 특히 지금도 동물실험에 대한 생명윤리의 기본원리로 널리 인식되고 있는 3R 원칙(Replace, Reduce, Refine)은 이러한 절충적인 입장을 반영한 대표적인 원리이다. 3R 원칙은 1959년 러셀과 버치가 제안한 것[4]으로 다음 세 가지 내용을 담고 있다. 첫째, 가능한 한 실험동물을 사용하지 않을 다른 방법이 있다면 그 방법을 추구해야 하며, 고등동물이 아닌 그보다 하급의 동물을 사용할 수 있다면 그렇게 대체하는 것이 바람직하다는 것이다(Replace). 둘째, 가능한 범위내에서라면 실험에 사용되는 실험동물의 숫자는 적을수록 바람직하다는 것이다(Reduce). 셋째, 실험 방법을 정교화(Refine)하여 가능한 한 동물이 겪는 불필요한 고통이나 불편을 없애야 한다는 주장이다. 대부분의 동물실험에 관한 규범에는 이 3R원칙을 기본으로 하여 사육과 관리의 과정에서 동물들이 불편함을 겪지 않도록 해야 하며, 실험 시에는 적절한 마취법을 사용하여 고통을 줄여주고, 실험이 끝난 후에는 해당 동물에 적합한 방법으로 고통을 극소화시키거나 안락사를 시킬 것을 요구하는 등의 내용이 포함되어 있다.[5]

이 3R 원칙 등 동물실험에 관한 생명윤리의 원리들은 세계 여러 나라에서 법제화되어 시행되고 있다. 미국은 1966년 '실험실동물복지법(Laboratory Animal Welfare Act)'을 제정하였고, 1970년에 이를 확대 개편한 '동물복지법(Animal Welfare

---

4 영국 동물학자 윌리엄 러셀(William Moy Stratton Russell)과 미생물학자 렉스 버치(Rex Leonard Burch)가 펴낸 "자비로운 실험기법의 원칙"(The principles of humane Experimental Technique, Methuen, London)에서 처음 주창된 동물실험에 대한 윤리지침

5 권복규·김현철, 생명윤리와 법, 2nd edition, 이화여자대학교 출판부, 2009, 256~258쪽.

Act)'에 의해 실험동물에 대한 보호를 시행하고 있다. 미국의 실험동물에 대한 보호는 동물실험을 하는 각 기관에 기관동물실험위원회(IACUC; Institutional Animal Care and Use Committee)를 두고 동물실험에 대한 관리를 하도록 하는 것이 특징이다. 미국뿐 아니라 영국, 독일, 일본을 비롯한 여러 나라에서 동물실험에 대한 법적 규제가 시행되고 있다. 우리나라에서는 1991년 제정된 "동물보호법" 제10조에서 처음으로 실험동물에 관한 규정을 둔 이후 최근까지 관련 규정을 확대하여 왔으며, 2008년에는 "실험동물에 관한 법률"(이하 실험동물법)이 제정되어 2009년부터 시행되고 있다.

현행 "동물보호법" 제23조에서는 동물실험은 인류의 복지의 증진과 동물 생명의 존엄성을 고려하여 실시하여야 한다는 대원칙[6]과 함께 동물실험에 대한 여러 규정을 두고 있다. 특히 3R 원칙을 법제화하여 규정하고 있다. 동물보호법에 따르면, 동물실험을 실시하고자 하는 때에는 이를 대체할 수 있는 방법을 우선적으로 고려하여야 하며[7] 고통이 수반되는 실험은 감각능력이 낮은 동물을 사용하여야 한다(Replace).[8] 또한 동물실험은 필요한 최소한의 동물을 사용하여야 한다(Reduce).[9] 그리고 고통이 수반되는 실험에서는 진통·진정·마취제의 사용 등 고통을 덜어주기 위한 적절한 조치를 취하여야 하며,[10] 동물실험을 행한 자는 그 실험이 종료된 후 지체 없이 당해 동물을 검사하여 당해 동물이 회복될 수 없거나 지속적으로 고통을 받으며 살아야 할 것으로 인정되는 경우에는 가능한 한 빨리 고통을 주지 아니하는 방법으로 처리하여야 한다(Refine).[11]

이런 실험동물의 보호를 위해 동물보호법 제25조에서는 대통령령으로 정하는 동물실험시행기관에 동물실험윤리위원회를 의무적으로 설치할 것을 규정하고 있다. 동물실험윤리위원회는 3인 이상 15인 이내의 위원으로 구성되며,[12] 동물실험이 제23조에 규정된 원칙에 맞게 시행되도록 지도·감독하는 권한과 동물실험시설의 운영자 또는 종사자에 대하여 실험동물의 보호와 윤리적인 취

---

6 동물보호법 제23조 제1항.
7 동물보호법 제23조 제2항.
8 동물보호법 제23조 제4항 전단.
9 동물보호법 제23조 제3항.
10 동물보호법 제23조 제4항 후단.
11 동물보호법 제23조 제5항.
12 동물보호법 제27조 제1항.

급을 위하여 필요한 조치를 요구할 수 있는 권한 등을 가지고 있다.[13]

한편, 이런 동물보호법 이외에 2009년부터 실험동물법을 따로 제정하여 시행하고 있다. 실험동물법에서는 제6조에서 실험동물시설 운영자의 책무를 규정하고 있으며,[14] 제7조에서는 동물실험시설에서는 실험동물운영위원회를 의무적으로 설치하도록 규정하고 있다. 실험동물운영위원회는 4인 이상 15명 이내의 위원으로 구성되며, 동물실험의 윤리성, 안전성 및 신뢰성 등을 확보하기 위한 여러 사항을 심의할 권한을 가지고 있다.[15] 실험동물법에서는 동물실험시설의 등록 및 관리(제3장), 실험동물의 공급(제4장), 실험동물에 대한 교육 및 안전관리(제5장), 기록 및 정보의 공개(제6장) 등에 대하여 포괄적으로 규정하고 있다. 특히 이 법에 따라 동물실험시설은 반드시 식품의약품안전처장에게 등록하여야 하고,[16] 자격 있는 관리자를 두어야 하며,[17] 식품의약품안전처장의 지도와 감독을 받아야 하는[18] 등 그 의무가 강화되었다. 뿐만 아니라 실험동물공급자도 등록하여야 하고,[19] 일정한 준수사항을 이행하여야 하며,[20] 식품의약품안전처장의 지도와 감독을 받아야 한다.[21]

이처럼 현재 우리나라의 실험동물의 보호에 관한 법제는 동물보호법과 실험동물법의 두 가지 형태로 규율되고 있다. 다만 이원적으로 관리하는 것이 적정하지 못하고 제도적 효율성도 떨어진다는 의문이 있을 수 있다. 특히 동물보

---

13 동물보호법 제26조 제1항.
14 실험동물법 제6조 제1항에 따르면 동물실험시설 운영자의 책무는 다음과 같다. 1. 실험동물의 과학적 사용 및 관리에 관한 지침 수립, 2. 동물실험을 수행하는 자 및 종사자에 대한 교육, 3. 동물실험을 대체할 수 있는 방법의 우선적 고려, 4. 동물실험의 폐기물 등의 적절한 처리 및 작업자의 안전에 관한 계획 수립.
15 실험동물법 시행령 제3조에 따르면 실험동물운영위원회의 권한은 다음과 같다. 1. 동물실험의 계획 및 실행에 관한 사항, 2. 동물실험시설의 운영과 그에 관한 평가, 3. 유해물질을 이용한 동물실험의 적정성에 관한 사항, 4. 실험동물의 사육 및 관리에 관한 사항, 5. 그 밖에 동물실험의 윤리성, 안전성 및 신뢰성 등을 확보하기 위하여 위원회의 위원장이 필요하다고 인정하는 사항.
16 실험동물법 제8조 제1항.
17 실험동물법 제8조 제2항.
18 실험동물법 제11조.
19 실험동물법 제12조.
20 실험동물법 제13조에 따르면 실험동물공급자의 준수사항은 다음과 같다. 1. 실험동물생산시설과 실험동물을 보건위생상 위해(危害)가 없고 안전성이 확보되도록 관리할 것, 2. 실험동물을 운반하는 경우 그 실험동물의 생태에 적합한 방법으로 운송할 것, 3. 그 밖에 제1호 및 제2호에 준하는 사항으로서 실험동물의 안전성 확보 및 건강관리를 위하여 필요하다고 인정하여 총리령으로 정하는 사항(실험동물의 운반, 사육환경 관리, 실험동물의 종별 수용 등 실험동물법 시행규칙 제15조).
21 실험동물법 제16조.

호법상의 동물실험윤리위원회와 실험동물법상의 실험동물운영위원회는 모두 미국법상 기관동물실험위원회(IACUC)를 모델로 하여 제도화된 것으로 비슷한 기능을 보유하고 있다. 동물보호법은 동물실험시행기관에 실험동물 법 제7조에 따른 실험동물운영위원회가 설치되어 있고, 그 위원회의 구성이 동물보호법 제27조 제2항부터 제4항까지에 규정된 요건을 충족할 경우에는 해당 위원회를 윤리위원회로 본다고 규정하고 있다. 그러나 궁극적으로는 하나의 입법으로 통일적으로 규율하는 것이 바람직할 것이다.[22]

3. 이종이식

이종이식(xenotransplantation)은 장기나 조직의 이식에 관한 수급불균형을 해소하기 위하여, 생명과학기술을 적용하여 동물의 장기나 조직을 인간에게 거부반응이 없도록 처리하여 인간에게 이식하는 것을 말한다.[23] 이를 위해 1960년대부터 바분원숭이(baboon)의 심장을 사람에게 이식하는 실험이 시도되었고, 오늘날에는 돼지가 인간에게 적합한 장기나 조직의 공여 동물로서 관심의 대상이 되고 있다. 이종이식은 인간의 동종이식과는 또 다른 여러 윤리적이고 사회적인 문제들을 제기한다. 대표적인 문제로는 동물의 장기나 조직을 인간에게 이식하는 데 따르는 인수공통감염병(zoonosis)[24]의 유행 가능성, 특히 리트로 바이러스(retrovirus)[25]의 감염 가능성, 이종이식을 받은 사람이 겪을 육체적, 심리적인

---

22 실험동물에 관한 보호법제가 이원화된 가장 큰 이유는 동물보호법은 농림수산식품부의 소관 법령이며, 실험동물법은 식품의약품안전처의 소관법령이라는 데 있다. 비록 소관부처가 다르기는 하지만, 행정의 효율성을 생각한다면 실험동물에 관한 부처별 기능을 조정하여 관련 사무를 통합 관리하는 것이 바람직할 것이다.

23 동물의 장기나 조직을 인간에게 이식하는 것뿐 아니라, 서로 다른 종의 동물 간의 이식도 이종이식의 개념에 포함된다.

24 인수공통감염병이란 사람과 동물에게 상호 전파될 수 있는 병원체에 의한 질환을 의미하며, 대표적으로 조류인플루엔자, 광우병, 사스(SARS), 브루셀라, 탄저, 공수병 등이 있다. 이종이식의 범위가 늘어나면 현재 알려져 있는 인수공통감염병 이외의 다른 형태의 질병이 생길 위험성이 있다. 인수공통감염병이 가지고 있는 치명적인 위험성을 생각하면, 이종이식 연구에서 어떻게 이 부분을 적절히 관리할 것인가 하는 점은 중요한 쟁점이 된다.

25 retrovirus는 '뒤로' 또는 '거꾸로'의 뜻을 가진 retro와 독(성물질)이라는 뜻을 가진 라틴어 virus (영어로는 1728년에 감염병의 원인이 되는 물질이라는 뜻으로 virion을 처음 씀)를 더한 말이며, RNA바이러스의 한 유형으로 RNA와 이 RNA를 숙주의 DNA에 끼워 넣기 위한 역전사효소(reverse transcriptase, 또는 RNA의존성DNA중합효소(RNA dependent DNA polymerase)라고도 함)를 가지고 있어서, 일반적으로 유전정보가 DNA에서 RNA로 흘러가는 것과는 반대로 RNA에서 DNA로 거꾸로 일어나(reverse transcription) 붙인 이름이다. retrovirus는 RNA 바이러스 가운데 거의 유일하게 동물세포에서 형질전환(transformation)을 유발하여 심각한 질환을 일으키는 원인이 되는 바이러스로 AIDS(acquired immune deficiency syndrome)의 원인이 된다고 알려진 HIV(human immunodeficiency virus)도 retrovirus이며, 간염과 같은 만성질병과 수많은 retroviral oncogene들에 의

문제와 사회적 차별 가능성의 문제 등이 제기되고 있으며 특히 동물의 이러한 활용에 따른 동물의 복지에 관련된 문제 등 많은 것들을 생각할 수 있다.[26] 또한, 이종이식은 종정체성의 관점에서도 쟁점이 된다. 이종이식을 위해 연구 개발되는 동물들을 유전적으로 변형하는 경우 중에는 인간의 면역거부반응을 최소화하기 위하여 인간의 유전자를 주입하는 경우도 있다.[27] 이는 부분적이기는 하지만, 종정체성의 혼란을 야기하는 것으로 생명윤리적 쟁점이 될 수 있다.[28]

사람들이 원하는 정도까지의 이종이식이 실현되려면 시간이 걸리겠지만 연구 과정에서 돼지와 원숭이 등의 고등동물이 많이 희생될 수밖에 없다. 이들은 유전적으로 변형되어 태어나고 무균 상태에서 사육되기 때문에 같은 종의 다른 일반 짐승들의 사육조건과는 매우 다른 특수한 환경 속에 있게 된다. 이러한 격리와 감시의 상황은 동물에게 커다란 스트레스를 줄 수 있으며, 유전적으로 변형되거나 체세포복제를 통해 태어난 동물은 정상적인 다른 동물에 비해 선천성 기형을 가지고 태어나는 것이기 때문에 그러한 고통은 가중될 가능성이 크다. 그 가운데 원숭이 등 영장류에 관한 연구는 인공적으로 번식시키기가 쉽지 않고, 멸종 위기에 처한 보호 동물일 뿐 아니라 인간과 유전자가 1% 내외 밖에 차이가 나지 않는 사회성과 감성, 지성이 풍부한 동물이기 때문에 이식실험 등의 생체 실험 대상이 된다면 몹시 심한 고통을 겪을 것이므로 많은 사람들로부터 다른 동물들의 이용보다 훨씬 더 큰 비난에 부딪히고 있다.

II. 판례 및 사례

1. 대법원 2006. 6. 2. 선고 2004마1148,1149 결정

원심결정 이유를 기록에 비추어 살펴보면, 원심이 도롱뇽은 천성산 일원에

한 백혈병과 유방암 등의 종양발생과의 관련성이 확인되면서 그 관심이 커지고 있다.

26 권복규·김현철, 생명윤리와 법, 2nd edition, 259~264쪽

27 흔히 "인간화된 돼지(humanized pig)"라고 부르는 경우가 이에 해당한다.

28 이런 쟁점들 때문에 이종이식에 관한 법령의 제정이 필요하다는 의견이 많고 실제로 이를 입법화하려는 연구가 진행 중이지만, 아직은 이종이식에 사용되는 실험동물에 대한 법적 규제를 제외하면 다른 부분은 법적으로 규제되고 있지 않다.

서식하고 있는 도롱뇽목 도롱뇽과에 속하는 양서류로서 자연물인 도롱뇽 또는 그를 포함한 자연 그 자체로서는 이 사건을 수행할 당사자능력을 인정할 수 없다고 판단한 것은 정당하고, 위 신청인의 당사자능력에 관한 법리오해 등의 위법이 없다.

2. 부산고등법원 2004. 11. 29. 선고 2004라41,2004라42(병합) 결정

먼저, 신청인 도롱뇽에게 당사자능력이 있는지 여부에 관하여 본다. 신청인 단체의 주장에 따르면, 신청인 '도롱뇽'은 천성산에 서식하는 도롱뇽 또는 위 도롱뇽을 포함한 자연 그 자체로서, 이 사건 터널 공사로 인한 도롱뇽의 생존환경 및 천성산의 자연환경 파괴를 막기 위하여 "자연 내지 자연물의 고유의 가치의 대변자"인 환경단체인 신청인 단체를 그 사법적 활동의 담당자로 삼아 이 사건 신청에 이르게 되었다는 것이다.

살피건대, 당사자능력이란 일반적으로 소송당사자가 될 수 있는 소송법상의 능력(자격)을 말하는 것으로서 자기의 이름으로 재판을 청구하거나 또는 소송상의 효과를 받을 수 있는 자격을 말한다. 이러한 당사자능력은 소송법상의 추상적이고 일반적인 관념이며 소송사건의 성질이나 내용과는 관계없이 일반적으로 정해지는 능력으로서 어떠한 실체에 당사자능력을 인정할 것이냐의 문제는 민사소송법 입장에서 독자적으로 결정된다.

민사소송법 제51조는 당사자능력(당사자능력)에 관하여 민사소송법에 특별한 규정이 없으면 민법과 그 밖의 법률에 따르도록 정하고 있고, 같은 법 제52조는 대표자나 관리인이 있는 경우 법인 아닌 사단이나 재단에 대하여도 소송상의 당사자능력을 인정하는 특별규정을 두고 있다.

그러나 자연물인 도롱뇽 또는 그를 포함한 자연 그 자체에 대하여 당사자능력을 인정하고 있는 현행법률이 없고, 이를 인정하는 관습법도 존재하지 아니하므로 신청인 도롱뇽이 당사자능력이 있다는 신청인 단체의 주장은 이유 없다. 따라서 신청인 '도롱뇽'의 이 사건 가처분 신청은 부적법하다.

주12) 신청인들은 외국의 사례와 환경보호를 위한 현실적 필요를 주된 근거로 하여 신청인 도롱뇽의 당사자능력을 주장하고 있다. 실제로 미국 판결례상 그러한 사례가 몇 건 발견되기도 한다. 그러나 신청인들의 주장과는 달리 미국에서도 자연물의 당사자적격(standing; A party's right to make a legal claim or seek judicial enforcement of a duty or right)이 재판의 쟁점으로 되어 정면으로 인정된 사례는 없는 것으로 보이며, 보통법으로 상징되는 불문법주의, 판례법주의를 채택하고 있는 미국의 사례는 법체계와 그 구체적 내용, 법문화의 역사가 근본적으로 우리나라의 그것과는 상이하여 바로 원용하기에 적절하지 않다. 우리나라와 법률제도와 체계가 가장 유사한 일본의 경우에도 자연의 권리소송으로 여러 건의 소가 제기되었으나 그 당사자능력이 인정된 사례가 없다[특히 1995년 2월 가고시마 지방재판소에 제기된 골프장 건설을 위한 산지개발허가를 다툰 아마미노쿠로우사기(아마미 야생토끼) 소송이 유명한데 그 소송 역시 2001. 1. 22. 위 법원에서 소가 각하되었다]. 신청인들의 주장과 같이 자연의 권리보호를 위한 소송이 현실적으로 필요성이 있다면, 미국과 같이 객관소송에 가까운 시민소송제도를 입법적으로 도입하는 것이 바람직하다고 할 것이며, 그 필요성만으로는 성문 법률도 없고, 관습법으로 통용되고 있지도 않은 이상 성문법주의 하의 우리나라에서 입법부가 아닌 법원이 당사자능력에 관한 새로운 법을 창설할 수는 없다고 할 것이다. 또한, 신청인 도롱뇽에게 당사자 능력을 인정하려고 해도 천성산에는 수많은 늪지와 계곡, 동·식물이 존재하고 있고, 서식하고 있는 도롱뇽의 개체수도 많은데, 천성산 자체가 아닌 도롱뇽은 도롱뇽 자신의 이익을 대변할 수 있을 뿐 그 자연 자체를 대표할 수 있다는 근거도 없거니와 이 소송을 제기하고 있는 도롱뇽이 천성산 도롱뇽 전부를 대표할 수 있다고 볼 근거도 없고(도롱뇽 아닌 다른 동·식물이나 늪지나 강 등이 자신의 이익을 주장하며 도롱뇽의 대표성을 부인하거나 다른 도롱뇽이 이 사건 도롱뇽의 대표성을 부인한다면 피신청인으로서는 끝없는 소송사태에 직면하게 될 것이다), 그렇다고 신청인 단체가 도롱뇽을 대표할 수 있다는 법적 근거 또한 전혀 없다. 따라서, 신청인들의 주장은 입법론으로는 몰라도 현행법상 타당한 주장이 될 수 없다.

III. 분 석

동물권에 대한 논의는 윤리학자인 피터 싱어가 "동물해방"이라는 책에서 주장한 이후[29] 활달하게 진행되고 있다. 피터 싱어가 동물권을 주장하게 된 기본적인 전제는 동물도 사람과 마찬가지로 고통과 쾌락을 느낄 수 있는 존재라는 것이다. 피터 싱어는 공리주의를 윤리적인 입장으로 채택하는데, 이 공리주의의 기본 입장에 따르면 행복을 주는 것은 좋은 것이고 고통을 주는 것은 나쁜 것이다. 피터 싱어는 이런 공리주의 윤리를 인간뿐만 아니라 인간과 마찬가지로 고통과 쾌락을 느낄 수 있는 모든 존재에게 확장하여 적용하여야 한다고 생각한다. 인간은 이렇게 고통을 피하고 행복을 추구할 도덕적 권리를 가지고 있는 것처럼, 동물도 마찬가지의 도덕적 권리를 인정해야 한다는 것이다.

이러한 동물권 주장을 일반적으로 수용하게 되면, 인간 복지를 위하여 동물을 실험하면서 고통을 가하거나 죽이는 것은 모두 동물권 위반으로 도덕적으로 정당화되지 못한다.[30] 동물권을 옹호하는 사람들은 이러한 동물권을 실정법으로 수용하여 공권력으로 동물권을 보호하길 원한다. 이런 동물권을 법적으로 인정하라는 주장에는 몇 가지의 쟁점이 부가되어 있다. 첫째, 동물권을 법적 권리로 인정하는 것은 법의 논리로 볼 때 타당한가하는 것이다. 위 판례에서도 지적하고 있듯이 동물권을 정면으로 인정하고 있는 법체계는 현재 거의 찾아볼 수 없다. 그러나 역사적으로 볼 때 근대 이전의 서구사회에서 동물이 소송의 당사자가 된 경우는 드물지 않게 찾아볼 수 있다. 더구나 근대법 체계에서도 무생물인 "법인"에게도 일정한 권리를 인정하고 있다는 점을 생각한다면, 동물이 권리를 가진다는 것이 말이 안 되는 것은 아니다. 문제는 어떤 권리를 실정법적으로 인정할 것인가라는 법공동체의 정책의 문제인 것이다. 둘째, 동물권을 법적 권리로 인정한다면 동물이 이 권리를 어떻게 행사할 것인가 하는 것이다. 누군가가 권리를 가진다는 것과 그가 그 권리를 현실적으로 행사할 수 있다는 것은

---

29 Peter Singer, Animal Liberation, Harper Colins, 2009, 1975년에 초판이 출판되고, 이후 1990년, 2002년에 판이 나왔음.
30 몇몇 동물권 옹호자들은 동물실험시설을 파괴하려고 습격하는 경우도 있었다.

반드시 일치할 필요가 없다. 우리 법체계에서 비록 살아서 태어날 것이 조건이기는 하지만 태아도 일정한 권리를 가질 수 있으며, 앞서 언급한 무생물인 법인도 권리를 가지고 있기 때문이다. 따라서 권리를 어떻게 행사할 것인가 하는 점도 실정법에서 권리를 행사할 수 없는 자연인의 경우 법정대리인이나 후견인을 지정하고 있고 법인의 경우에는 대표이사나 이사회 등을 실제 권리를 행사하는 자로 하고 있는 것을 생각하면 역시 입법 정책의 문제인 것이다. 셋째, 동물권의 범위는 어디까지 인정해야 하는가? 이 쟁점도 앞서 언급한 논리의 연장선상에 있다. 법인이 권리를 가지고 있다고 해서 자연인이 가지고 있는 모든 권리를 가지고 있는 것은 아니듯이, 동물권의 범위도 법공동체에서 민주적인 입법 절차 속에서 정하면 된다.

결론적으로 동물권을 인정하는 것, 동물권 행사방법을 정하는 것, 동물권의 내용을 정하는 것 모두 법 논리적으로 불가능한 것은 아니다. 다만 그렇게 실정법으로 동물권을 인정하기 위해서는 법공동체의 구성원들이 정말 동물권이 필요하다는 공감대를 형성할 수 있어야 입법의 대상이 될 수 있는 것이다. 그렇다면 현재 우리나라를 비롯한 여러 나라들은 이런 공감대를 어느 정도 가지고 있다고 할 수 있을까?[31]

이 판례는 동물권의 내용 중에서 소송의 당사자가 될 수 있는 당사자능력의 문제를 정면으로 다루고 있는 드문 판결이다. 당사자능력은 자기의 이름으

---

31 아르헨티나·브라질·칠레·파라과이·페루·우루과이·멕시코와 콜롬비아·에콰도르·볼리비아·베네수엘라 등 중남미 11개국은 1960년 중남미 지역 통합기구인 LAFTA(Latin American Free Trade Association: 라틴아메리카자유무역연합)를 설립하였으나, LAFTA가 충분한 성과를 거둘 수 없게 되자, 현실정세에 맞추어 LAFTA를 재편성하여 라틴아메리카통합연합(Latin American Integration Association, Asociación Latino-americana de Integración)을 만들었다. 이 가운데 볼리비아, 콜롬비아, 베네수엘라, 에콰도르, 페루 등 5개국은 1969년에 안디노 협약을 체결하였고, 이 국가들은 1990년대 들어서 생태주의에 바탕을 둔 많은 법과 제도들을 만드는데 앞장서 왔다. 에콰도르에서는 2008년 9월28일 국민투표를 통한 헌법 개정을 하였는데, 새 헌법에는 석유·통신과 같은 기간산업을 국가가 통제하는 권한을 강화하고, 외국 군대 주둔을 불허하며, 특히, 동식물을 포함한 생물의 권리를 구체적으로 보장하는 조항을 포함시켰다. 이것은 국가가 생물의 멸종과 생태계의 파괴를 가져올 수 있는 행위를 사전에 방지해야 한다는 조항으로, 국가가 이 의무를 제대로 이행하지 않을 경우 시민들이 자연을 대신해 소송을 제기할 수 있다는 것으로, 살아있는 모든 것들이 지구에서 살며 재생산하고 진화할 권리, 곧 '자연의 권리' 조항을 세계에서 처음으로 헌법에 포함시켰다는데 큰 의의가 있다. 또한, 볼리비아에서도 2010년부터 "지구(어머니 땅)법"(la Ley de Derechos de la Madre Tierra, The law of Rights of the Mother Land)이라고 하여 자연의 권리를 명문화한 법을 세계에서 처음으로 준비하여 2011년 현재 국회통과를 앞두고 있으며, 베네수엘라도 "모든 사람은 건강하고 생태적으로 균형 잡힌 환경과 삶을 즐길 권리를 가진다. 국가는 환경, 생물다양성, 유전자원, 생태적 과정, 국립공원, 천연기념물, 기타 생태적 중요성을 가지는 지역을 보호할 것이다."라고 헌법 제127조에 명문화하여, 생태와 환경에 대한 권리가 헌법적 권리로 인정되고 있으며 유전자 조작 식품의 수입도 법으로 금지되어 있다.

로 재판을 청구하거나 또는 소송상의 효과를 받을 수 있는 자격을 의미하는 것으로 논리적으로 보자면 반드시 실제 소송수행을 할 수 있어야 하는 것은 아니므로 동물도 당사자능력을 가질 수도 있다. 이때 실제 소송수행을 누가 할 것인가에 대해서는 입법 정책으로 정하면 되는 것이다. 미국에서는 이런 경우에 권리옹호단체가 실제로 소송을 수행하고 있다. 다만 우리나라의 현행법에서는 동물에게 당사자능력을 인정하고 있지 않고 있기 때문에 이 판례에서 소송을 제기한 도롱뇽은 당사자능력을 인정받을 수 없는 것이다. 결론적으로 위 판례처럼 현행 법체계에서는 동물에게 당사자능력을 인정할 근거가 없는 것이다. 다만 위 판례가 언급하듯이 입법론으로도 동물에게 당사자능력을 인정할 수 없다는 것은 아니다.

IV. 연습문제

천진한 박사는 자신의 연구를 바탕으로 신약개발을 하려고 한다. 신약개발을 하기 위해서는 인간을 대상으로 임상시험을 실시해야 하는데, 임상시험을 실시하려면 미리 동물실험을 실시해서 임상시험의 유해성 여부에 대한 데이터를 얻어야 한다. 천진한 박사가 동물실험을 하기 위해서는 관련 위원회의 심의를 거쳐야 하는데, 천진한 박사가 속한 기관에는 관련 위원회가 설치되어 있지 않다.

1. 그렇다면 천진한 박사가 속한 기관은 동물보호법 상의 "동물실험윤리위원회"를 설치해야 하는가 아니면 실험동물법 상의 "실험동물운영위원회"를 설치해야 하는가?

2. 천진한 박사가 속한 기관에서는 관련 위원회를 설치하면서 천진한 박사를 위원회 위원으로 위촉하였다. 천진한 박사는 자신의 동물실험에 대해 위원회에 심의를 요청하였는데, 그렇다면 천진한 박사는 위원회 위원으로서 자신의 동물실험에 대해 심의할 수 있는가? 없다면 그 법률적 근거는 무엇인지 찾아보시오.

3. 천진한 박사의 동물실험은 우여곡절 끝에 완료되었다. 이제 동물실험에 사용된 동물을 처리해야 하는 일이 남았다. 동물실험에 사용된 동물을 처리하는 데에도 인도적인 방법을 강구하여야 할 것인데, 그 방법에는 무엇이 있을까?

V. 토론과제

이종이식 시술을 받은 환자는 이종이식으로 인해 혹시 인수공통감염병에 걸리지 않을지 혹은 이종이식의 부작용으로 시술받은 환자의 건강에 이상이 있지 않을지 등에 대한 우려 때문에 평생 추적관찰을 해야 한다는 견해가 있다. 반면 이런 평생 추적관찰에 대해서는 개인의 프라이버시를 과도하게 침해할 수 있으므로, 일정기간 동안의 추적관찰이면 족하다는 견해도 있다. 그리고 추적관찰을 함에 있어서도 프라이버시 침해가 최소화될 수 있는 방안이 고려되어야 한다는 견해도 있다. 여러분은 이 문제에 대해 어떻게 생각하는가?

VI. 읽을거리

1. 생태계의 파괴와 환경 재앙에 대해서는 Rachel Carson저, 김은령 역, "침묵의 봄", 에코리브르, 2002를 참조하시오.

2. 동물에 대한 인간행위의 역사, 문화, 사회적 문제를 윤리적 관점으로 접근하는 것에 대해서는 Peter Albert David Singer저, 김성한 역, "동물해방", 인간사랑, 1999를 참조하시오.

3. 법적인 고려의 대상으로써의 자연 환경에 대한 문제제기와 이 문제의 현실화되는 과정에서 생길 수 있는 문제들에 대해서는 Cristopher D. Stone 저, 허범 역, "법정에 선 나무들", 아르케, 2003을 참조하시오.

4. 실험동물시설에서의 사람과 동물의 건강과 안전에 대해서는 Margery Wood, Maurice W. Smith 저, 황대연·강병철·강현구 역, "실험동물시설에서 건강과 안전", 월드사이언스, 2010을 참조하시오.

5. 동물실험의 비과학성과 인간의 질병을 연구모델로써의 동물모델의 부적절성 및 그 해결방안에 대해서는 C. Ray Greek, Jean Swingle Greek 저, 윤미연 역, "가면을 쓴 과학 동물실험", 다른세상, 2006을 참조하시오.

제10장
Law and Bioethics

죽음의 기준과 장기이식

제10장
죽음의 기준과 장기이식

I. 개 요

Law and Bioethics

1. 죽음의 개념과 기준

　죽음은 살아 있는 자의 권리와 의무 관계가 종결되는 시기와 관련되므로, 법률적 측면에서 매우 중요한 의의를 지닌다. 죽음은 삶의 종결을 의미하며, 이것은 우리 모두가 동의하는 죽음의 개념(concept)이다. 그러나 무엇이 삶의 종결인지에 대해서는 서로 다른 이해(conception)를 갖고 있다. 따라서 죽음을 판단하는 기준에 대해서도 여러 입장들이 존재하고 있다.

　전통적으로 동서양의 많은 사회는 심폐사를 죽음의 기준을 받아들여 왔다. 심폐사는 심폐 기능의 불가역적인 정지를 기준으로 죽음을 판단하는 입장이다. 심폐사는 특별한 의학적 장치에 의존하지 않고서 대체로 일반인들 역시 사망 여부를 확인할 수 있다는 장점을 지니고 있다. 그러나 의학기술의 발달로 심폐 기능을 기계적 장치가 대신할 수 있는 상황이 가능하게 되었다. 뇌 기능이 정지했음에도 불구하고 일정기간 죽음의 시점을 연장시키는 일도 가능하게 되었다. 역사적으로는 연명치료기술의 출현과 장기이식 기술의 발달과 함께 심폐사를 대체하는 전뇌사라는 개념이 등장하게 되었다.

전뇌사는 뇌 기능 전체(대뇌, 소뇌, 뇌간 등)의 불가역적인 정지를 죽음의 기준으로 삼는 입장을 의미한다. 전뇌사는 주로 서구 세계를 중심으로 법적인 죽음의 기준으로 인정되고 있다. 흔히 "뇌사"라고 부르는 것은 많은 경우 전뇌사를 의미한다. 그런데 전뇌사는 전문 의사의 의학적 판단에 의해 사망 여부가 판단된다는 단점이 있다. 하지만 뇌 전체의 기능이 정지된 후에도 일정 기간 심폐 기능을 기계적으로 유지하게 하여 장기 손상을 막을 수 있게 함으로써 이식가능한 장기를 획득할 수 있게 하는 이점도 있다.

대뇌사는 뇌 중에서도 대뇌 기능의 불가역적인 기능 정지를 죽음이라고 보는 입장이다. 사고 기능을 수행하는 대뇌의 정지는 사고 기능, 판단 기능, 쾌나 고통을 느끼는 기능이 정지하도록 한다. 따라서 대뇌의 정지는 반사적 움직임만을 보이는 식물인간 상태에 놓이게 한다. 물론 대뇌 기능의 불가역적인 정지가 발생하지 않았지만 지속적인 식물인간 상태에 있는 환자들도 있다. 뇌가 인간의 삶에 있어 매우 중요한 부분이란 점에서 대뇌사를 죽음의 기준으로 보아야 한다는 입장은 논리적으로는 일견 타당한 입장일 수 있다. 그러나 아직 대뇌 기능의 불가역적인 정지를 판단하는 의학적 기준이 확고하게 정립되어 있지 못하다는 문제점이 있다. 따라서 대뇌사를 아직 임상에서 현실적으로 운용할 수 있는 기준은 아니다.

2. 「장기등 이식에 관한 법률」과 이식 관련 법률들

한국은 심폐사를 죽음에 대한 법적 기준으로 삼고 있다. 다만, 「장기등 이식에 관한 법률」에 따라 뇌사자 장기 기증의 경우에 한 해, 뇌사판정 신청을 받으면 뇌사판정위원회가 전뇌사 여부를 판정하고 장기를 적출할 수 있도록 하고 있다.

「장기등 이식에 관한 법률」이 적용되는 범위는 동법이 "장기등"을 어떻게 정의하고 있는지 살펴봄으로써 파악될 수 있다. 동법 제4조 제1호에서 "'장기등'

이란 사람의 내장이나 그 밖에 손상되거나 정지된 기능을 회복하기 위하여 이식이 필요한 조직으로서" "신장·간장·췌장·심장·폐" 그리고 "골수·안구"라고 규정하고 있으며, 대통령에서 정하고 있는 "췌도(膵島) 및 소장"을 포함하고 있다. 따라서 비록 국내에서 대장 이식의 시도가 빈번한 것은 아니지만, '장기등'에는 대장이 포함되어 있지 않고, 일반적으로 장기라고 이해하고 있지 않은 골수가 포함되어 있다. 아울러 최근 안면부위와 같은 복합조직의 이식에 대해서도 동법은 적용되지 않는다.

피부, 인대, 뼈 등과 같은 인체조직은 「인체조직안전 및 관리등에 관한 법률」에서 규율되고 있다.[1] 따라서 장기기증과 사체기증이 통합적으로 운영되는 외국과 달리, 우리나라는 서로 다른 기관들이 장기기증과 사체기증을 위한 장기 및 사체의 구득활용을 개별적으로 운용하고 있는 상황이다.[2]

장기이식이나 인체조직의 이식과 관련하여 매매행위가 금지되고 있다. 「장기등 이식에 관한 법률」 제7조에서, 「인체조직안전 및 관리등에 관한 법률」에서는 제5조에서 "누구든지 금전 또는 재산상의 이익, 그 밖의 반대급부를 주고받거나 주고 받을 것을 약속"하는 행위를 금지하고 있다.

3. 장기이식 동의 및 동의권자: 장기기증자와 장기기증희망자의 구분

「장기등 이식에 관한 법률」(이하 '법')에서는 "장기등기증자"와 "장기등기증희망자"를 구분하고 있다. "장기등기증자"란 법 제4조 제2호에서 "다른 사람의 장기등의 기능회복을 위하여 대가 없이 자신의 특정한 장기등을 제공하는 사람으로서 제14조에 따라 등록한 사람을 말한다."라고 정의하고 있다. 제14조에서는 장기등기증자의 등록절차를 규정하고 있는데, 주요 내용으로는 보건복지부령으로 정하는 바에 따라 등록기관에 등록을 신청하여야 하며, 신청에 따라 본인이나 가족 또는 유족의 동의 여부와 등록기관이 신체검사를 통해 장기등기증자로서의 적합 여부를 판단하여 등록 여부를 결정하도록 규정하고 있다. 뇌사자 또

---

1 「인체조직안전 및 관리등에 관한 법률」에서는 제3조 제1호에서 "'인체조직'이라 함은 장기등이식에관한법률 제3조 제1호의 규정에 의한 장기등에 속하지 아니하는" 것으로서 "뼈·연골·근막·피부·양막·인대 및 건" 그리고 "심장판막·혈관"을 말한다고 규정하고 있다.

2 참고로 혈액은 「혈액관리법」에 의해 규율되고 있다.

는 사망한 자의 경우에는 그 가족 또는 유족 중 1명이 등록을 신청할 수 있도록 규정하고 있다. 따라서 장기등기증자는 이미 장기를 적출하여 기증한 자가 아니라, 장기 기증에 동의하고 신체검사에서 적합 판정을 받아 등록기관에 등록되어 장기 적출을 기다리는 자를 의미한다.

반면, "장기등기증희망자"란 법 제4조 제3호에서 "본인이 장래에 뇌사 또는 사망할 때 장기등을 기증하겠다는 의사표시를 한 사람으로서 제15조에 따라 등록한 사람을 말한다."고 정의하고 있다. 제15조에서는 장기등기증희망자의 등록절차를 규정하고 있는데, 주요 내용으로는 보건복지부령으로 정하는 바에 따라 등록기관에 장기등기증희망등록신청을 할 수 있고, 등록기관의 장은 신청을 받은 후 본인 동의 여부를 확인하여 등록해야 한다고 규정하고 있다. 결국 장기등기증희망자란 뇌사 또는 사망이 발생했을 때 장기등을 기증하겠다는 희망의사를 표시하고 이 희망의사를 등록한 자이다.

위 규정은 장기기증의 두 종류인 생체장기기증과 뇌사자 및 사망자 장기기증의 구분과 함께 이해할 필요가 있다. 생체장기기증의 경우, 장기기증을 희망하는 자는 장기등기증자 등록을 통해 장기적출에 이르는 과정을 거치면 된다. 반면, 뇌사자 및 사망자 장기기증의 경우는 기증을 희망하는 자가 살아 있는 경우에는 장기등기증희망자 등록을 통해 기증의사를 밝혀 희망등록절차를 거치면 되고, 이미 뇌사나 사망이 발생한 경우에는 그 가족 또는 유족 중 1명이 등록을 신청할 수 있게 되어 있다. 그런데 장기등기증희망등록을 마친 자에게 뇌사나 사망이 발생했을 때, 장기등기증자로 등록되어야 하는지 아니면 이런 등록절차 없이 바로 장기적출에 대한 동의 요건을 갖춰 적출만 하면 되는지는 불명확하다. 그러나 장기적출에 대한 동의요건에서 알 수 있듯이, 가족이나 유족의 의사가 중요하게 다루어지기 때문에 만약 장기등기증희망자가 장기등기증자로 등록되어야 한다고 해석한다하더라도 이것은 다만 형식적인 요건에 불과할 것이라 판단된다.

4. 뇌사 판정 절차

뇌사판정절차는 우선 뇌사추정자의 신고로부터 시작된다. 뇌사로 추정되는 사람(이하 "뇌사추정자"라 한다)을 진료한 의료기관의 장은 장기구득기관의 장에게 알려야 하고, 통보를 받은 장기구득기관의 장은 국립장기이식관리기관의 장에게 그 사실을 신고하여야 한다(법 제17조 제1항). 다음으로 뇌사판정의 신청으로서, 뇌사추정자의 장기등을 기증하기 위하여 뇌사판정을 받으려는 사람은 뇌사추정자의 검사기록 및 진료담당의사의 소견서를 첨부하여 뇌사판정기관의 장에게 뇌사판정을 신청하여야 하며(법 제17조 제2항) 뇌사판정 신청자는 뇌사추정자의 가족이거나 뇌사추정자의 가족이 없는 경우에는 법정대리인 또는 진료담당의사이다(법 제17조 제3항).

뇌사판정 신청을 받은 뇌사판정기간의 장은 지체 없이 현장에 출동하여 뇌사판정 신청이 된 뇌사추정자(이하 "뇌사판정대상자"라 한다)의 상태를 파악한 후 전문의사 2명 이상과 진료담당의사가 함께 작성한 뇌사조사서를 첨부하여 뇌사판정위원회에 뇌사판정을 요청하여야 한다(법 제18조 제1항). 뇌사판정위원회는 전문의사인 위원 2명 이상과 의료인이 아닌 위원 1명 이상을 포함한 과반수의 출석과 출석위원 전원의 찬성으로 뇌사판정을 하며, 뇌사판정의 기준은 대통령령으로 정해져 있다(법 제18조 제2항).

5. 장기적출의 동의 문제

생체장기기증에 따른 장기적출과 관련하여, 법 제22조 제1항에서 "살아있는 사람의 장기등은 본인이 동의한 경우에만 적출할 수 있다."고 규정한 후, "다만, 16세 이상인 미성년자의 장기등과 16세 미만인 미성년자의 골수를 적출하려는 경우에는 본인과 그 부모(부모가 없고 형제자매에게 골수를 이식하기 위하여 적출하려는 경우에는 법정대리인)의 동의를 함께 받아야 한다."고 규정하고 있다. 따라서 미성년자의 경우 본인과 그 부모의 동의를 함께 받아야 하며, 골수 기증의 경우만 16세 미만도 가능하도록 규정하고 있다.

뇌사자 또는 사망한 자의 장기 적출과 관련된 동의 문제는 법 제22조에서 다음과 같이 규정되어 있다. "본인이 뇌사 또는 사망하기 전에 장기등의 적출에 동의한 경우. 다만, 그 가족 또는 유족이 장기등의 적출을 명시적으로 거부하는 경우는 제외한다." 또한 "본인이 뇌사 또는 사망하기 전에 장기등의 적출에 동의하거나 반대한 사실이 확인되지 아니한 경우로서 그 가족 또는 유족이 장기 등의 적출에 동의한 경우"에 장기 적출이 가능하다. 이 규정은 설사 본인이 동의했더라도 가족이나 유족이 반대하면 장기기증이 이루어지지 않는다는 것을 의미하고, 본인은 장기기증에 동의한 적도 없지만 그렇다고 반대한 사실이 확인되지 않으면 가족이나 유족에 의해 장가기증이 가능하다는 것을 의미한다.

이것은 현행법이 기증자의 의사를 충실하게 존중하거나 명확한 기증자의 의사에 따라서만 장기기증이 이루어지고 있는 것은 아니라는 점을 보여준다. 아마도 이러한 법 규정은 뇌사자의 신체나 사체에 대한 가족 또는 유족의 권한을 폭넓게 인정하고 있음을 보여주는 것이다. 그러나 이것은 생명의료윤리에서 보편적으로 수용되고 있는 '자율성 존중'이란 원칙이 충실하게 존중되고 있지 않음을 보여주는 것이기도 하다.

뇌사자나 사망한 자의 장기 적출 동의와 관련하여, 본인이 뇌사 또는 사망하기 전에 장기등의 적출에 동의하거나 반대한 사실이 확인되지 아니한 경우 가족이나 유족의 동의에 의한 장기기증이 가능하다. 그러나 "다만, 본인이 16세 미만의 미성년자인 경우에는 그 부모(부모 중 1명이 사망·행방불명, 그 밖에 대통령령으로 정하는 부득이한 사유로 동의할 수 없으면 부모 중 나머지 1명)가 장기등의 적출에 동의한 경우로 한정한다."는 단서조항을 두어 16세 미만인 경우에는 유족은 제외하고 부모만 동의하여 적출하도록 규정하고 있다.

6. 장기 기증의 제한 및 지정 기증

일반적으로 장기기증은 무지정 기증이 원칙이며, 법 제26조에 따라 국립장기이식관리기관이 대통령령으로 정하는 선정기준에 따라 이식대상자를 선정하도록 되어 있다. 다만, 법 제26조 제2항에서 "안구의 경우와 이식대상자의 선정을 기다리면 이식 시기를 놓칠 현저한 우려가 있는 경우 등 대통령령으로 정하는 부득이한 사유가 있으면 이식의료기관의 장이 이식대상자를 선정"할 수 있도록 예외를 두고 있으며, 법 제26조 제3항에서 "16세 이상의 장기등기증자와 20세 미만인 사람 중 골수를 기증하려는 사람은 자신의 장기등의 이식대상자를 선정할 수 있다."라는 단서를 두어 기증자가 이식대상자를 선정하는 예외를 두고 있다. 이 경우에도 "본인 또는 배우자의 가족에게 골수를 기증하려는 경우 외에는 보건복지부령으로 정하는 기준과 절차에 따라 미리 국립장기이식관리기 관의 장의 승인을 받아야 한다."는 규정을 부과하고 있다.

미성년자의 장기등 기증의 경우에는 기증의 범위를 제한하는 경우도 있는 데, 법 제11조에서는 "살아있는 사람으로서 16세 이상인 미성년자의 장기등(골수 는 제외한다)은 배우자·직계존비속·형제자매 또는 4촌 이내의 친족에게 이식하는 경우가 아니면 적출할 수 없다."고 규정하고 있다.

7. 법적 쟁점: 한국에서의 죽음의 법적 기준

한국에서 죽음의 법적 기준은 심폐사이다. 그러나 2010년 5월 31일 전면개 정된 「장기등 이식에 관한 법률」은 뇌사자[3] 장기 기증의 경우 뇌사판정위원회 가 뇌사를 판정한 시각을 사망시각으로 한다고 개정하였다. 따라서 동법의 개 정을 통해 장기기증자에 한해서는 뇌사를 죽음의 법적 기준으로 삼고 있다고 해석할 수 있는지 따져 볼 필요가 있다. 개정전 법률에서는 이러한 규정이 존재 하지 않아 통상 뇌사자의 심장을 적출한 시각을 사망시각으로 기록해 왔다.

법률 개정에도 불구하고 뇌사자 장기 이식의 경우라 하더라도 뇌사를 사망 의 기준으로 보고 있다는 견해는 다음과 같은 문제점이 있다. 법 제4조 제5호에 서 "'살아있는 사람'이란 사람 중에서 뇌사자를 제외한 사람을 말하고, '뇌사자' 란 이 법에 따른 뇌사판정기준 및 뇌사판정절차에 따라 뇌 전체의 기능이 되살 아날 수 없는 상태로 정지되었다고 판정된 사람을 말한다."라고 하고 있어 뇌사 자를 사람으로 보고 있다. 또한 "뇌사자 또는 사망한 자"라고 표현하여 뇌사자 와 사망한 자를 구분하고 있는데, 이러한 표현은 장기등의 기증에 관한 동의를 규정하는 법 제12조 제2항, 장기등기증자의 등록에 대해 규정한 법 제14조 제1 항, 장기등의 적출 요건을 규정하고 있는 법 제22조 제3항에서 확인할 수 있다.

뿐만 아니라 뇌사 판정시각을 사망시각으로 한다는 법 제21조의 규정을 좀 더 상세히 살펴보면 장기기증의 경우 전뇌사를 법적인 사망기준으로 삼고 있다

---

3 '뇌사'라고 할 때 전뇌사를 의미하는지 대뇌사를 의미하는지 문맥을 고려하여 판단해야 한다. 「장기등 이식에 관한 법률」에서 말하는 '뇌사'는 전뇌사를 의미한다.

고 보는 것에 무리가 있음을 확인할 수 있다. 법 제21조는 다음과 같이 규정하고 있다. "① 뇌사자가 이 법에 따른 장기등의 적출로 사망한 경우에는 뇌사의 원인이 된 질병 또는 행위로 인하여 사망한 것으로 본다. ② 뇌사자의 사망시각은 뇌사판정위원회가 제18조 제2항에 따라 뇌사판정을 한 시각으로 한다." 단지 제2항에만 주목할 경우 뇌사판정시각이 사망시각이므로 뇌사를 죽음의 기준으로 삼았다는 해석이 가능하지만, 제1항을 주목하면 이런 해석과 충돌하는 표현을 여전히 발견할 수 있다. "뇌사자가 이 법에 따른 장기등의 적출로 사망한 경우"라는 표현이 바로 그것이다. 이 표현은 뇌사자를 사망한 자로 보고 있지 않는다는 것을 의미하며 실질적인 사망원인은 심장과 같은 장기의 적출로 보고 있어, 심폐사를 여전히 법적 기준으로 따르고 있다고 보아야 한다.

물론 뇌사판정을 한 시각을 사망시각으로 한다는 규정이 추가된 것은 장기적출을 시행해야 하는 의사의 심리적 부담을 고려한 것일 수도 있다. 그러나 다른 조항과의 정합성을 고려하지 않은 채 단순히 사망시각에 대한 조항을 추가함으로써 개정된 「장기등 이식에 관한 법률」의 정합성이 다소 훼손되었다고 판단된다.

II. 판례 및 사례

1. 부산지방법원 2010. 10. 15. 선고 2010고합511 판결

가. 범죄사실

피고인은 2010. 7. 23. 12 : 00~14 : 00경 부산 ××구 ××동 ○주공아파트 ×××동 ×××호 자신의 주거지 앞 복도에서 그 전날 찾아왔던 친구인 피해자 이C(46세)과 술을 마시다가 불상의 이유로 싸운 것에 화가나 피해자의 얼굴을 수십 회 때리고, 무릎으로 피해자의 옆구리를 수회 차는 등 피해자를 때려 피해자에게 외상성 경막하 출혈 등의 상해를 가하였다.

피고인은 그로 인하여 피해자에게 경막, 지주막, 뇌간 등 뇌 전반에 뇌출혈을 일으키게 함으로써 2010. 7. 27. 19 : 30경 ◆대학교 ◇병원에서 사망에 이르게 하였다.

나. 피고인 및 변호인의 주장에 대한 판단

(1) 주장의 요지

피고인의 행위와 피해자의 사망이라는 결과 사이에 인과관계를 인정할 수 없다.

(2) 판단(인과관계 인정 여부)

앞서 든 각 증거에 의해 인정되는 다음과 같은 사정, 즉 ① 피고인은 피해자에 대한 판시 폭행 사실을 인정하고 있는데다가, 이 사건 범행 장면을 직접 목격한 김C1은 '피고인이 주먹으로 피해자의 얼굴을 수십 회가량 무자비하게 때렸고 무릎으로 피해자의 옆구리를 차자 피해자가 앞으로 고꾸라지는 것을 보았다. 피해자가 너무 많이 맞아서 얼굴이 부서지고 심각하게 생각하면 죽었을 것 같았다.'라고 진술하여, 피고인이 피해자의 머리 부위를 집중적으로 여러 차례 구타한 사실을 알 수 있는 점, ② 119신고를 받고 구급대원이 현장에 출동했을 때 피해자는 이미 호흡이 제대로 되지 않는 의식불명의 상태에 있었고, 피해자가 응급실로 호송된 후 피해자의 상태를 검사한 담당의사는, 피해자가 외부충격에 의해 뇌출혈(경막하 출혈)의 상해를 입었고 충격에 의해 우뇌 부위가 좌측으로 밀려 뇌 일부분이 목으로 내려가 소뇌를 밀어내고 손상시켜 자가 호흡 및 혈압조절이 불가능한 상태이며, 뇌 대부분이 괴사상태에 있어 수술 시에도 생존 가능성이 10% 미만이고 생존한다고 해도 회생이 불가능한 식물인간 상태가 될 것이라고 설명한 점, ③ 이에 피해자의 가족들이 뇌사상태에 빠진 피해자의 장기기증 의사를 밝힘에 따라 2010. 7. 27. 피해자에 대한 최종적인 뇌사판정이 내려지고 같은 날 19 : 30경 신장 및 간 적출 후 사망한 점, ④ 부검결과에 의하면 부검의는 '좌측 두정부, 귀 뒤 좌상', '왼쪽 두정부 측두, 후두 두피하출혈', '오른쪽 전두부, 측두, 두정 두피하출혈', '뇌부종, 뇌간출혈, 경막하출혈', '대뇌 소뇌 전반적 지주막하출혈' 등의 소견을 밝혔고 사인을 '두부손상'이라고 보고한 점, ⑤ 피해자에 대한 각종 진료기록부 및 부검결과를 토대로 작성된 의료자문보고서에 의하면 검찰청 소속 공중보건의사는 '피해자의 경우 장기 이식을 위한 적출을 하지 않았다 하더라도 뇌사의 필연적인 임상 경과에 따라 2주 이내에 심정지에 이르게 되었을 것이다.'라고 밝히고 있는 점, ⑥ 이 사건이 발생하기 전까지 피해자에게 이 사건 사망과 관련한 다른 건강상의 문제는 없었던 것으로 보이는 점 등을 종합하면, 피고인의 행위로 인해 피해자가 뇌에 심각한 손상을 입고 뇌사상태에 이른 점이 인정된다. 나아가 장기적출로 인하여 그 사망에 이르는 시기가 다소 앞당겨지는 사정이 생긴 사실은 알 수 있으나, 뇌사상태에 빠진 피해자가 조만간 사망에 이를 것이 분명한 터에 피해자 측의 결단에 따라 적법한 절차를 거쳐 장기기증을 위한 장기적출을 하고, 그로 인해 확정적으로 사망에 이르게 된 것은 결국 피고인의 구타행위로 인한 것으로서 그 사망과 피고인의 행위 사이에 밀접한 관련성이 있어 상당인과관계가 인정된다. 따라서 위 주장은 받아들이지 아니한다.

다. 무죄부분

(1) 주위적 공소사실의 요지

피고인은 2010. 7. 23. 12 : 00~14 : 00경 부산 ××구 ××동 ○주공아파트 ×××동

×××호 자신의 주거지 앞 복도에서 그 전날 찾아왔던 친구인 피해자 이C(46세)과 술을 마시다 불상의 이유로 싸운 것에 화가나 주먹으로 피해자의 얼굴을 수십 회 때리고, 무릎으로 피해자의 옆구리를 수회 차는 등 피해자에게 외상성 경막하 출혈 등의 상해를 가하였다.

피고인은 그로 인하여 피해자에게 경막, 지주막, 뇌간 등 뇌 전반에 뇌출혈을 일으키게 함으로써 2010. 7. 27. 14 : 00경 ◆대학교 ◇병원에서 뇌사판정을 받고 사망에 이르게 하였다.

(2) 판 단

검사는, 피해자가 의료기관에서 최종적으로 뇌사판정을 받은 시점에 사망하였다 하여 이를 주위적 공소사실로 삼아 기소하였다. 결국, 위 뇌사판정시점에 피해자가 사망한 것으로 볼 수 있는지 여부가 문제이다.

앞서 든 각 증거에 의하면, 피해자는 이 사건 발생일인 2010. 7. 23. 119구조대원이 현장에 도착했을 때 이미 호흡이 제대로 되지 않는 의식불명의 상태에 있었고, 병원 응급실로 호송된 후에도 뇌 손상으로 자가 호흡 및 혈압조절이 불가능한 혼수상태가 계속되는 상태였던 사실, 의사로부터 피해자의 상태에 관하여 설명을 들은 피해자의 가족들은 피해자의 장기를 기증할 의사를 밝혔고 위와 같은 피해자의 상태에서는 곧바로 뇌사판정을 받아 장기적출을 하여야만 장기이식이 가능했던 사실, 피해자의 가족들이 2010. 7. 24. 장기기증자 등록신청, 뇌사판정신청을 함에 따라 장기기증을 위한 절차가 진행되었고, 2010. 7. 25. 08 : 30경 피해자에 대한 1차 뇌사판정이 내려진 것을 시작으로 뇌파검사 등을 거쳐 2010. 7. 27. 14 : 00경 ◆대학교 ◇병원 뇌사판정위원회에서 최종적으로 제4차 뇌사판정을 내린 사실, 같은 날 19:30경 피해자는 장기적출로 호흡 및 심장박동 등이 정지되어 사망한 사실이 인정된다. 사실관계가 이러하다면 피해자는 위 제4차 뇌사판정을 받기 전에 이미 뇌사상태에 있었을 가능성이 매우 크다고 할 것인데, 뇌사를 사망으로 볼 경우에는 확정적으로 뇌사에 이른 시기를 확정할 수 있는 방법과 기준이 없어 그 사망시점을 도저히 특정할 수 없고, 주위적 공소사실 기재와 같이 의료기관이 구성한 뇌사판정위원회에서 최종적인 뇌사판정을 내린 시점에 사망한 것으로 해석해야 할 아무런 근거가 없을 뿐더러 그 시점을 사망시기로 보는 것은 뇌사상태에 있는 시기 중 뇌사판정 시점이라는 우연한 시점을 사망으로 보는 임의적 의제에 불과하다(장기등 이식에 관한 법률 제17조에서는 뇌사자가 이 법에 의한 '장기등의 적출로 사망한 때'에는 뇌사의 원인이 된 질병 또는 행위로 인하여 사망한 것으로 본다고 규정하고 있어, 이 법률에 의하더라도 뇌사자의 사망시기를 뇌사판정시로 볼 수는 없다).

나아가, 검사는 전뇌사를 뇌사개념으로 채택함에 따라 뇌사자의 경우 길어야 2주 이내에 자연사하는 것이 확실한데 형법상 뇌사를 사망으로 인정하지 않으면 이 사건과 같이 기소 전에 피해자의 장기가 이식된 경우 피고인에게 사망의 책임을 물을 수 없다고 주장하고 있으나, 앞서 살펴본 바와 같이 뇌사상태에서 장기적출로 사망하더라도 피고인의 행위와 사망 간에 상당인과관계가 인정되어 피고인에게 피해자의 사망에 따른 죄책을 묻는 데 큰 지장이 없다고 볼 것이므로, 위 주장 또한 근거가 없다(식물인간의 경우와는 달리 뇌사의 경우 뇌사자가 얼마 지나지 않아 곧 사망에 이르게 된다는 점에서 보면, 중간에 장기적출이 이루어진 경우라 할지라도 피해자를 뇌사에까지 이르게 한 피고인의 행위와 사망 간에 상당인과관계를 인정할 수 있다).

이상과 같은 점을 고려할 때, 뇌사가 장기이식이나 연명치료 중단의 영역에서 일응 중요한 기준이 될 수 있음은 별론으로 하고, 이를 형법상 사망의 개념으로까지 인정할 수는 없다 할 것이므로 주위적 공소사실, 기재와 같이 피해자가 최종 뇌사판정 시점에 사망하였다고 볼 수 없다.

따라서 위 주위적 공소사실은 범죄의 증명이 없는 경우에 해당하여 형사소송법 제325조 후단에 의하여 무죄를 선고하여야 하나, 제1예비적 공소사실에 따라 판시 상해치사죄를 유죄로 인정한 이상 따로 주문에서 무죄 선고를 하지 아니한다.

III. 분 석

위 판례는 장기이식과 관련된 다음의 쟁점을 다루고 있다.

1. 피고인의 행위와 사망이란 결과 사이의 인과관계

위 판례는 피고인의 행위와 피해자의 사망이라는 결과 사이에 인과관계를 인정할 수 있느냐는 문제를 다루고 있다. 피고인의 행위로 인해 피해자가 뇌에 심각한 손상을 입고 뇌사상태에 이른 점을 인정하고, 나아가 뇌사상태에 빠진 피해자가 조만간 사망에 이를 것이 분명하기 때문에 비록 장기적출이 있었더라도 사망과 피고인의 행위 사이에는 밀접한 관련성이 있어 상당인과관계가 인정된다는 것이다. 또한 피고인의 구타행위를 사망의 원인으로 보아야 하는 이유는 「장기등 이식에 관한 법률」(시행 2010. 3.19, 법률 제9932호) 제17조에 근거한 것이기도 하다. 제17조는 "뇌사자가 이 법에 의한 장기등의 적출로 사망한 때에는 뇌사의 원인이 된 질병 또는 행위로 인하여 사망한 것으로 본다."라고 규정하고 있다(현행 「장기등 이식에 관한 법률」 제21조 제1항).

뇌사가 발생했더라도 조만간 사망이 발생하지 않도록 하는 연명치료 등의

제10장 죽음의 기준과 장기이식 189

의학기술이 존재할 수 있다는 이유로 피고인의 행위와 사망 사이의 인과관계를 부정하려는 견해도 있을 수 있다. 현재 건강했던 환자를 대상으로 하더라도 뇌사가 발생한 경우 통상 최대 2주 안에 심폐사가 발생한다고 한다. 그러나 의학기술의 발달로 그 기간을 연장시키는 가능성은 얼마든지 예견할 수 있다. 그러나 그렇다고 하더라도 이것은 뇌사가 심폐사로 이어지는 자연적인 흐름을 인위적으로 지연시키는 것일 뿐이다. 따라서 이것은 뇌사와 심폐사 사이의 인과관계를 부정할 만한 것은 아니라고 판단된다. 물론 판례는 "얼마 지나지 않아 곧 사망에 이르게 된다는 점"을 언급하고는 있다. 하지만, 뇌사 이후 조만간 사망이 발생하느냐 아니냐는 문제가 사망에 이르게 한 인과관계를 판단하는 결정적인 근거가 될 수는 없다고 본다.

2. 뇌사의 경우, 사망 시점 문제

뇌사가 발생한 경우, 사망 시각을 어디로 보아야 하느냐는 문제에 대해 판례는 뇌사 판정을 내린 시각이 아니라, 장기가 적출됨으로써 심폐가 정지하게 된 시각을 사망시각으로 보아야 한다는 입장을 취하고 있다. 판례는 "의료기관이 구성한 뇌사판정위원회에서 최종적인 뇌사판정을 내린 시점에 사망한 것으로 해석해야 할 아무런 근거가 없을 뿐 아니라 그 시점을 사망시기로 보는 것은 뇌사상태에 있는 시기 중 뇌사판정 시점이라는 우연한 시점을 사망으로 보는 임의적 의제에 불과하다."고 판시하고 있다. 따라서 장기이식을 희망하는 경우라도 법률과 법원은 뇌사를 사망의 기준으로 보는 것이 아니라 심폐사를 사망의 기준으로 보고 있음을 분명히 했다.

3. 뇌사자 장기이식이 경우 죽음의 법적 기준

현행 「장기등 이식에 관한 법률」은 제21조 제2항에서 "뇌사자의 사망시각은 뇌사판정위원회가 제18조 제2항에 따라 뇌사판정을 한 시각으로 한다."는 규정을 두고 있어(2010년 5월 31일 전부개정시 신설), 법률이 장기기증을 한 경우에는 심폐사가 아니라 뇌사를 사망의 기준으로 변경했다고 보아야 할 것인지, 아니면 여전히 심폐사를 기준으로 하되 단지 사망의 시점에 대한 기록만을 뇌사판정을 받은 시점으로 하라고 규정한 것으로 보아야 할지 검토할 필요가 있다. 단순히 위 규정만을 고려할 경우에는 적어도 장기를 기증한 경우에는 전뇌사를 사망의 기준으로 보고 있다고 해석할 여지가 있다. 그러나 이러한 견해는 「장기등 이식에 관한 법률」의 다른 규정들을 충분히 고려했다고 볼 수 없다. 이미 앞서 설명했던 바와 같이, 여전히 동법 제4조 제5호에서 뇌사자를 살아있는 사람은 아니지만 사람에 포함된다고 보고 있고, 장기등의 기증에 관한 동의 규정(제12조 제2항), 장기등기증자의 등록에 대한 규정(제14조 제1항), 장기등의 적출 요건에 대한 규정(제22조 제3항)에서 "뇌사자 또는 사망한 자"라는 표현을 사용하면서 뇌사자와 사망한 자를 구별하여 지칭하고 있다. 또한 동법 제21조 제1항에서 "장기등의 적출로 사망한 경우"라는 표현을 사용하고 있어, 여전히 뇌사자 장기이식의 경우에도 심폐사를 죽음의 법적 기준으로 여기게 한다. 따라서 현행법은 심폐사를 사망의 법적 기준으로 하고, 장기이식의 경우 사망 시각을 뇌사판정시각으로 한다고 단순하게 이해하는 것이 현행법에 대한 정합적인 해석이라 판단된다.

IV. 연습문제

1. 심폐사와 전뇌사 및 대뇌사의 차이에 대해 설명하고, 우리나라에서 죽음의 법적 기준이 무엇인지 장기이식의 경우까지를 포함하여 설명하시오. 아울러 다원주의 사회의 특성을 고려하여 죽음의 새로운 법적 기준이 마련될 필요가 있는지 여러분의 견해를 설명해 보시오.

2. 장기기증자와 장기기증희망자가 어떻게 구분되는지 설명하고, 장기기증희망자에게 뇌사 또는 사망이 발생한 경우 장기기증을 위한 절차가 어떻게 진행되는지 설명해 보시오.

3. 장기적출 동의와 관련하여 「장기등 이식에 관한 법률」의 규정 내용을 설명하고, 이러한 규정이 자율성 존중이란 윤리적 원칙을 훼손하고 있다는 비판에 대한 여러분의 견해가 무엇인지 설명해 보시오.

4. 「장기등 이식에 관한 법률」에 따른 뇌사판정절차는 다음과 같다. 동법 제18조 제1항에서는 뇌사판정과 관련하여 전문 의사 2명 이상과 진료담당의사가 함께 작성한 뇌사조사서를 첨부하여 뇌사판정위원회에 뇌사판정을 요청하도록 규정하고, 제18조 제2항에서는 뇌사판정위원회가 전문의사인 위원 2명 이상과 의료인이 아닌 위원 1명 이상을 포함한 과반수의 출석과 출석위원 전원의 찬성으로 뇌사판정을 하도록 규정하고 있다. 그런데 동법 시행령 제13조에서는 별지 제9호 서식에 따라 뇌사조사서를 작성하도록 규정하고, 이 때 신경과 전문의가 1명 이상 포함되어야 한다고 규정하고 있다. 또한 별지 제9호 서식에서는 일부 조사항목에 대해 1차 조사와 2차 조사를 실시하되 판정대상자가 6세 이상인 경우 6시간 간격을 두고 조사하도록 하고 있다. 이와 같은 판정절차가 외국의 입법례와 비교하여 복잡하고, 장기기증 의사를 제대로 실현하지 못한 채 장기가 훼손되는 위험도 있다는 의견이 있다. 혹자는 국내 현실에서는 이식가능한 장기의 훼손을 막기 위해 뇌사판정에 소요되는 시간을 감안하여 미리 판정을 요청하는 경우도 있다고 주장한다. 이와 같은 비판적 시각과 관련하여 현행 뇌사판정절차가 개선되어야 한다면 어떻게 개선되는 것이 좋을지 여러분의 의견을 서술해 보시오.

V. 토론과제

1. 알콜 중독자를 위한 장기기증의 문제

   A씨는 알콜 중독자였다. 그의 잘못된 생활습관으로는 A씨는 간이식이 필요하게 되었다. 간이 나빠진 후에는 술을 끊고 치료에 집중하고 있다. 간이식을 위해 이식대기자로 명단에 올라와 있기는 하지만 언제 이식이 가능할지는 모른다. 이와 같이 스스로의 잘못된 생활습관으로 장기이식이 필요한 경우, 현재 운용 중인 선정기준을 변경하고 장기를 훼손한 책임을 반영하여 점수화해야 하는지 아니면 아예 대기가 불가능하도록 해야 하는지 논의해 보자. 이와 같은 논의가 가능하도록 하기 위해서는 어떤 전제가 옳다고 생각되고 있는지 논의해 보자. 아울러 만약 이런 사고방식이 받아들여질 경우 의료제도에 어떤 변화가 올 것인지 논의해 보자.

2. 장기 획득에 대한 opt-out과 opt-in 방식

   서구에 비해 우리나라는 이식가능한 장기의 구득이 대단히 어려운 실정이다. 장기를 기증하고자 하는 경우 등록을 받도록 하는 것을 흔히 'opt-in' 방식이라 부르고 스페인과 같이 누구든 장기기증을 하는 것으로 생각하고 장기기증을 원하지 않는 경우 거부의사를 밝히도록 하는 것을 'opt-out' 방식이라 한다. 혹자는 우리나라도 'opt-out' 방식으로 전환해야 한다는 주장을 펴기도 한다. 그러나 opt-out 방식을 채택하는 스페인의 장기기증율은 30%로 가장 높은 것은 사실이지만 opt-in 방식을 택하고 있는 미국 등의 서구 국가들 역시 20% 후반을 기록하고 있는 것을 보면 방식의 문제보다 더 중요한 변수가 있다는 견해도 가능하다. 오히려 opt-out 방식을 취함으로써 더 많은 행정비용이 소요될 수 있다는 견해도 있을 수 있다. 우리나라의 경우 장기기증을 증대하기 위해 어떤 노력이 있어야 하는지 논의해 보고, 현재의 opt-in 방식이 opt-out 방식으로 변경될 필요가 있는지, 있다면 어떤 전제조건들이 충족되어야 하는지 논의해 보시오.

VI. 읽을거리

1. 장기이식이나 인공장기에 대한 대안으로서 최근 이종장기이식에 대한 연구가 국내에서 활발히 진행되고 있다. 이와 관련하여 이종장기이식에 대한 국민들의 인식조사 결과에 대해서는 권복규, 김현철, 최경석, "이종장기이식에 대한 우리나라 국민들의 인식조사", 『한국의료윤리교육학회지』, 제8권 제2호, 한국의료윤리교육학회, 2005를 참조하시오.

2. 장기적출 동의문제에 대한 한국과 독일의 장기이식법을 비교하고 있을 뿐만 아니라 장기이식과 관련하여 국내 장기이식법과 독일 장기이식법을 적용범위, 뇌사의 판정, 적출, 분배 등의 항목에 대한 비교분석에 대해서는 주호노, "한국과 독일의 장기이식법에 관한 비교법적 고찰", 한국형사법학회 춘계학술대회 발표자료집, 2006을 참조하시오.

3. 장기적출 동의문제와 관련하여 자율결정권 존중을 강조하면서도 가족의 장기적출 거부권을 의사소통적 측면에서 다룬 입장에 대해서는 이상돈, "뇌사와 인권: 죽음개념의 의사소통이론적 재구성", 『법철학연구』, 제2권, 한국법철학회, 1999.

4. 뇌사의 정의, 뇌사설의 논의 전개과정, 한국의 논의과정, 장기적출의 적법성 요건 등에 대해서는 이인영, "뇌사설에 대한 논의와 수용태도 및 뇌사자로부터의 장기적출의 법률문제", 『한국의료법학회지』 제8권 제2호, 한국의료법학회, 2000, 99-117면을 참조하시오.

5. 사체조직이식의 윤리적 정당성과 사체조직 이용의 윤리 원칙, 관련된 비용과 특허 등의 문제에 대해서는 권복규, "사체조직이식의 윤리적 문제점", 『생명윤리』, 제5권 제2호, 한국생명윤리학회, 2004, 19-29를 참조하시오.

제11장

Law and Bioethics

무의미한 연명치료의 중단

제11장
무의미한 연명치료의 중단

I. 개 요

Law and Bioethics

1. 생의 마감에 대한 결정 논란

인간은 늘 질병 없이 건강한 삶을 영위할 수 있기를 희망한다. 이러한 희망의 바탕 위에서 기존의 의료기술이 가져다주는 약간의 성취에 안주하지 않고 늘 새로운 진단과 처방의 기술을 모색하고 있다. 새로운 의료기술의 개발은 이와 같이 질병에 굴하지 않는 건강한 삶을 오래도록 유지하고자 하는 인간의 희망이 존재하는 한 결코 중단되지 않을 것이다. 역사상 많은 사람들이 그 이전에는 존재하지 않았던 새로운 의료기술의 혜택을 입어 죽음의 문턱에서 삶을 이어갈 수 있었다는 사실을 우리는 익히 알고 있다.

하지만 새로운 의료기술의 개발이 항상 긍정적인 면만 지니고 있는 것은 아닌 듯하다. 우리가 이하에서 다룰 내용이 바로 그 대표적인 예로서, 이는 말하자면 새로운 의료기술이 생명의 연장이 아니라 단지 죽음의 연장일 뿐이라고 느껴지는 상황에서 발생하는 의료적 갈등의 문제라 할 수 있다. 학자들은 이를 간단히 "생의 마감(end-of-life)에 대한 의학적 결정"[1]의 문제 또는 "죽음을 둘러 싼 의료상황"[2]의 문제라고 부르는데, 그 중심에는 무의미한 연명치료를 계속해야 하는 것인지 아니면 그것을 중단하고 환자 자신이 원하는 인격적 죽음을 맞이할 수 있도록 할 것인지에 관한 논란이 자리 잡고 있다.

환자가 원하는 인격적 죽음을 인정해야 한다는 입장은 현대 사회가 기술적 진보의 그늘 아래서 이른바 의학적으로 관리된 죽음의 이미지를 구축하였고, 그 결과 살아날 가망이 없는 환자와 정서적·경제적 고통에 시달리는 그의 가족들은 인격적 죽음 내지 임종이라는 전통적 삶의 일부분을 박탈당한 채, "거의 자동적으로 제공되는 생명 연장 장치"[3]가 제거될 수 있도록 관리자의 선처만을 기다리는 처량한 신세로 전락하게 되었음을 비판하며, 현대 사회가 처해 있는 이러한 의료상황은 의사의 역할과 의무에 관한 인식의 변화와도 맞물려 있음을 지적한다.

히포크라테스 시대의 의사들은 소용없는 치료의 시행을 기피함으로써 자신들을 돌팔이와 구별했다. 히포크라테스 시대의 의사들은 질병을 기존의 치료로는 '손쓸 수 없는' 때가 언제인지 알고 그런 치료를 시행하지 않아야 했다. 히포크라테스 시대의 의술은 가능한 경우에 환자의 건강을 회복시키고, 환자의 고통을 줄이는 데 중점을 두었다. 안타깝게도, 현대에는 의료진이 생명을 연장하려는 노력에 몰두해서 환자를 돌보아야 하는 의무를 빠뜨리는 경우가 종종 있다. 비록 치료가 소용없을지라도, 환자와 환자가 사랑하는 사람들을 보살피는 것은 결코 그렇지 않음을 강조하는 것이 중요하다.[4]

2. 윤리적 딜레마와 법적 실용성

분명히 의사들이 연명치료의 중단을 쉽사리 선택하지 못하는 많은 이유들

---

1 데이비드 토머스머·토머신 쿠시너 편, 김완구·이상헌·이원봉 역, 『탄생에서 죽음까지』, 문예출판사, 1996, 289쪽 참조. 번역문에서는 원래 "생명의 종말end-of-life에 대한 의학적 결정"이라고 되어 있다.
2 이인영, "인공호흡기제거 청구사건 판결의 형사법적 시사점,"『사회적 현안과 형법적 대응의 합리적 모색』(2009년 한국비교형사법학회 춘계학술회의 자료집), 2009, 3쪽 참조.
3 데이비드 토머스머·토머신 쿠시너, 앞의 책, 285쪽.
4 데이비드 토머스머·토머신 쿠시너, 앞의 책, 296쪽.

중의 하나는 그러한 선택이 '환자를 살려내기 위해 가능한 모든 노력을 다하며, 결코 환자의 죽음을 앞당기는 일을 하지 않는다.'는 의사의 직업적 소명에 반한다고 생각하기 때문이라 할 수 있다.[5] 그런데 이러한 의사들의 직업 윤리적 판단은 단순히 윤리적 판단으로만 머물러 있는 것이 아니라 법적 판단으로 이어질 가능성도 있다는 점을 주목해야 한다. 뒤에서 소개할 카렌 퀸란 사건이 발생했던 1975년 미국의 상황을 예로 들면, 당시 미국의사협회(American Medical Association)는 스스로 호흡하는 것이 곤란한 환자에게 부착되어 있던 인공호흡기를 제거하는 행위를 일종의 안락사로서 살해 행위나 다름없다고 규정하고 있었고, 대부분의 의사들도 최후의 순간까지 치료를 계속하는 것이야말로 자신들의 의무라고 느끼고 있었다. 따라서 비록 깨어날 가망이 없는 환자라 하더라도 아직 숨이 붙어 있는 한 그에게 부착된 인공호흡기를 제거하는 것은 이른바 '당대의 의료관행에 비추어 볼 때 통상적인 치료행위로 볼 수 있는 것'이 아니게 되고, 이는 곧 의료과실을 인정하기 위한 법적 판단의 기준을 만족시키는 것으로 여겨졌다.[6]

그렇지만 적극적인 살해 행위(active killing)와 단지 죽을 수 있도록 하는 행위(letting die)는 구별되어야 한다는 관점에서는 위와 같은 판단이 생의 마감에 대한 의학적 결정의 상황을 지나치게 단순화하는 것이라고 비판한다. 사실 이 문제에 관해서는 다양한 학문적 배경을 지닌 전문가 집단 상호간에 그리고 하나의 전문가 집단 내부에서도 다양한 견해들이 대립해 왔으며, 심지어 적극적 살해 행위와 단지 죽을 수 있도록 하는 행위를 달리 취급해야 하는지에 대해서조차 복잡한 찬반의 논의들이 얽혀 있었다.[7] 이 같은 상황에서 결국 사회적 합의를 향한 의미 있는 진전은 무의미한 연명치료의 중단 문제를 둘러싼 일련의 법적 분쟁을 거치면서 이루어졌다고 말할 수 있다. 아마도 추상적인 문제 상황을 염두에 두고 완벽한 해법을 추구하는 것이 아니라, 이미 발생한 구체적인 사실관계의 맥락에서 분쟁을 합리적으로 해결하는 특성 및 전문가 집단만이 아니라 일반 대중의 관심을 이끌어낼 수 있는 특성을 아울러 지닌 사법 판단만의

---

5 데이비드 토머스머·토머신 쿠시너, 앞의 책, 292-3쪽 참조.
6 Gregory E. Pence, *Classic Cases in Medical Ethics*, 4th Edition, New York, McGraw-Hill, 2004, 34쪽 참조.
7 이에 대한 내용은 Robert M. Veatch, *The Basics of Bioethics*, 2nd Edition, Upper Saddle River, Prentice Hall, 2003, 88쪽 이하 참조.

독특한 실용성과도 무관하지 않은 결과였을 것이다.

3. 카렌 퀸란 사건

1975년에 발생한 카렌 퀸란(Karen Quinlan) 사건은 무의미한 연명치료의 일환으로 의식불명의 환자에게 부착된 인공호흡기의 제거가 쟁점이 되었었다. 당시 21세에 불과했던 카렌 퀸란이라는 여성은 친구의 생일파티에서 술을 마시던 전후에 신경안정제 성분이 포함된 약물을 함께 복용한 것이 부작용을 일으켜 호흡 중지 상태에 빠졌고, 친구들의 신고로 출동한 경찰관이 그녀의 호흡을 재개시키는 데는 성공했지만, 혼수상태에 있었던 그녀는 결국 의식을 회복하지 못했다. 병원 측은 혼수상태에서의 얕은 호흡으로 인해 폐의 아래쪽 부위가 감염되는 것을 막기 위하여 그녀의 기관을 절개하고 인공호흡관을 삽입했고, 근육의 경직으로 말미암아 정맥주사를 통한 영양공급이 점점 어려워지자 코를 통해 급식관을 집어넣었다. 수개월이 지나도 카렌의 상태가 개선되지 않고 점점 더 비참하게 변해가는 것을 지켜본 카렌의 가족들은 카렌이 평소에 자신에게 어떤 끔찍한 일이 벌어지더라도 기계에 의존해 식물인간 상태로 연명하기를 원치는 않는다고 말한 적이 두 번 있었다고 증언하면서 병원 측에 인공호흡기의 제거를 요구했으나 병원 측은 그들의 요구를 받아들이지 않았다.

카렌의 가족들은 뉴저지 주 법원에 소를 제기했다. 그리고 언론을 통해 이 사건이 일반인들에게 알려지기 시작하면서 무의미한 연명치료를 계속하는 것이 과연 바람직한 것인지에 대하여 광범위한 사회적 논의가 촉발되었다. 제1심 법원은 가족들의 손을 들어주지 않았다. 카렌이 입원한지 거의 7개월 만에, 제1심 법원은 카렌의 진정한 의사가 무엇인지 문서로 남아 있지 않기 때문에 알 수 없고, 부모가 한 증언은 그것이 곧 그녀의 죽음을 수반하게 되는 한 결정적인 증거로 받아들일 수 없으며, 나아가 이른바 죽을 권리라는 것은 헌법에 의해서 인정되는 권리가 아니라고 판시했다.

하지만 이와 같은 결과는 뉴저지 주 대법원에서 만장일치로 뒤집히게 되었다. 이 과정에서 이미 앞에서 언급했던 미국의사협회의 공식적 입장 즉, 환자에게 부착되어 있던 인공호흡기를 제거하는 행위를 살해 행위나 다름없다고 규정하고 있던 입장의 타당성에도 의문이 제기되었다. 왜냐하면 미국의사협회의 규정은 환자에게 처음부터 인공호흡기를 부착시키지 않는 것은 허용하고 있었기 때문이다. 또한 병원 측이 카렌의 가족들의 요구를 존중하여 인공호흡기의 제거를 허용하는 다른 병원으로 카렌을 전원시켜 주지 않은 점도 정당화되기 어렵다는 점이 지적되었다. 결정적으로, 뉴저지 주 대법원은 혼수상태에 빠져 죽어가는 환자의 가족은 미국 헌법상의 프라이버시권을 기초로 환자에게 부착된 생명유지장치를 제거하여 환자가 죽을 수 있도록 결정할 수 있다고 최초로 판시하였다.[8]

4. 낸시 크루잔 사건

카렌 퀸란 사건이 있은 후 약 15년이 지난 1990년에 이르러 무의미한 연명치료의 중단 문제에 관한 최초의 미국 연방 대법원 판결이 나오게 되었다. 이 판례를 이끌어낸 계기가 된 것은 지속적인 식물인간 상태(persistent vegetative state)에 처해 있었던 낸시 크루잔(Nancy Cruzan)이라는 여성의 생명유지장치 제거를 놓고 벌어진 사건이었다.

낸시 크루잔은 1983년에 치명적인 교통사고를 당했다. 구조대원들이 도착했을 때는 이미 심장이 멎은 상태여서, 심장박동을 재개하기 위한 응급조치가 이루어졌다. 응급조치는 성공적이었으나, 그 사이 이미 그녀의 뇌는 산소 부족으로 인해 심각한 손상을 입었고, 그녀는 곧 지속적인 식물인간 상태에 돌입했다. 사고 후 7년 동안 연명치료가 이루어졌으나, 낸시의 상태는 호전되지 않았고, 그녀의 몸은 점점 더 경직되고 있었다. 앞서 카렌 퀸란 사건에서 카렌의 부모는 인공호흡기의 제거를 원하면서도 급식관의 제거를 요구하지는 않았다. 그 결과 카렌은 인공호흡기를 제거한 이후에도 10년 이상을 더 의식불명인 채로 살아야 했다.[9] 하지만 낸시의 부모는 급식관의 제거를 요구하였다. 따라서 요구사항이 관철되기만 하면 낸시는 비교적 짧은 시간 안에 사망할 것이 분명한 상황이었다.

---

8 카렌 퀸란 사건의 사실관계와 판결 내용에 관한 보다 상세한 서술은 Gregory E. Pence, 앞의 책, 29–39쪽 참조.
9 패소할 경우를 대비하여 병원 측에서 인공호흡기 없이 호흡하는 시간을 차츰 늘려가는 방향으로 독립 호흡에 대한 적응 훈련을 시켰던 결과, 막상 인공호흡기를 제거한 후에도 카렌의 호흡은 중단되지 않을 수 있었다.

미주리 주 검인 법원(probate court)은 낸시의 가족들의 손을 들어주었다. 하지만 미주리 주 대법원에서는 이를 뒤집는 판결을 내렸다. 그 이유는 낸시의 가족들이 그녀의 진정한 의사를 문서의 형태로 확인하고 있는 사전의료지시(advance directives)의 증거를 제출하지 못한 상태에서, 낸시의 가치관이나 삶의 태도 등에 관한 증언도 몇몇 가족들에 의해서만 이루어져 그녀의 진정한 의사에 관하여 "확신을 주는 명확한 증거(clear and convincing evidence)"의 기준[10]을 만족시키지 못했기 때문에, 곧바로 낸시의 죽음을 가져오게 될 급식관의 제거를 승인할 수는 없다는 것이었다.

미주리 주 법원의 판결은 최종적으로는 연방 대법원에 의해서 긍정되었다. 연방 대법원의 판결은 미국 헌법 수정 제14조에 기해 의사능력이 있는 개인에게는, 비록 치료의 거부가 자신의 죽음으로 이어질 경우라 하더라도, 원치 않는 치료를 거부할 수 있는 자유의 이익이 인정된다고 선언했다. 또한 이 판결은 의사능력이 있었던 사람이 나중에 장기간 의사능력이 없는 상태에 놓이게 되었을 경우에, 각 주의 법은 만일 그가 의사능력이 있는 상태였더라면 무엇을 원했을 것인지 입증하고자 할 때, "확신을 주는 명확한 증거의 기준"을 충족할 것을 요구할 수 있다고 판시했다. 그리고 이러한 기준을 요구하고 있던 미주리 주의 법에 따라 판단할 때, 낸시의 가족들은 이를 충족시킬 만한 증거를 제시하지 못했다고 평가했다.

그러나 수개월 후 낸시의 진정한 의사를 확인시켜 주는 생전 발언을 가족이 아닌 동료들의 증언을 통해 주 법원에 제시할 수 있게 됨으로써 최종적으로는 급식관을 제거할 수 있게 되었다.[11]

5. 김할머니 사건

우리나라의 경우에도 무의미한 연명치료의 중단 문제를 둘러싼 의료 윤리 논쟁의 고착 상태는 법적인 분쟁의 해결 과정에서 조금씩 풀려가고 있는 중이

---

10 이 기준은 가장 느슨한 이른바 상대적으로 우월한 증거(preponderance of evidence)의 기준과 가장 엄격한 것인 합리적인 의심의 범위를 넘어서는 증거(evidence beyond a reasonable doubt)의 기준의 중간 정도에 해당하는 입증의 엄격성을 요하는 것이라 할 수 있다.
11 낸시 크루잔 사건의 사실관계와 판결 내용에 관한 보다 상세한 서술은 Gregory E. Pence, 앞의 책, 40-43쪽 참조.

라 할 수 있다. 이른바 "김할머니 사건"으로 알려진 하나의 사건을 통해 무의미한 연명치료를 중단할 수 있기 위한 요건이 무엇인지, 치료 중단의 결정을 내려야 할 시점에 환자가 의식을 회복하고 있지 못할 경우 그의 진정한 의사는 어떻게 확인될 수 있는지, 그리고 무의미한 연명치료의 중단을 요구할 수 있는 권리의 실현을 위해 국가가 법률을 제정해야 할 의무는 존재하는지[12] 등에 대하여 구체적인 제도적 판단이 이루어지게 되었다.

김할머니 사건에 대하여 대법원의 다수의견이 중점적으로 판단하고 있는 문제는 다음과 같은 두 가지 쟁점이라고 할 수 있다.[13] 첫째, 환자의 자기결정권에 기초하여 연명치료의 중단이 허용될 수 있는가? 둘째, 만일 그러하다면 구체적으로 연명치료의 중단이 허용되기 위하여 갖추어야 할 조건은 무엇인가? 첫 번째 쟁점에 관해서 다수의견은 다음과 같은 결론을 내리고 있다. "회복불가능한 사망의 단계에 이른 후에 환자가 인간으로서의 존엄과 가치 및 행복추구권에 기초하여 자기결정권을 행사하는 것으로 인정되는 경우에는 특별한 사정이 없는 한 연명치료의 중단이 허용될 수 있다." 이에 따라 두 번째 쟁점에 관한 판단에서 도출되어야 하는 내용은 대체로 다음의 두 질문으로 압축이 된다. (1) 환자는 언제 회복불가능한 사망의 단계에 이르는가? (2) 환자는 언제 자기결정권을 행사하는 것으로 인정되는가?

대법원 판례의 다수의견에 따르면 "회복불가능한 사망의 단계"란 "의학적으로 환자가 의식의 회복가능성이 없고 생명과 관련된 중요한 생체기능의 상실을 회복할 수 없으며 환자의 신체 상태에 비추어 짧은 시간 내에 사망에 이를 수 있음이 명백한 경우"를 말한다. 이는 달리 말하자면 환자가 "전적으로 기계적인 장치에 의존하여 연명하게 되고, 전혀 회복가능성이 없는 상태에서 결국 신체의 다른 기능까지 상실되어 기계적인 장치에 의하여서도 연명할 수 없는 상태에 이르기를 기다리고 있을 뿐"인 신체 상태로서, 단지 지속적인 식물인간 상태에 있다는 사정만으로는 이러한 단계에 이르렀다고 단정할 수 없다.

다수의견에 따르면 환자가 자기결정권을 행사하는 것으로 볼 수 있으려면 명시적이거나 묵시적인 의사표시가 있어야 한다. 다시 말해서, 요건을 갖추어

---

12 이 문제는 헌법재판소의 결정에서 다루어지고 있다.

13 이하의 내용은 박준석, "존엄사 판단의 기초로서 자연과 목적", 『법철학연구』, 제13권 제2호, 2010, 184-187쪽 참조.

작성된 사전의료지시를 통해 연명치료 거부 내지 중단에 관한 의사를 밝힌 이후 환자의 의사가 바뀌었다고 볼만한 특별한 사정이 없는 경우이거나(명시적 의사표시), 연명치료의 중단을 구하는 환자의 의사가 객관적으로 추정되는 경우라야 한다는 것이다(묵시적 의사표시). 먼저 다수의견은 환자의 명시적인 의사표시가 유효한 사전의료지시로 인정받기 위해서는 "의사결정능력이 있는 환자가 의료인으로부터 직접 충분한 의학적 정보를 제공받은 후 그 의학적 정보를 바탕으로 자신의 고유한 가치관에 따라 진지하게 구체적인 진료행위에 관한 의사를 결정하여야 하며, 이와 같은 의사결정 과정이 환자 자신이 직접 의료인을 상대방으로 하여 작성한 서면이나 의료인이 환자를 진료하는 과정에서 위와 같은 의사결정 내용을 기재한 진료기록 등에 의하여 진료 중단 시점에서 명확하게 입증될 수 있어야" 한다고 말한다. 그리고 이러한 사전의료지시가 없는 경우에는 "환자의 평소 가치관이나 신념 등에 비추어 연명치료를 중단하는 것이 객관적으로 환자의 최선의 이익에 부합한다고 인정되어 환자에게 자기결정권을 행사할 수 있는 기회가 주어지더라도 연명치료의 중단을 선택하였을 것이라고 볼 수 있는 경우에는 그 연명치료 중단에 관한 환자의 의사를 추정할 수 있다"고 한다.

요컨대 대법원 판례의 다수의견이 취하고 있는 입장은 환자의 "의사"가 분명한 경우에는 그 의사를 우선적으로 존중해야 하지만, 그것이 분명하지 않은 경우에는 무엇이 환자에게 "최선의 이익"이 될 수 있는지를 객관적으로 판단해야 한다는 것으로 이해될 수 있다.[14]

6. 사회적 파장과 남겨진 문제들

물론 김할머니 사건에 대한 대법원의 판결이 무의미한 연명치료의 중단 문제, 나아가 생의 마감에 대한 의학적 결정 문제에 관한 논란을 최종적으로 해결하는 것은 아니다. 오히려 이에 대해서는 (1) 의사결정능력이 있는 환자의 명시적인 자기결정권 행사의 제한 여부 및 범위, (2) 신생아 등과 같이 처음부터 의

---

14 이러한 다수의견의 입장에 대하여 환자의 자기결정권을 기초로 판단하는 한, 환자의 최선의 이익에 대한 객관적인 판단으로 환자의 추정적 의사를 대신할 수 없다는 반대의견이 존재한다.

사결정능력이 없었을 경우 대리인에 의한 연명치료 중단 결정의 가부, (3) 연명치료 중단 여부의 결정 절차 등의 여러 문제들에 대해서 다루고 있지 못하므로, 앞으로 이들에 관한 연구와 검토가 이루어져야 한다는 점이 지적되고 있다.[15] 그럼에도 불구하고 이 사건에 대한 판결은 우리사회에서 벌어진 바 있던 기존의 어떠한 이론적 논쟁보다 강력한 사회적 영향력을 행사하고 있다는 평가를 받기에 부족함이 없을 것 같다. 판결이 내려진 이후, 시민사회와 의료현장을 중심으로 사전의료지시(advance directives)의 작성 운동이 펼쳐지고, 의사단체들이 "연명치료 중지에 관한 지침"을 발표했으며, 국회에서는 의원들이 관련 법안을 제출하기도 하였다. 한 마디로 이 판결은 "죽음의 선택"이라는 화두에 대한 시민들의 관심을 극적으로 환기시켰다고 말할 수 있다.

Ⅱ. 판례 및 사례

Law and Bioethics

1. 대법원 2009. 5. 21. 선고 2009다17417 판결(전합)

가. 의료계약에 따른 진료의무의 내용

환자가 의사(의사) 또는 의료기관(이하 '의료인'이라 한다)에게 진료를 의뢰하고, 의료인이 그 요청에 응하여 치료행위를 개시하는 경우에 의료인과 환자 사이에는 의료계약이 성립된다. 의료계약에 따라 의료인은 질병의 치료 등을 위하여 모든 의료지식과 의료기술을 동원하여 환자를 진찰하고 치료할 의무를 부담하며 이에 대하여 환자 측은 보수를 지급할 의무를 부담한다.

질병의 진행과 환자 상태의 변화에 대응하여 이루어지는 가변적인 의료의 성질로 인하여, 계약 당시에는 진료의 내용 및 범위가 개괄적이고 추상적이지만, 이후 질병의 확인, 환자의 상태와 자연적 변화, 진료행위에 의한 생체반응 등(이하 '환자의 건강상태 등'이라 한다)에 따라 제공되는 진료의 내용이 구체화되므로,

15 이러한 지적으로는 노태헌, "연명치료 중단의 허부 및 허용요건", 『인간의 존엄·가치와 생명권』(대법원 헌법연구회·한국헌법학회 제56회 공동학술대회 자료집), 2009, 106쪽 참조.

의료인은 환자의 건강상태 등과 당시의 의료수준 그리고 자기의 지식경험에 따라 적절하다고 판단되는 진료방법을 선택할 수 있는 상당한 범위의 재량을 가진다(대법원 1992. 5. 12. 선고 91다23707 판결, 대법원 2007. 5. 31. 선고 2005다5867 판결 등 참조).

그렇지만 환자의 수술과 같이 신체를 침해하는 진료행위를 하는 경우에는 질병의 증상, 치료방법의 내용 및 필요성, 발생이 예상되는 위험 등에 관하여 당시의 의료수준에 비추어 상당하다고 생각되는 사항을 설명하여 당해 환자가 그 필요성이나 위험성을 충분히 비교해 보고 그 진료행위를 받을 것인지의 여부를 선택하도록 함으로써 그 진료행위에 대한 동의를 받아야 한다(대법원 1994. 4. 15. 선고 92다25885 판결, 대법원 2002. 10. 25. 선고 2002다48443 판결 등 참조). 환자의 동의는 헌법 제10조에서 규정한 개인의 인격권과 행복추구권에 의하여 보호되는 자기결정권을 보장하기 위한 것으로서, 환자가 생명과 신체의 기능을 어떻게 유지할 것인지에 대하여 스스로 결정하고 진료행위를 선택하게 되므로, 의료계약에 의하여 제공되는 진료의 내용은 의료인의 설명과 환자의 동의에 의하여 구체화된다고 할 수 있다.

나. 생명과 관련된 진료의 거부 또는 중단

자기결정권 및 신뢰관계를 기초로 하는 의료계약의 본질에 비추어 강제진료를 받아야 하는 등의 특별한 사정이 없는 한 환자는 자유로이 의료계약을 해지할 수 있다 할 것이며(민법 제689조 제1항), 의료계약을 유지하는 경우에도 환자의 자기결정권이 보장되는 범위 내에서는 제공되는 진료행위의 내용 변경을 요구할 수 있을 것이다.

따라서 환자의 신체 침해를 수반하는 구체적인 진료행위가 환자의 동의를 받아 제공될 수 있는 것과 마찬가지로, 그 진료행위를 계속할 것인지 여부에 관한 환자의 결정권 역시 존중되어야 하며, 환자가 그 진료행위의 중단을 요구할 경우에 원칙적으로 의료인은 이를 받아들이고 다른 적절한 진료방법이 있는지를 강구하여야 할 것이다.

그러나 인간의 생명은 고귀하고 생명권은 헌법에 규정된 모든 기본권의 전제로서 기능하는 기본권 중의 기본권이라 할 것이므로, 환자의 생명과 직결되는 진료행위를 중단할 것인지 여부는 극히 제한적으로 신중하게 판단하여야 한다.

다. 회복불가능한 사망 단계에 진입한 환자에 대한 진료중단의 허용 요건

(1) 의학적으로 환자가 의식의 회복가능성이 없고 생명과 관련된 중요한 생체기능의 상실을 회복할 수 없으며 환자의 신체 상태에 비추어 짧은 시간 내에 사망에 이를 수 있음이 명백한 경우(이하 '회복불가능한 사망의 단계'라 한다)에 이루어지는 진료행위(이하 '연명치료'라 한다)는 원인이 되는 질병의 호전을 목적으로 하는 것이 아니라 질병의 호전을 사실상 포기한 상태에서 오로지 현 상태를 유지하기 위하여 이루어지는 치료에 불과하므로, 그에 이르지 아니한 경우와는 다른 기준으로 진료중단 허용 가능성을 판단하여야 한다.

환자가 회복불가능한 사망의 단계에 진입한 경우, 환자는 전적으로 기계적인 장치에 의존하여 연명하게 되고, 전혀 회복가능성이 없는 상태에서 결국 신체의 다른 기능까지 상실되어 기계적인 장치에 의하여서도 연명할 수 없는 상태에 이르기를 기다리고 있을 뿐이므로, 의학적인 의미에서는 치료의 목적을 상실한 신체 침해 행위가 계속적으로 이루어지는 것이라 할 수 있으며, 이는 죽음의 과정이 시작되는 것을 막는 것이 아니라 자연적으로는 이미 시작된 죽음의 과정에서의 종기를 인위적으로 연장시키는 것으로 볼 수 있다.

생명권이 가장 중요한 기본권이라고 하더라도 인간의 생명 역시 인간으로서의 존엄성이라는 인간 존재의 근원적인 가치에 부합하는 방식으로 보호되어야 할 것이다. 따라서 이미 의식의 회복가능성을 상실하여 더 이상 인격체로서의 활동을 기대할 수 없고 자연적으로는 이미 죽음의 과정이 시작되었다고 볼 수 있는 회복불가능한 사망의 단계에 이른 후에는, 의학적으로 무의미한 신체 침해 행위에 해당하는 연명치료를 환자에게 강요하는 것이 오히려 인간의 존엄과 가치를 해하게 되므로, 이와 같은 예외적인 상황에서 죽음을 맞이하려는 환자의 의사결정을 존중하여 환자의 인간으로서의 존엄과 가치 및 행복추구권을 보호하는 것이 사회상규에 부합되고 헌법정신에도 어긋나지 아니한다고 할 것이다.

그러므로 회복불가능한 사망의 단계에 이른 후에 환자가 인간으로서의 존엄과 가치 및 행복추구권에 기초하여 자기결정권을 행사하는 것으로 인정되는 경우에는 특별한 사정이 없는 한 연명치료의 중단이 허용될 수 있다.

(2) 환자가 회복불가능한 사망의 단계에 이르렀을 경우에 대비하여 미리 의료인에게 자신의 연명치료 거부 내지 중단에 관한 의사를 밝힌 경우(이하 '사전의료지시'라 한다)에는 비록 진료 중단 시점에서 자기결정권을 행사한 것은 아니지만 사전의료지시를 한 후 환자의 의사가 바뀌었다고 볼 만한 특별한 사정이 없는 한 사전의료지시에 의하여 자기결정권을 행사한 것으로 인정할 수 있다.

다만, 이러한 사전의료지시는 진정한 자기결정권 행사로 볼 수 있을 정도의 요건을 갖추어야 한다. 따라서 의사결정능력이 있는 환자가 의료인으로부터 직접 충분한 의학적 정보를 제공받은 후 그 의학적 정보를 바탕으로 자신의 고유한 가치관에 따라 진지하게 구체적인 진료행위에 관한 의사를 결정하여야 하며, 이와 같은 의사결정 과정이 환자 자신이 직접 의료인을 상대방으로 하여 작성한 서면이나 의료인이 환자를 진료하는 과정에서 위와 같은 의사결정 내용을 기재한 진료기록 등에 의하여 진료 중단 시점에서 명확하게 입증될 수 있어야 비로소 사전의료지시로서의 효력을 인정할 수 있다.

환자 본인의 의사에 따라 작성된 문서라는 점이 인정된다고 하더라도, 의료인을 직접 상대방으로 하여 작성하거나 의료인이 참여한 가운데 작성된 것이 아니라면, 환자의 의사결정능력, 충분한 의학적 정보의 제공, 진지한 의사에 따른 의사표시 등의 요건을 갖추어 작성된 서면이라는 점이 문서 자체에 의하여 객관적으로 확인되지 않으므로 위 사전의료지시와 같은 구속력을 인정할 수 없고, 아래에서 보는 바와 같이 환자의 의사를 추정할 수 있는 객관적인 자료의 하나로 취급할 수 있을 뿐이다.

(3) 한편, 환자의 사전의료지시가 없는 상태에서 회복불가능한 사망의 단계에 진입한 경우에는 환자에게 의식의 회복가능성이 없으므로 더 이상 환자 자신이 자기결정권을 행사하여 진료행위의 내용 변경이나 중단을 요구하는 의사를 표시할 것을 기대할 수 없다. 그러나 환자의 평소 가치관이나 신념 등에 비추어 연명치료를 중단하는 것이 객관적으로 환자의 최선의 이익에 부합한다고 인정되어 환자에게 자기결정권을 행사할 수 있는 기회가 주어지더라도 연명치료의 중단을 선택하였을 것이라고 볼 수 있는 경우에는 그 연명치료 중단에 관한 환자의 의사를 추정할 수 있다고 인정하는 것이 합리적이고 사회상규에

부합된다.

이러한 환자의 의사 추정은 객관적으로 이루어져야 한다. 따라서 환자의 의사를 확인할 수 있는 객관적인 자료가 있는 경우에는 반드시 이를 참고하여야 하고, 환자가 평소 일상생활을 통하여 가족, 친구 등에 대하여 한 의사표현, 타인에 대한 치료를 보고 환자가 보인 반응, 환자의 종교, 평소의 생활 태도 등을 환자의 나이, 치료의 부작용, 환자가 고통을 겪을 가능성, 회복불가능한 사망의 단계에 이르기까지의 치료 과정, 질병의 정도, 현재의 환자 상태 등 객관적인 사정과 종합하여 환자가 현재의 신체 상태에서 의학적으로 충분한 정보를 제공받는 경우 연명치료 중단을 선택하였을 것이라고 인정되는 경우라야 그 의사를 추정할 수 있을 것이다.

(4) 환자 측이 직접 법원에 소를 제기한 경우가 아니라면, 환자가 회복불가능한 사망의 단계에 이르렀는지 여부에 관하여는 전문의사 등으로 구성된 위원회 등의 판단을 거치는 것이 바람직하다.

라. 이 사건에 대한 판단

원심판결 이유에 의하면, 원심은 환자가 회생가능성이 없는 회복 불가능한 사망과정에 진입한 경우에 환자의 진지하고 합리적인 치료중단 의사가 추정될 수 있다면 사망과정의 연장에 불과한 진료행위를 중단할 수 있다는 취지로 판단하였는바, 원심이 연명치료 중단의 기준으로 삼은 위와 같은 사유는 위에서 살펴 본 회복불가능한 사망의 단계에 이른 경우의 연명치료 중단에 관한 법리와 같은 취지이므로 정당하고, 거기에 연명치료 중단의 허용기준에 관한 법리를 오해한 위법이 없다.

Ⅲ. 분 석

1. 연명치료 중단의 허용기준에 내재된 논리[16]

가. 위에서 살펴본 바와 같이 대법원의 판결은 연명치료 중단의 허용 여부를 판단함에 있어서 환자의 신체상태라는 객관적 요건("회복불가능한 사망의 단계")과 함께 환자의 의사라는 주관적 요건("사전의료지시" 또는 "추정적 의사")을 고려하고 있다. 또한 환자의 의사를 추정하는 과정에서 "최선의 이익" 기준을 제시하고 있는 점에서 보면 이익형량적 접근을 하고 있음을 알 수 있다. 그렇지만 판례가 명시적으로 언급하지 않는 다른 관점 내지 논리가 판결문의 곳곳에 내재되어 있는 것으로 보인다. 그것은, 다소 불분명하기는 하지만, 간단히 "자연적 사고"와 "목적적 사고"라는 말로 표현될 수 있을 것 같다.

(1) 먼저 대법원 판결의 근저에 놓여 있는 이른바 "자연적 사고"의 흔적은 대법원이 연명치료의 중단을 허용하는 것에 어떠한 의미를 부여하고 있는지를 살펴봄으로써 확인할 수 있다. 다수의견에 따르면 "환자가 회복불가능한 사망의 단계에 진입한 경우, 환자는 전적으로 기계적인 장치에 의존하여 연명하게 되고, … 이는 죽음의 과정이 시작되는 것을 막는 것이 아니라 자연적으로는 이미 시작된 죽음의 과정에서의 종기를 인위적으로 연장시키는 것으로 볼 수 있다"고 한다. 이 말은 단순히 '실패한 것이 명백한 의료적 개입은 중지되는 것이 옳다'는 결과주의적 입장을 선언하는 것으로 이해되어서는 안 된다. 오히려 결과주의의 전제로서 의료적 개입의 명백한 실패 여부를 판정할 수 있는 기준이 과연 제시될 수 있는가라는 회의적 물음에 응답하고 있는 것으로 보아야 할 것이다. 그리고 제안된 기준이 과연 타당한 것인지에 대하여 이른바 반자연적 상태에 대한 상식적인 거부감을 들어 비호하고 있는 것이라 할 수 있다.

이와 유사한 견해는 대법관 김지형, 차한성의 보충의견에서도 발견된다. 그에 따르면 "진료가 의학적으로 무의미하고 오히려 진료에 의하여 인간으로서의

---

16 이하의 분석에 대해서는 박준석, 앞의 글, 187쪽 이하 참조.

존엄과 가치가 침해되는 것으로 인정될 수 있으며 환자가 명시적으로 자기결정 권을 행사한 경우나 이를 추정할 수 있는 경우에 진료를 중단하는 것은, 인위적 으로 생명을 침해하는 것이 아니라 오히려 인위적인 신체 침해 행위에서 벗어 나 환자의 생명을 환자 자신의 자연적인 신체 상태에 맡기도록 하는 것"이라고 한다. 요컨대 이러한 견해들은 연명치료의 중단에 "자연적 상태로의 복귀"라는 의미를 부여하고 있음을 알 수 있다.

(2) 다음으로 대법원 판결의 근저에 놓여 있는 이른바 "목적적 사고"의 흔 적을 살펴보도록 하자. 이에 대해서는 대법원이 인정하고 있는 연명치료 중단 의 목적은 오로지 환자 자신의 인간으로서의 존엄과 가치를 존중하기 위함이라 는 점을 통해 확인할 수 있다. '회복불가능한 사망의 단계에 이른 환자의 의사 를 존중하여 연명치료의 중단을 허용할 수 있다'는 취지로 설명되는 다수의견의 입장은 일견 매우 타당한 것처럼 보이지만, 환자의 의사가 존중되기 위해서는 왜 반드시 회복불가능한 사망의 단계에 이르러야 하는지[17]를 생각해 보면 위와 같은 설명만으로는 다수의견의 판단이 정당화될 수 있다는 확신을 심어주기에 는 부족하다는 점을 인식하게 된다.

따라서 다수의견의 취지를 제대로 이해하기 위해서는 "회복불가능한 사망 의 단계에 이른 후에는, 의학적으로 무의미한 신체 침해 행위에 해당하는 연명 치료를 환자에게 강요하는 것이 오히려 인간의 존엄과 가치를 해하게 되므로" 죽음을 맞이하려는 환자의 의사를 존중해야 한다고 언급한 점에 주목할 필요가 있다. 이는 연명치료의 중단이 정당화되기 위해서는 그것이 인간의 존엄과 가 치를 존중해야 한다는 궁극적 목적에 부합해야 함을 밝히고 있기 때문이다.

이와 관련하여 대법관 김지형, 차한성의 보충의견도 주목할 필요가 있다. 보충의견은 다음과 같이 적고 있다. "회복불가능한 사망의 단계에 진입하였다 는 사정만으로 모든 환자에 대한 연명치료가 인간으로서의 존엄과 가치를 해하 는 것으로 볼 수는 없다. 환자의 가치관이나 신념 등에 따라 신체 침해를 수반 하는 연명치료의 계속이 인간으로서의 존엄과 가치를 해하는 것으로 받아들일 것인지 여부가 달라질 수 있[다.]" 이 말이 의미하는 바는 단순히 연명치료의

---

17 이에 대해서는 최경석, "자발적인 소극적 안락사와 소위 '존엄사'의 구분 가능성", 『한국의료윤리학회지』, 제12권 제1호, 2009, 73쪽 참조.

중단이 허용되기 위해서는 환자가 회복불가능한 사망의 단계에 진입했다는 객관적 정황 외에 일정한 주관적 요소에 따른 정당화가 필요하다는 것만이 아니다. 보다 중요한 함의는 그러한 주관적 요소가 단지 환자의 자기결정이라는 "의지적(volitional) 요소"만을 뜻하는 것이 아니라, 그의 가치관이나 신념이라는 "의도적(intentional or purposive) 요소"도 포함한다는 것이다. 다시 말해서 단지 환자가 그렇게 결정했다는 점만이 아니라 환자가 왜 그렇게 결정했는가가 더욱 중요하다는 것이다.

IV. 연습문제

1. 생의 마감(end-of-life)에 대한 의학적 결정의 문제와 관련하여 죽음에 대한 인식과 의사의 역할에 대한 인식에 있어서 각각 어떻게 다른 견해들이 대립하고 있는가?

2. 카렌 퀸란(Karen Quinlan) 사건의 역사적 의의는 무엇이며, 동 사건의 판단에서 주로 다투어진 사항은 어떤 것이었는가?

3. 낸시 크루잔(Nancy Cruzan) 사건에서 미국 연방 대법원의 주요 판시 사항은 어떤 것이었는가?

4. 김할머니 사건에서 대법원 다수의견이 제시한 연명치료 중단의 허용 요건은 무엇인가?

5. 김할머니 사건에 대한 대법원 판결 이후 대한의사협회·대한의학회·대한병원협회가 공동으로 마련한 『연명치료 중지에 관한 지침』의 핵심적인 내용을 정리해 본다면?

V. 토론과제

1. 환자에게 인공호흡기를 부착시키지 않는 행위와 이미 부착시켰던 인공호흡기를 제거하는 행위를 구별하고 각각 달리 평가하고자 하는 입장에서는 전자가 부작위에 해당하는 반면에 후자는 적극적인 작위에 해당한다는 점을 강조한다. 이는 통상 형법이 처벌의 대상으로 하는 행위는 작위의 형태로 규정되어 있으며, 그 경우 부작위가 당해 형벌 규정의 적용 대상이 되기 위해서는 그것이 예외적으로 작위에 의한 규정 위반과 동일시될 수 있을 경우에 한한다는 사정과 관련되어 있을 것 같다. 이제 이러한 사정을 고려할 때 인공호흡기를 부착하지 않는 행위와 인공호흡기를 제거하는 행위를 실제로 달리 평가하게 되는 것인지 검토해 보자.

2. 김할머니 사건에 대한 대법원 판결은 한편으로는 죽음에 관한 과정적 정의를 채택하고 있는 반면에, 다른 한편으로는 회복불가능한 사망의 단계와 그 이전의 단계를 구분 짓는 명확한 자연적 기준선이 존재한다고 보는 듯하다. 이러한 두 견해가 하나의 입장으로 결합될 수 있다고 보는가?

Ⅵ. 읽을거리

Law and Bioethics

1. 김할머니 사건에 대한 대법원 판결 내용에 대한 상세한 소개로는 노태헌, "연명치료 중단의 허부 및 허용요건", 『인간의 존엄·가치와 생명권』(대법원 헌법연구회·한국헌법학회 제56회 공동학술대회 자료집), 2009, 53면 이하를 참조하시오.

2. 김할머니 사건에 대한 대법원 판결의 의미를 그 철학적 배경이라는 측면에서 분석하고 있는 글로는 박준석, "존엄사 판단의 기초로서 자연과 목적", 『법철학연구』, 제13권 제2호, 2010, 181-202면을 참조하시오.

3. 무의미한 연명치료의 중단 사례가 갖는 형사법적 의미와 헌법적 의미에 대한 분석으로는 이인영, "인공호흡기제거 청구사건 판결의 형사법적 시사점", 『사회적 현안과 형법적 대응의 합리적 모색』(2009년 한국비교형사법학회 춘계학술회의 자료집), 2009, 1-52면과 정철, "연명치료중단 판결의 헌법적 검토", 『서울대학교 법학』, 제50권 제4호, 2009, 111-40면을 각각 참조하시오.

4. 카렌 퀸란 사건과 낸시 크루잔 사건의 재판 과정에 대한 상세한 소개에 대해서는 Gregory E. Pence, Classic Cases in Medical Ethics, 4th Edition, New York, McGraw-Hill, 2004, 29-43면을 참조하시오.

제12장
Law and Bioethics

안락사 및 의사조력자살

제12장
안락사 및 의사조력자살

I. 개 요

Law and Bioethics

1. 무의미한 연명치료의 중단과 안락사

무의미한 연명치료의 중단 문제 외에도 널리 생의 마감에 관한 의사 결정 (end-of-life decision making)이 논란의 대상이 될 수 있는 사례들이 존재한다. 예컨 대 안락사 및 의사조력자살(physician-assisted suicide)의 사례가 그 대표적인 예라고 말할 수 있다. 전통적으로 안락사나 의사조력자살이 윤리적 또는 법적으로 허용될 수 있는 것인지를 놓고 숱한 논의가 있었고, 그러한 상황은 현재까지도 계속되고 있다.

안락사와 의사조력자살의 문제에 관해 구체적으로 살펴보기에 앞서 우선 그것이 무의미한 연명치료의 중단 문제와 어떻게 구별될 수 있는지에 대해 간단히 언급하고 넘어갈 필요가 있을 것이다. 첫째, 무의미한 연명치료의 중단 문제가 의료기술의 발전과 더불어 비교적 최근에 논란이 되기 시작한 것인 반면에, 안락사 등의 문제는 이미 오래 전부터 논의되어 왔던 것이라 할 수 있다. 기록상으로 보면 고대 그리스의 학자들 또한 이미 안락사 등의 문제에 관하여 진지하게 고민했었음을 알 수 있다.[1] 둘째, 무의미한 연명치료의 중단 문제가 의료기술의 과도한 적용과 개입에 대한 비판과 자성을 배경으로 한 것이라면, 안락사 등의 문제는 전통적인 의료기술의 한계 영역에서 죽음을 택하는 것이 과연 합당한 의사 결정으로 인정될 수 있는지에 대한 갈등과 고뇌를 배경으로 한 것이라 할 수 있다. 최선의 의료기술로서도 더 이상 건강의 회복이나 고통의 완화를 가져올 수 없다는 점이 명백한 상황이라면, 굳이 연명치료조차 무의미하게 되는 극한의 순간까지 기다리게 할 필요 없이, 안락사 등이 환자에게 주어진 선택지 중의 하나가 된다고 말할 수 있을 것인가? 아니면 그러한 상황에서도 인간이 삶이 아닌 죽음을 선택하는 것은 결코 정당화될 수 없다고 볼 것인가?

2. 의사조력자살과 안락사

의사조력자살이란 최선의 의료기술로서도 더 이상 건강의 회복이나 고통의 완화를 가져올 수 없다는 점이 명백한 상황에서 환자가 의사로부터 자신의 죽음을 앞당길 수 있는 수단을 제공받아 스스로 목숨을 끊는 경우를 말한다. 이러한 의사조력자살을 굳이 안락사와 구별할 필요가 있는 것인지, 만일 그렇다면 어떠한 측면에서 구별될 수 있을 것인지 등에 대해서는 견해가 갈릴 수 있는데, 이 문제를 검토하기 위해서는 우선 안락사의 유형을 구분하는 데 사용되고 있는 몇 가지 기준들에 대해 살펴볼 필요가 있다. 그러한 기준들에 따르면 첫째, 안락사는 그것을 통해 죽음을 맞게 될 사람의 의사에 따른 것인가 아니면 그의 의사에 반하거나 최소한 그의 의사와 무관하게 결정된 것인가에 따라 자발적(voluntary) 안락사와 반자발적(involuntary) 안락사 및 비자발적(non-voluntary) 안락사로 구별될 것이다. 둘째, 안락사는 그것을 통해 죽음을 맞게 될 사람이 손수 자신을 죽음에 이르게 하는 조치를 실행하는가 아니면 타인이 그러한 조치를 실행하는가에 따라 능동적(self-administered) 안락사와 수동적(other-administered) 안락

---

1 데이비드 토머스머·토머신 쿠시너 편, 김완구·이상헌·이원봉 역, 『탄생에서 죽음까지』, 문예출판사, 1996, 353쪽 이하 참조.

사로 구별될 수 있다. 셋째, 안락사는 또한 그 대상자를 죽음에 이르게 하는 조치의 성격에 따라 적극적(active) 안락사와 소극적(passive) 안락사로 구별되기도 한다.[2] 대체로 전자는 죽음을 적극적으로 유발하는 조치를 통한 안락사인데 비해, 후자는 단지 죽음의 진행을 막기 위한 수단에 의존하기를 포기하거나 기왕에 의존하고 있던 수단으로부터 자유롭게 하는 조치를 통해 죽음에 이르게 하는 안락사를 뜻한다.

안락사와 의사조력자살의 구별에 특별한 의의를 부여하고자 하는 입장에서는 당연히 위의 분류 기준들 중에서 능동적 안락사와 수동적 안락사의 구별 기준 즉, 죽음을 맞게 될 사람이 손수 자신을 죽음에 이르게 하는 조치를 실행하는지 여부가 윤리적 관점에서 매우 중요하다고 보게 될 것이다. 특히 '타인의 자살을 방조하는 행위'를 범죄로 취급하지 않는 국가에서라면 그러한 구별 기준이 법적인 관점에서도 중요하다고 말할 수 있을 것이다. 왜냐하면 능동적 안락사의 범주에 속하는 의사조력자살의 경우, 손수 자신을 죽음에 이르게 하는 조치를 실행하는 본인은 여느 자살행위자와 마찬가지로 처벌의 대상이 되지 않으며, 그러한 조치의 실행을 도운 의사 역시 '타인의 자살을 방조하는 행위'를 한 것에 불과하므로 처벌의 대상이 되지 않지만, 수동적 안락사의 경우 그 대상자를 죽음에 이르게 하는 조치를 타인이 실행하는 것은 결국 그 타인이 안락사의 대상자를 살해하는 것과 같아서 살인죄의 처벌 대상이 될 수 있기 때문이다.

그러나 주지하는 바와 같이 우리 형법은 '타인의 자살을 방조하는 행위'를 처벌하는 조항[3]을 두고 있기 때문에 위와 같은 평가가 유지될 수는 없다. 물론 자살방조죄(형법 제252조 제2항)로 처벌받는 것[의사조력자살]과 살인죄(형법 제250조 제1항)로 처벌받는 것[수동적 안락사] 간의 형량의 차이를 간과해서는 안 된다. 전자의 경우는 법정형이 "1년 이상 10년 이하의 징역"으로 되어 있으나, 후자의 경우는 "사형, 무기 또는 5년 이상의 징역"으로 되어 있는 만큼 양자의 차이는

---

2 학자에 따라서는 직접적(directive) 안락사와 간접적(indirective) 안락사라는 표현을 사용하기도 한다. 예컨대 김상득, 『생명의료윤리학』, 철학과 현실사, 2000, 295쪽 참조. 그렇지만 이는 기본적으로 적극적(active) 안락사와 소극적(passive) 안락사의 구분이 의도하는 바와 동일한 내용을 달리 표현한 것으로 볼 수 있을 뿐 아니라, 뒤에서 살펴볼 형법학 분야에서의 전통적인 분류 체계와 관련해서도 불필요한 용어상의 혼란을 초래할 수 있기 때문에 그다지 적절해 보이지는 않는다. 유사한 지적으로는 최경석, "자발적인 소극적 안락사와 소위 '존엄사'의 구분 가능성", 『한국의료윤리학회지』, 제12권 제1호, 2009, 65쪽 참조.

3 형법 제252조 제2항("사람을 교사 또는 방조하여 자살하게 한 자도 전항의 형과 같다.") 참조.

현저하다. 하지만 현재 우리가 조심스레 그 정당화 가능성을 논하고 있는 수동적 안락사는 죽음을 맞게 될 본인의 의사에 반하거나(involuntary euthanasia) 혹은 그의 의사와 무관하게 실행되는 형태(non-voluntary euthanasia)보다는 주로 본인의 의사에 따라서 실행되는 형태(voluntary euthanasia)이기 때문에, 결국 수동적 안락사에 적용될 구성요건은 단순 살인죄가 아니라 촉탁·승낙에 의한 살인죄(형법 제252조 제1항)가 될 것이고, 그 경우 법정형은 자살방조죄의 경우와 동일함을 알 수 있다.

보다 중요한 점은 윤리적인 관점에서조차 능동적 안락사와 수동적 안락사의 구별이 그다지 의미 있어 보이지 않는다는 것이다. 앞에서 언급한 바와 같이 안락사의 정당화 여부가 논의되는 상황을 최선의 의료기술로서도 더 이상 건강의 회복이나 고통의 완화를 가져올 수 없다는 점이 명백한 상황이라고 전제하는 한, 죽음에 이르게 하는 조치가 물리적으로 누구에 의해 실행되는가는 별로 중요하지 않다. 그 조치가 죽음을 맞게 될 본인의 의사에 따라 실행되는가, 그리고 윤리적으로 용인될 수 있는 성격의 것인가가 중요할 뿐이다. 나아가 일정한 경우에는 능동적 안락사와 수동적 안락사를 달리 취급하는 것이 오히려 윤리적으로 부당하게 느껴질 수도 있다. 가령 환자가 의사로부터 받을 수 있는 도움이 오직 자신의 죽음을 앞당길 수 있는 수단을 제공받는 것에 국한되며, 그 수단의 실행에 관해서는 어떠한 도움도 받을 수 없다고 한다면 심각한 근육 위축이나 마비 질환을 앓고 있는 환자의 경우에는 사실상 아무런 도움도 얻지 못하는 것과 마찬가지인 셈이다. 이는 어쩌면 스스로 움직일 수 있는 여력이 있는 환자에 비해 그렇지 못한 환자를 부당하게 차별하는 것일 수도 있는 것이다.[4]

따라서 능동적 안락사와 수동적 안락사의 구별 또는 능동적 안락사의 범주에 속하는 의사조력자살과 (수동적) 안락사의 구별에 특별한 윤리적 의의를 부여할 필요는 없어 보이며, 법적인 측면에서도 의사조력자살의 경우를 일반적인 자살방조의 경우와 달리 정당한 것으로 평가할 여지가 있다면, 정확히 동일한 이유로 (수동적) 안락사의 경우 또한 일반적인 살인의 경우와 달리 정당한 것으로 평가할 여지가 있다는 점에서, 최소한 위법성 여부의 판단에 있어 양자를 구별

---

4 Robert M. Veatch, *The Basics of Bioethics*, 2nd Edition, Upper Saddle River, Prentice Hall, 2003, 96쪽 참조.

할 실익은 없다고 말할 수 있다.[5]

3. 안락사의 전통적인 유형 분류

안락사 등의 위법성 여부에 대해서는 형법학의 영역에서 오래 전부터 활발한 논의가 진행되고 있었다. 따라서 형법학 분야에서 전통적으로 논의되고 있던 안락사 등의 유형화 방식과 각각의 유형에 대한 위법성 여부의 판단에 대해서 살펴볼 필요가 있다.[6]

첫째, 형법학 분야에서는 우선 진정 안락사와 부진정 안락사를 구별하고 있다. 진정 안락사란 한마디로 안락사의 시행으로 인해서 생명의 단축을 초래하지 않는 경우를 말하는데, 이는 오로지 임종을 맞는 환자의 고통을 제거할 뿐 생명의 단축이 없이 자연스럽게 죽도록 도와주는 경우에 해당한다. 당연히 이는 법적으로 전혀 문제될 것이 없다고 말할 수 있다. 반대로 부진정 안락사는 생명의 단축을 수반하는 안락사로서 이는 다시 직접적 안락사와 간접적 안락사로 크게 구별된다. 전자는 생명의 단축이 고통 완화의 의도를 실현하기 위한 수단이 되거나, 부수적인 의도 내용으로서 추구되는 경우라 할 수 있으며, 후자는 생명의 단축이 고통 완화의 의도를 실현하는 과정에서 예견되기는 했으나 수단으로 채택되거나 부수적인 의도 내용으로서 추구되지는 않은 경우라 할 수 있다.[7]

둘째, 직접적 안락사의 경우는 다시 적극적 안락사와 소극적 안락사로 세분될 수 있다. 여기서 적극적 안락사는 죽음에 임박한 환자의 극심한 고통을 덜어주기 위하여 적극적인 방법으로 그 환자의 생명을 단축시키는 것을 말하는데,

---

5 만일 일반적인 자살방조는 처벌되지만 특별히 의사조력자살의 경우에는 예외적으로 정당화가 가능하다고 주장하고자 한다면, 이는 후자의 경우가 전문가의 판단을 거쳐 절차적으로 매우 신중하게 이루어질 것이라는 데 기대를 걸기 때문일 것이다. 그렇다면 동일한 기대를 (수동적) 안락사의 경우에 대해서도 가져볼 수 있을 것이다. 즉 여느 살인의 경우와 달리 의사의 판단을 거쳐 절차적으로 매우 신중하게 이루어지는 (수동적) 안락사는 예외적으로 정당화될 수 있다고 주장할 수 있는 것이다. 이렇게 되면 의사조력자살을 정당화하는 사유는 동시에 (수동적) 안락사도 정당화하므로, (형량의 문제나 윤리적 관점에서의 판단 외에) 위법성 판단의 측면에서도 양자를 구별할 이유가 없어지게 된다.

6 이하의 내용은 주로 윤종행, "안락사와 입법정책", 『비교형사법연구』, 제5권 제1호, 2003, 452-464쪽을 참조한 것이다.

7 직접적 안락사와 간접적 안락사의 구분에 대한 형법학적 설명은 다소 불분명하다. 따라서 이 부분에 대한 설명은 필자가 개인적으로 덧붙인 것임을 밝힌다.

가령 치료불능 상태인 말기환자의 생명을 단축케 하는 치명적인 주사약을 주입하는 경우가 이에 해당한다. 반면에 소극적 안락사는 회복이 불가능한 환자에게 적극적인 생명연장의 조치를 취하지 않고 환자가 그대로 사망하도록 방치하는 경우로서, 사기가 임박하고 현대의학의 견지에서 불치인 환자, 특히 식물인간의 상태에 있는 환자에 대하여 의사가 생명유지에 필요한 의료적 처치를 취하지 않거나 이미 부착된 생명 유지 장치를 제거하는 경우 등이 이에 해당한다. 소극적 안락사의 경우는 죽음을 맞게 될 본인의 의사에 반하지 않을 경우에 한하여 위법하지 않은 것으로 볼 수 있다는 견해가 일반적이지만, 적극적 안락사의 경우는 그 남용 가능성 때문에 언제나 위법한 것으로 보는 견해가 많은 것 같다.[8]

셋째, 간접적 안락사는 이미 언급한 바와 같이 회복할 수 없는 중환자의 고통을 감소시키기 위한 조치가 예상했던 생명단축의 부작용을 초래하는 경우로서, 가령 환자가 자연사할 때까지 오로지 고통을 경감시켜 줄 목적으로 의사가 모르핀을 투여했는데, 필요한 모르핀의 단위용량이 점차 증가할 수밖에 없었고 이러한 처치의 부작용으로 불가피하게 환자의 생명단축이라는 결과를 초래한 경우가 이에 해당한다. 이에 대해서는 생명단축의 부작용을 낳은 조치가 환자의 의사에 반한 것이 아닌 한 위법하지 않은 것으로 볼 수 있다는 견해가 일반적이다.

4. 존엄사와 안락사

한편 과거에는 안락사 개념과 구분하여 존엄사라는 개념을 빈번하게 사용했던 적도 있었다. 이는 지속적인 식물인간 상태(persistent vegetative state)와 같이 환자에게 의식이 없고 그의 생명이 단지 인공심폐기에 의해 연장되고 있는 경우에 품위 있는 죽음을 위하여 생명 연장 조치를 중단하는 것 혹은 회복의 가망이 없는 불치의 질병으로 사경을 헤매는 환자에 대하여 그가 의식이 있는 경우에는 그 의사에 따라, 의식이 없는 경우에는 그의 추정적 의사나 환자 보호자

---

8 한편 부작위가 작위와 동가치적으로 평가될 수 있을 경우에는 적극적 안락사와 소극적 안락사의 구별이 무의미해지는 것도 사실이다.

의 의사에 따라 그가 인간다운 죽음을 맞이할 수 있도록 인위적으로 그의 생명을 단축케 하는 것이라고 설명되었는데, 핵심은 죽음을 선택하는 이유가 환자의 고통을 없애기 위함이 아니라, 환자의 존엄성을 지키기 위함이라는 부분에 있다. 다시 말해서 환자의 고통을 없애기 위해 실행되는 생명단축행위가 안락사라면, 환자의 존엄성을 지키기 위해 실행되는 생명단축행위가 존엄사라는 것이다.

이렇듯 별도의 존엄사 개념을 도입하는 것이 지닐 수 있는 실천적 의의에 대해서는 크게 두 가지로 생각해 볼 수 있을 것 같다. 첫째, 생명단축행위를 정당화하기 위한 논거를 강화할 수 있다. 단순히 환자의 고통을 없애기 위한 조치였다는 주장보다는 환자의 존엄성을 지키기 위해 불가피한 선택이었다는 주장이 이익형량의 관점에서 보다 유리할 수도 있기 때문이다. 둘째, 지속적인 식물인간 상태의 환자와 같이 고통을 느끼는지 여부에 대한 확인이나 입증이 곤란한 환자에 대해서도 생명단축행위를 정당화하기 위한 논거를 제공해 줄 수 있다.

그렇지만 안락사 개념과 구별되는 별도의 존엄사 개념을 도입하려는 견해에 대해서는 다음과 같은 비판이 존재할 수 있다. 첫째, 과연 안락사 개념이 환자의 고통을 없애기 위해 실행되는 생명단축행위만을 의미한다고 할 수 있는지에 대해 먼저 답해야 한다는 비판이 있을 수 있다. 실제로 학자들이 안락사를 정의하는 방식들이 약간씩은 다르다는 점에 비추어 보면, 위와 같은 견해는 이른바 선결문제 요구의 오류(petitio principii)를 범하고 있는 것으로 볼 수 있다. 둘째, 의도적인 생명단축행위라는 면에서 동일한 실질을 지니는 행위에 대하여 단지 상이한 논거를 통한 정당화를 시도하는 것에 불과한 것을 마치 전혀 다른 어떤 개념의 도입을 요하는 것처럼 과장해서는 안 된다는 비판이 있을 수 있다. 셋째, 이익형량의 순간에 환자의 존엄성 보호를 논거로 끌어들이는 순간 이익형량 자체가 불가능해진다는 비판이 있을 수 있다. 이른바 인간존엄성 논거가 지니는 절대적 성격에 비추어 반대 입장에서 어떠한 논거를 제시하더라도 형량의 추를 움직일 수 없게 되기 때문이다. 넷째, 존엄사라는 개념 자체가 가지는 모호함 때문에 이를 도입하는 것은 가뜩이나 민감한 사안을 다투고 있는 마당에 오히려 혼란만 가중시킬 수 있다는 비판이 있을 수 있다.[9]

---

9 동일한 맥락에서 한국보건의료연구원이 2009년 7월에 개최한 무의미한 연명치료의 중단 문제에 관한 연속 토론회

이상의 논의들에 비추어 볼 때 현재로서는 과거의 논의를 이해하고 정리하기 위해 필요한 경우를 제외하고는 안락사 개념 외에 굳이 존엄사 개념을 추가로 도입할 이유는 없는 것 같다. 학설들도 대체로 존엄사의 사례가 소극적 안락사의 사례와 확연히 구별되지는 않는다고 보고 있는 듯하다.

II. 판례 및 사례

1. 대법원 2004. 6. 24. 선고 2002도995 판결

원심은 그 설시 증거들에 의하여, 다음과 같은 사실들을 인정하였다.

가. 피고인 1은 (이름생략)병원 신경외과 전담의사, 피고인 2는 같은 과 3년차 수련의, 피고인 3은 1년차 수련의로 각 근무하던 자이다.

나. 피해자는 1997. 12. 4. 14 : 30경 자신의 주거지에서 경막 외 출혈상을 입고 (이름생략)병원으로 응급 후송되어 같은 날 18 : 05경부터 피고인 1의 집도와 피고인 2 등의 보조로 경막 외 혈종 제거 수술을 하였고, 다음날 02 : 30경 수술을 마친 후 중환자실로 옮겨졌으나 자발호흡이 불완전하여 인공호흡기를 부착한 상태로 계속 합병증 및 후유증에 대한 치료를 받게 되었다.

다. 수술 후 아무런 반응을 보이지 않던 피해자는 1997. 12. 5. 04 : 00경 대광반사(대광반사, light reflex)가 돌아왔고, 그 후 눈 뜨는 반응에서는 '부르면 눈을 뜨고 있는 상태'(글라스고우 혼수척도 Glasgow coma scale E3)로, 운동 반응에 있어서는 '통증을 가하면 통증을 가하는 위치로 손, 발을 이동하거나 제지하는 등의 반응'(글라스고우 혼수척도 M5)으로 호전되어 갔고, 그에 따라 피고인 2는 뇌 부종에 따른 별다른 문제가 없는 것으로 판단하여 수술 후 매 15분마다 측정하던 의식 수준, 동공 크기, 대광반사 여부를 1시간마다 측정하도록 하였다.

에서는 존엄사라는 용어 자체를 사용하지 않기로 하는 합의가 채택된 바 있다.

라. 또한, 호흡에 있어서는 피해자의 상태에 따라 인공호흡기의 호흡 방법, 호흡 회수, 산소 농도, 공기 공급량 등이 조절되었는데 퇴원 당시 인공호흡기에 의한 호흡 회수는 수술 후 16회에서 12회로, 산소농도는 100%에서 40%(일반적인 공기의 산소농도는 20%)로 호전된 상태였으나 1997. 12. 6. 01 : 40경 호흡음이 거칠고 양측 폐의 아래쪽에서 호흡음이 감소되었고, 같은 날 09 : 20경 폐 우상엽 쪽에서 거친 소리가 들리고 환기능력이 감소한 것으로 보이는 등 퇴원 당시 인공호흡기를 제거할 경우 자발호흡이 정상적으로 이루어지기 힘들었고, 수술 후 수술 부위에서 피가 자꾸 배어 나와서 1997. 12. 5. 21 : 00경 수술 부위를 다시 봉합하였으나 그 후에도 수술 부위에서 피가 계속 배어 나와 수술상처 배액기구로 피를 배액(排液, drainage)하고 있는 상태였다.

마. 한편, 피해자의 처 원심공동피고인은 수술 후 피고인 2로부터 피해자의 혈종이 완전히 제거되었고 호전될 것으로 예상된다는 말을 들었으나 그 때까지 260만 원 상당의 치료비가 나온 것을 알고 향후 치료비도 부담하기 어려울 뿐 아니라 금은방을 운영하다가 실패한 후 17년 동안 무위도식하면서 술만 마시고 가족들에 대한 구타를 일삼아 온 피해자가 살아 남아 가족들에게 계속 짐이 되기보다는 차라리 사망하는 것이 낫겠다고 생각하여 경제적 부담을 빌미로 피해자의 퇴원의 허용을 계속 요구하였다.

바. 이에 피고인 1, 피고인 2는 수 차례에 걸쳐 피해자의 상태에 비추어 지금 퇴원하면 죽게 된다는 이유로 퇴원을 극구 만류하고 치료비를 부담할 능력이 없으면 차라리 1주일 정도 기다렸다가 피해자의 상태가 안정된 후 도망가라고까지 이야기하였으나 원심공동피고인은 피해자의 퇴원을 고집하였고, 1997. 12. 6. 14 : 00경 피고인 1, 피고인 2로부터 퇴원시 사망가능성에 대한 설명을 듣고, 퇴원 후 피해자의 사망에 대해 법적인 이의를 제기하지 않겠다는 귀가서 약서에 서명하였다.

사. 피고인 1, 피고인 2는 환자의 보호자가 그 퇴원을 강력히 요구하고 있는 상태에서 퇴원 요구를 거부한 후 발생될 치료 결과에 대한 책임이나 향후치료비의 부담이라고 하는 현실적인 문제가 제기되자 보호자의 환자에 대한 퇴원

요구를 거부하면서 의사가 치료행위를 계속할 수 있는 근거 등에 대하여 더 이상 생각해 보지 않은 채 피해자의 퇴원을 위한 조치를 취하게 되었다.

아. 피고인 2는 피고인 1의 지시에 따라 피고인 3에게 피해자의 퇴원을 위한 조치를 취하도록 지시하였고, 피고인 3은 1997. 12. 6. 14:00경 피해자에게 부착된 인공호흡기를 제거한 후 원심공동피고인과 함께 위 병원 구급차로 피해자를 후송하면서 인공호흡 보조장치를 사용하여 수동으로 호흡을 보조하다가 피해자의 주거지에 도착한 후 원심공동피고인에게 인공호흡 보조장치를 제거하게 될 경우 사망하게 된다는 사실을 고지한 후 인공호흡 보조장치를 제거하였다.

자. 피해자는 피고인 3이 떠난 후 5분도 안되어 목 부위에서 꺽꺽거리는 등의 소리를 내며 불완전하게 숨을 쉬다가 뇌간(腦幹) 압박에 의한 호흡곤란으로 사망하였다.

(중략) 피해자는 경막하 출혈상을 입고 9시간 동안 두개골 절제술 및 혈종 제거수술을 받은 후 중환자실로 옮겨져 인공호흡기를 부착한 상태로 계속 합병증 및 후유증에 대한 치료를 받고 있었는데 그로부터 불과 하루 남짓이 경과한 상태에서 피해자에게서 인공호흡기를 제거하는 등 치료를 중단하는 경우 종국에는 사망할 가능성 내지 위험성이 있음이 예견되었고, 피고인들 또한, 담당 전문의와 주치의로서 이러한 사실을 인식하고 있었는바, 이러한 점에 비추어 보면 피고인들이 비록 원심공동피고인의 요청에 의하여 마지못해 치료를 중단하였다고 하더라도 그 당시 피해자의 사망이라는 결과 발생에 대한 미필적 인식 내지 예견마저 없었다고 보기는 어려우므로, 피고인들에게 정범의 고의가 없다고 본 원심의 판단은 잘못된 것이다. (…)

그러나 기록에 의하여 드러난 사정들, 즉, 피고인들이 원심공동피고인의 퇴원 조치 요구를 극구 거절하고, 나아가 꼭 퇴원을 하고 싶으면 차라리 피해자를 데리고 몰래 도망치라고까지 말하였던 점, 퇴원 당시 피해자는 인공호흡 조절 수보다 자가호흡수가 많았으므로 일단 자발호흡이 가능하였던 것으로 보이고, 수축기 혈압도 150/80으로 당장의 생명유지에 지장은 없었던 것으로 보이는 점, 피해자의 동맥혈 가스 분석 등에 기초한 폐의 환기기능을 고려할 때 인공호흡기의 제거나 산소 공급의 중단이 즉각적인 호흡기능의 정지를 유발할 가능성이 적었을 것으로 보이는 점 등에 비추어 보면, 피고인들은 피해자의 처 원심공동피고인의 간청에 못 이겨 피해자의 퇴원에 필요한 조치를 취하기는 하였으나, 당시 인공호흡장치의 제거만으로 즉시 사망의 결과가 발생할 것으로 생각하지는 아니하였던 것으로 보이고(피해자가 실제로 인공호흡장치를 제거한지 5분 정도 후에 사망하였다는 것만으로 그러한 결과가 사전에 당연히 예견되는 것이었다고 단정하기는 어렵다.), 결국 피고인들의 이 사건 범행은, 피해자의 담당 의사로서 피해자의 퇴원을 허용하는 행위를 통하여 피해자의 생사를, 민법상 부양의무자요 제1차적 보증인의 지위에 있는 원심공동피고인의 추후 의무 이행 여부에 맡긴 데 불과한 것이라 하겠고, 그 후 피해자의 사망이라는 결과나 그에 이르는 사태의 핵심적 경과를 피고인들이 계획적으로 조종하거나 저지·촉진하는 등으로 지배하고 있었다고 보기는 어렵다. 따라서 피고인들에게는 앞에서 본 공동정범의 객관적 요건인 이른바 기능적 행위지배가 흠결되어 있다고 보는 것이 옳다.

따라서 피고인들이 원심공동피고인의 부작위에 의한 살인행위를 용이하게 함으로써 이를 방조하였을 뿐이라고 본 원심의 판단은 결론에 있어 정당하고, 거기에 판결 결과에 영향을 미친 위법이 있다고 할 수 없다.

III. 분 석

Law and Bioethics

1. 안락사와 의학적 충고에 반한 퇴원

가. 우리 판례 중에서 안락사의 문제를 직접적으로 다루고 있는 판례를 찾아보기는 쉽지 않다. 그렇지만 안락사의 문제를 이해하는 데 유용한 까닭에 자주 인용되는 판례가 있다. 일명 보라매병원 사건 판례로 알려져 있는 2004년의 대법원 판결이 바로 그것이다. 이 판례가 안락사의 문제를 이해하는 데 도움이 되는 이유는 그것이 안락사가 아닌 다른 문제에 관한 판례라는 점을 이해하는 것이 안락사의 문제에 내재된 본질적인 요소를 명확히 인식하도록 해 주기 때

문이다. 이와 관련하여 우선 다음의 글을 음미해 보자.

2차 세계대전 전과 대전 중에 독일에서 일어났던 일은 안락사 운동에 분명 충격을 주었다. 우리가 논의해왔던 안락사를 히틀러가 합법화시켰다. 의사는 환자가 말기 질환을 앓고 있다면, '그들의 비참한 상태에서 벗어나도록' 도와줄 수 있었다. 그러나 이런 안락함을 위한 수단이, 어쨌든 끔찍한 다른 것들과 뒤섞여버렸다. 1920년도 되기 전에 빈딩과 호치는 '가치 없는 생명'을 말살한다는 개념을 제시한 한 권의 책을 출판한다 … '살 가치가 없는 생명', '쓰레기 같은' 혹은 '가치 없는' 생명들을 죽이는 최선의 방법에 대한 주장들이 토론되고 출판되었다. 이런 생명들이란 육체적으로 혹은 정신적으로 장애를 가진 사람들, 치매에 걸린 노인들, 지진아들, 병원에 머문 지 5년이 지났는데도 일을 할 수 없는 정신병 환자들 등이었다. 나치의 의사들은 '사회 위생'을 위한 노력에 앞장섰고, 그 첫걸음은 미국이 이미 저질렀고 오늘날 중국이 고려하고 있는, 유전병을 가진 사람들을 단종하는 일이었다. 이 일은 교회의 항의가 있은 후, 1941년에 히틀러에 의해 공식적으로 중지되었다. 그때까지 대략 9만 명의 환자들이 단종되었다 … 이것이 안락사였던가? 물론 아니다. 그것은 명백히 순전한 살인이었다.[10]

앞에서 우리는 안락사와 의사조력자살의 구별 문제를 검토하면서 죽음에 이르게 하는 조치가 물리적으로 누구에 의해 실행되는가는 별로 중요하지 않으며, 그 조치가 죽음을 맞게 될 본인의 의사에 따라 실행되는가, 그리고 윤리적으로 용인될 수 있는 성격의 것인가가 중요할 뿐이라는 결론에 도달한 바 있다. 이제 이 결론으로부터 우리는 다음과 같은 언명을 추론해 볼 수 있을 것이다. "비록 본인의 의사에 따른 조치였다 하더라도, 그 조치의 성격이 윤리적으로 용인될 수 없는 것이어서는 안 된다." 그런데 죽음에 이르게 하는 조치의 성격이 윤리적으로 용인될 수 있는 것인지는 어떻게 확인할 수 있는가? 앞에서는 단지 그 조치가 적극적인 성격을 띠는 것일 때는 그 남용 가능성 때문에 허용되어서는 안 된다는 형법학자들의 견해에 대해서만 언급했었다. 하지만 당해 조치가 소극적인 것인지 적극적인 것인지를 따져보는 것만으로 그것의 윤리적 성격에 대해 충분히 숙고했다고 말할 수는 없을 것이다. 결국 누군가를 죽음에 이르게 하는 조치가 윤리적으로 용인될 수 있는 것인지에 대해 제대로 판단하기 위해

---

10 데이비드 토머스머·토머신 쿠시너, 앞의 책, 357-358쪽 참조. 일부 표현은 약간의 수정이 가해졌음을 밝힌다.

서는 최소한 그 조치를 취하게 된 동기 내지 목적 자체가 정당성을 지닐 수 있는지에 대해서, 그리고 설령 그러한 동기 내지 목적 자체의 정당성이 인정된다 하더라도 그것을 실현하기 위한 조치가 과도한 것은 아닌지에 대해서 검토할 필요가 있다고 말할 수 있다. 따라서 장애가 있는 사람들을 단종시키기 위한 조치는 설사 그것이 본인들의 동의하에 이루어진 것처럼 조작된 경우라 하더라도, 그 조치의 비윤리적 성격에 기초해 거부할 수 있는 것이다. 그것은 애초에 우리가 다루고 있는 안락사의 본질을 벗어난 것이기 때문이다.

나. 보라매병원 사건 판례가 안락사가 아닌 다른 문제에 관한 판례일 수밖에 없는 이유도 마찬가지라 할 수 있다. 의식불명인 상태에서 인공호흡기에 의존하여 합병증과 후유증 치료를 받고 있던 환자를 퇴원시키는 과정에서 가장 중요하게 고려되었던 것은 치료비 부담이라는 경제적인 문제와 환자 가족의 강경한 퇴원 요구 사실이었을 뿐, 환자 본인의 추정적인 의사나 환자 가족이 지니고 있던 (부작위에 의한 살인의) 동기 내지 목적의 비윤리성에 대한 것이 아니었던 것이다.[11]

학설들은 보라매병원 사건이 이른바 "의학적 충고에 반한 퇴원(discharge against medical advice)"의 문제에 관련된 것으로 평가하고 있다. 이는 기본적으로 의사의 전문적 판단에 따르면 치료를 통해 회복할 가능성이 있는 환자가, 의사의 반대에도 불구하고 퇴원을 요구할 경우에 발생하는 딜레마적 상황의 문제라 할 수 있다. 의사는 환자의 생명을 보호해야 할 의무와 환자의 자율성을 침해하지 않을 의무 사이에서 갈등을 겪게 되기 때문이다.[12]

물론 보라매병원 사건의 경우는 환자 자신이 퇴원을 요구한 것이 아니라 환자의 가족이 본인의 의사를 고려하지 않고 자의적으로 퇴원을 요구한 것이었다는 점에서 문제가 더욱 복잡하다고 말할 수 있다. 환자 스스로 자신의 의사를 표현할 수 없는 경우에도 환자 가족의 의사에 기해 의학적 충고에 반한 퇴원을 요구할 수 있는 것인지 아니면 그러한 경우는 오직 의사만이 환자의 퇴원 여부에 대해 결정할 수 있는지 판단해야 하기 때문이다.

---

11 유사한 평가에 대해서는 최경석, 앞의 글, 63쪽 참조.
12 김상득, 앞의 책, 278쪽 참조.

IV. 연습문제

1. 이른바 무의미한 연명치료의 중단 문제와 안락사의 문제는 서로 어떠한 공통점과 차이점을 지니고 있는가?

2. 의사조력자살과 안락사를 구별할 필요가 없다는 견해는 어떠한 논거들에 기초하고 있는가?

3. 일반적으로 안락사의 유형을 구분하는 데 사용되는 세 가지의 기준은 무엇이며, 그에 따른 각각의 안락사 유형들은 무엇인가?

4. 형법학의 영역에서 전통적으로 논의되고 있던 안락사의 유형화 방식과 각각의 유형에 대한 위법성 여부의 판단에 대해서 설명하시오.

5. 안락사의 개념 외에 별도로 존엄사의 개념을 도입하는 것에 대한 찬성 논거들과 반대 논거들을 각각 기술하시오.

6. 일명 보라매병원 사건 판결(대법원 2004. 6. 24. 선고 2002도995)의 핵심적인 생명윤리적 쟁점에 대하여 간략하게 서술하시오.

V. 토론과제

1. 말기의 폐 질환을 앓는 사람에게서 호흡 장치를 떼어내는 것은 의사들이 항상 내려야 하는 결정이다. 의식이 살아 있는 환자의 경우, 일차적인 증상은 통증이 아니다. 말기 질환에서 가장 무서운 증상은 질식 현상—호흡 곤란, 숨 가쁨—이고, 가장 좋은 치료는 모르핀 처방이다. 모르핀이 효과 있는 이유 중 하나는 공기에 대한 욕구를 억제한다는 것이고, 그래서 사실 환자는 더 살려고 바둥거리지 않기 때문에 더 빨리 죽는다. 일단 호흡 장치를 떼어내고 모르핀을 준 환자의 경

우, 우리에게 그 사람을 죽게 하려는 의도는 없었으며, 그 환자의 사망이 단지 호흡 곤란을 치료하면서 나타난 불행한 부수적인 효과일 뿐이라고 말할 수 있겠는가?[13]

2. 1983년 뇌성 마비로 미국 캘리포니아 리버사이드 종합병원에 입원해 있던 25세의 여성 엘리자베스 부비아(Elizabeth Bouvia)는 의료진에게 '나는 더 이상 살 가치가 없다'며 자신이 죽을 수 있도록 급식을 중단해 줄 것을 요청했다. 태어날 때부터 뇌성 마비였던 엘리자베스는 부모가 이혼해서 그녀를 돌보지 않았기 때문에 병원에서 혼자 살았다. 그녀는 그때까지 역경을 훌륭하게 헤쳐왔다. 주 정부 보조금을 얻어 대학에서 사회사업을 전공하고 일자리도 얻고 결혼도 했다. 그러나 임신을 했다가 유산되고 남편마저 떠나자 그녀는 자살을 원했고, 그 방법으로 그녀는 굶어 죽기를 택했다. 병원은 자살을 방조해서도 안 되고 급식을 중단해서도 안 된다는 판단에서 식사를 거부하는 그녀에게 고무호스를 통한 강제급식을 실시하였다. 이와 같은 병원의 조치에 대해 어떠한 논리로 비판할 수 있겠는가?[14]

VI. 읽을거리

Law and Bioethics

1. 법학의 영역에서 전통적으로 제시되었던 안락사의 유형 분류에 대해서는 윤종행, "안락사와 입법정책", 『비교형사법연구』, 제5권 제1호, 2003, 452면 이하를 참조하시오.

2. 윤리학적 관점에서 안락사의 유형 분류 기준을 탐구하고 있는 글로는 김상득, 『생명의료윤리학』, 철학과 현실사, 2000, 291면 이하와 최경석, "자발적인 소극적 안락사와 소위 '존엄사'의 구분 가능성", 『한국의료윤리학회지』, 제12권 제1호, 2009, 61-76면을 참조하시오.

3. 무의미한 연명치료의 중단과 안락사의 상황이 전제로 하는 의료사회학적 맥락에 대해서는 데이비드 토머스머·토머신 쿠시너 편, 김완구·이상헌·이원봉 역, 『탄생에서 죽음까지』, 문예출판사, 1996, 282-324, 352-435면을 참조하시오.

---

13 데이비드 토머스머·토머신 쿠시너, 앞의 책, 384쪽에서 사례 발췌·수정.
14 구영모 편, 생명의료윤리, 동녘, 1999, 58-9쪽에서 사례 발췌·수정.

4. 안락사의 유형에 따라 상이한 윤리적 평가를 할 수 있도록 하는 도덕 원리들에 대한 간략한 검토에 대해서는 Robert M. Veatch, *The Basics of Bioethics*, 2nd Edition, Upper Saddle River, Prentice Hall, 2003, 88면 이하를 참조하시오.

제13장

Law and Bioethics

인간존엄과 인권

인간존엄과 인권

I. 개 요

1. 생명윤리법의 의의와 과제

우리는 지금까지 생명과학의 발달로 새롭게 생겨나 드러난 사회적 쟁점들을 생명윤리와 생명윤리법의 관점에서 검토하여 왔다. 이제 지금까지 논의했던 내용들을 종합적으로 정리하고, 향후 생명윤리법의 관점에서 어떤 대안들이 모색되어야 할 것인지에 대해 근본적인 고찰을 해 보기로 하자.

생명윤리법의 관점에서 볼 때, 단순한 사회적 담론이나 윤리적 주장을 넘어 법이라는 사회적 공권력으로 의학과 생명과학에 관계된 사회적 현상을 규율하려는 이유는 무엇일까?

첫째, 그것은 생명과학의 어떤 현상들은 기본적으로 공동체에 의미 있는 해악을 가져올 수 있기 때문일 것이다. 공동체에 미치는 의미 있는 해악이란 구체적으로 공동체 구성원에 대한 위험과 안전에 관한 것일 수도 있고, 공동체의 존립을 위해 구성원들이 공유하고 있는 기본 가치[1]를 위협하는 것일 수도 있다. 어떤 이유에서든 공동체는 이 경우 공동체를 존속시키고 유지하기 위해서 법적 수단을 동원하게 된다. 인간 복제를 금지한다든지, 인간 대상 연구를 규제한다든지 하는 것은 이런 의미에서 생명윤리법적 접근이 필요한 부분이다.

둘째, 공동체에 미치는 직접적인 해악이 아니라 하더라도 공동체 구성원들 간의 의견이 너무나 대립되어 사회적 혼란을 가져오고 사회의 통합에 어려움을 준다면 공동체 구성원 간의 공존을 위해 법이 동원될 필요가 있다. 특히 종교적, 도덕적인 가치관이 근본적으로 상충하는 경우라면, 토론과 합의를 통해 어떤 절충이나 타협을 이루기는 극히 어려울 것이다. 이때에는 결국 법이 공동체 구성원 간의 공존을 이루기 위해 '권위적으로' 동원되어 어떤 해결방안을 제시하지 않으면 안 된다.

그렇다면 공동체에 해악을 끼치는 생명과학 연구는 왜 계속해서 수행되며, 사회적으로 논란거리가 되는가? 여기에는 여러 가지 이유가 있겠지만, 근본적으로는 인간이 가지고 있는 끝없는 호기심과 생명연장에 대한 욕망이 그 이유 가운데 하나일 것이다. 그러한 호기심과 욕망은 사람이면 누구나 가지고 있는 것이기 때문에, 그 자체는 옳고 그름의 대상이 아니라 자연적인 특징이 된다. 그러나 그러한 호기심과 욕망이 타인의 삶을 위협하고 공동체의 존속에 해를 끼친다면 그것은 법과 도덕의 차원에서 규범적으로 다루어져야 할 것이다.

현대 생명윤리 규범의 사실상 출발점이라고 할 수 있는 뉘른베르크 재판은 이러한 호기심과 욕망이 어떠한 참혹한 결과를 가져왔는지를 잘 보여주고 있다. 제2차 세계대전에서 당시 "죽음의 천사"라는 별명으로 불렸던 요셉 멩겔레를 비롯한 많은 독일의 의사들이 유태인과 전쟁 포로들을 대상으로 끔찍한 실험을 저질렀다.[2] 전쟁이 끝나고 인체실험을 자행한 독일 의사들은 연합군 당국에 체포되어 전범 재판에 회부되었다. 그들의 죄명은 "전쟁범죄" 및 "인류에 반한 범죄"였다. 모두 23명의 피고 중 20명이 의사면허를 가지고 있었으며 이들 중 15

---

1 예를 들어 인간의 존엄, 평등, 자기결정권 등
2 그 실험들로는 말라리아, 티푸스 등을 일부러 감염시키고 진행 상태를 보는 실험, 저압, 저온 등 가혹한 환경에서 생체의 변화와 죽음의 과정을 보는 실험, 살아 있는 사람으로부터 뼈나 근육을 떼어내어 이식하는 실험, 독극물을 주입하고 죽어가는 양상을 보는 실험, 불임 시험, 그리고 인류학적 연구를 위해서 사람의 머리 및 두개골을 수집하는 실험 등이 있었다. 권복규/김현철, 생명윤리와 법, ver 2. 29쪽

명이 유죄 판결을 받고 그 중 7명이 교수형에 처해졌다. 재판부는 판결과 함께 의학과 생명과학연구에서 기본적으로 지켜야 할 사항에 대해 언급한 문서를 공개하게 되는데, 그것이 이른바 "뉘른베르크 강령"이다. 뉘른베르크 강령은 실험에 참여하는 피험자의 자발적 동의가 없다면 그를 대상으로 인간을 대상으로 한 연구를 해서는 안 된다는 점과 실험에 참여하는 피험자를 보호하기 위한 여러 방안들을 포함하고 있다. 이 뉘른베르크 강령을 시작으로 "헬싱키 선언", "벨몬트 보고서", "CIOMS 가이드라인", "유네스코 생명윤리와 인권에 관한 보편선언" 등의 생명윤리 규범들과 그 규범들을 바탕으로 한 각국의 생명윤리법의 제정이 이어지게 되었다.

그러나 뉘른베르크 재판에서 현재에 이르기까지 인간의 호기심과 욕망은 다양한 사건 사고를 낳았다. 미국에서 벨몬트 보고서가 만들어지게 된 계기가 된 터스키기 매독사건[3]이나 약품의 임상시험을 강화하게 만든 계기가 된 탈리도마이드 사건,[4] 유전자치료에 대한 사회적 우려를 낳은 제시 겔싱어 사건[5] 등

---

3 공중위생국(Public Health Service, PHS) 매독 연구로 잘 알려진 터스키기(Tuskegee) 매독 연구(1932~1972)는 앨라배마 터스키기 주변에 살던 400명의 가난하고 대부분 문맹인 아프리카계 미국인 소작농들에게 그들이 "나쁜 피"를 가지고 있지만, 무료로 치료를 해준다고 하며 동의서(informed consent)를 주지도 않고, 그들의 병명을 알리지도 않은 채, 매독의 자연적 진행경과와 그것의 치료에 대한 임상연구를 한 것이다. 더욱이 1947년에 매독 치료제로 페니실린을 투여하는 치료법이 확정되었음에도 매독이 어떻게 퍼지고 사람을 죽게 하는지에 대한 연구를 계속하기 위해 이 지역의 다른 사람들은 이용할 수 있는 매독 치료 프로그램을 피실험자들에게는 제공하지 않았고, 1972년 언론에 알려질 때까지 이 연구는 계속되었다. 터스키기 매독 연구는 벨몬트(Belmont) 보고서로 정리되었고, 국가조사위원회(National Human Investigation Board)의 설립과 의료기관내 임상시험심사위원회(Institutional Review Board, IRB) 설치 의무의 계기가 되었다. (터스키기 매독연구(Tuskegee Syphilis Study)에 대해서는 James H. Jones가 쓴 "Bad Blood: The Tuskegee Syphilis Experimen," The Free Press, 1993. 에 자세히 나와 있음.)

4 탈리도마이드(thalidomide)는 1949년 영국의 노팅햄대학(University of Nottingham)에서 처음 합성된 화학물질로 1953년 독일의 헤미 그뤼넨탈사(Grünenthal)에서 임산부의 입덧 개선제, 진정제, 수면제로 내놓으면서 전 세계 임산부들에게 처방전 없이 판매되었다. 1950년대 말 독일과 덴마크 등 나라의 의사들이 탈리도마이드의 위험성을 알리는 논문을 발표하였으나 임신초기에 탈리도마이드를 복용한 유럽 임산부들이 사지결손 기형아를 낳는 사례가 급증한 이후에도 계속 판매되었고, 급기야 그 사례가 1만 2천 여 건에 달하게 된 1963년에야 판매가 금지된 Thalidomide baby사건이 생겼다. 이 사건은 약물 독성 문제의 심각성에 대한 인식을 형성하는데 중요한 계기가 되었고, 1968년 WHO가 국제 약물 모니터링 프로그램을 가동하기 시작하면서 각 나라들도 자국의 약물 감시 체제를 구축하기 시작하는 등 체계적인 약물위해관리 시스템을 강화하게 되었지만, 영국의 경우 정부가 공식적으로 잘못을 인정하고 보상해주는 데 50여년의 시간이 걸렸다.

5 몸의 암모니아가 증가되는 유전병인 OTC(ornithine transcarboxylase) 결핍증을 앓고 있던 제시 겔싱어(Jessie Gelsinger)는 1999년에 펜실베니아 대학교에서 실시한 '심각한 질환으로 태어난 영아를 위한 유전자치료의 임상시험'에 참가하여 아데노 바이러스를 이용한 유전자치료를 받고 있었다. 그는 새로운 유전자가 포함된 아데노 바이러스(유전자 운반체)로 치료를 받던 4일 만에 호흡곤란으로 사망하였고, 사망이유는 운반체로 사용된 아데노 바이러스에 의한 면역 독성 가능성으로 추정하고 있으며, FDA에서는 연구자들이 고지의무 위반 등의 규정을 위반한 것으로 조사보고 하였다.

을 비롯하여 세계 각국에서 과학연구와 관련된 수없이 많은 사건 사고들이 있었다. 위 사건들처럼 구체적으로 누군가에게 해악을 가한 경우가 아니라도, 체외수정으로 탄생한 루이스 브라운 사건, 복제양 돌리 사건, 인간유전체프로젝트 등 많은 사회적 논란이 야기되었고 이에 따라 많은 법적 규율들이 생기게 되었다. 예를 들어 복제양 돌리 사건은 이 기술이 인간복제로 이어지지 않을까 하는 우려 때문에 인간복제를 금지하는 각국의 법령 제정의 계기가 되었고, 인간유전체프로젝트는 각 개인의 유전정보가 보호되지 못하면 사회적 차별을 포함한 여러 문제들이 발생할 것이라는 우려 때문에 유전정보를 법령으로 보호해야 한다는 주장을 촉발하였다. 그리고 루이스 브라운 사건도 체외수정에 대한 여러 나라의 법적 규율로 이어지게 된 것이다.

그런데 이러한 생명과학의 사건 사고와 이에 대한 법적 접근을 역사적으로 살펴보면 그 안에 어떤 패턴이 존재함을 알 수 있다. 즉, 거의 대부분의 생명윤리에 대한 법적 접근은 어떤 사고를 예측하고 예방적으로 행해진 것이 아니라, 이미 저질러진 사건 사고에 대해 사후적으로 대책을 마련한 것이었다는 점이다. 물론 그것은 법적 접근이 태생적으로 가질 수밖에 없는 특징일 수도 있다. 이런 맥락에서 볼 때, 현재 시행되고 있는 생명윤리에 대한 법적 접근도 새로운 생명윤리 문제에 대해 늘 한계를 가질 수밖에 없고 미흡할 수밖에 없다는 점을 겸허하게 인정해야 할 것이다. 즉, 법적 접근이 가지고 있는 일반성과 경직성 때문에 생명윤리법도 생명윤리와 관련된 새로운 문제에 유연하고 순발력 있게 대처하기 어렵다는 것이다.

이런 생명윤리법의 한계를 인정한다면, 생명윤리법은 이 한계에 대해 어떻게 대응해야 할 것인가? 즉, 생명윤리법은 이러한 한계 속에서 추구해야 할 또 다른 기능과 과제를 가져야 하는 것은 아닌지 검토해 보아야 할 것이다. 결론적으로 말하면 생명윤리법은 생명윤리가 의학과 생명과학연구 현장에서 실질적으로 그 효력을 발휘할 수 있도록 하기 위한 제도적 틀을 법적으로 마련해 주어야 한다. 가장 바람직한 생명윤리의 모습은 생명과학자들이 연구의 과정에서 스스로 생명윤리의 관점에서 자신의 연구를 검토하고 숙고하며 동료 과학자와 토론할 수 있는 과학문화를 형성하는 것이다. 아무리 법령이 잘 갖추어져 있다 하더라도 그것이 급속도로 변화하고 새롭게 다가오는 모든 생명과학 연구를 언제나 규율할 수는 없다. 따라서 법적 규제는 그 연구와 기술을 가장 잘 알고 있는 전문가들 사이에서 생명윤리를 숙고하는 과학문화를 형성하는 것보다 더 효율적일 수는 없을 것이다. 즉, 법에 의한 타율규제는 과학현장에서 이루어지는 자율규제 보다 생명윤리적 관점에서 더 효율적인 것은 아니다.

그러나 법은 이런 과학문화를 형성하기 위해 공동체가 가지고 있는 자원을 합법적으로 동원할 수 있는 제도적 틀을 형성할 수 있는 기능도 가지고 있다. 즉, 규제법에서 지원법으로, 타율규제의 근거에서 자율규제가 가능한 제도적 틀의 근거로 생명윤리법의 시선은 변화될 필요가 있는 것이다. 이는 구체적으로 생명윤리법이 자율규제가 가능한 공동체의 자원 즉 국가나 지방자치단체의 예산과 인력을 지원할 수 있는 근거를 마련하고, 자율규제를 현실적으로 수행할 수 있는 생명윤리위원회를 비롯한 절차를 마련할 뿐 아니라, 생명윤리에 대한 교육을 받을 수 있도록 지원하거나 생명윤리 활동을 지원할 수 있는 기관을 설립하는 등의 내용까지 포괄할 수 있어야 함을 의미한다. 생명윤리법의 기능과 과제에 대한 이러한 새로운 접근은 생명윤리법을 넘어, 법 일반의 관점에서 법의 기능이 단순히 규제에만 머무르는 것은 아니며 지원이나 제도적 틀을 마련하는 기능이 중요하다는 생각에 좋은 근거를 제공할 것이다.

2. 생명윤리법이 추구하는 가치

그렇다면 생명윤리법은 궁극적으로 어떤 가치를 추구하고 있는가? 생명윤리법은 생명윤리에 대한 법적 접근이기 때문에, 이는 생명윤리가 궁극적으로 어떤 가치를 추구하고 있는가라는 질문과 동일한 것이 될 것이다.

첫째, 생명윤리법은 인간존엄과 인권이라는 가치를 추구한다. 생명윤리법은 의학과 생명과학이 인간과 사회에 미치는 영향에 대해 법적인 접근을 통해 대응하는 분야이다. 오늘날 의학과 생명과학의 발달은 생명을 연장하고 질병 없는 건강한 삶에 대한 사회적 요구를 이유로 결과가 좋다면 그 수단이나 과정은 다소 문제가 있어도 좋다는 일부의 사회적 분위기를 조성하고 있는 것이 사실이다. 이런 생각들은 결국 인간이 인간으로서 존재할 수 있는 기반이라고 할 수 있는 인간의 존엄과 인권의 관점과 때때로 충돌하게 된다. 인간존엄과 인권의 기본입장은 모든 사람을 인격체로 대하고 누군가의 욕망을 위한 수단으로 다루어서는 안 된다는 것이기 때문에 체외수정 시술을 받는 여성, 회복불가능한 죽음의 과정에서 연명치료를 받는 환자, 임상시험에 참여하는 피험자 등 의학과 생명과학에 관련된 수많은 사람들이 이런 관점에서 인격체로 대우받아야 하고 누군가의 욕망을 위한 수단이 되지 않도록 해야 할 것이다. 생명윤리법이 보호하여야 하는 가장 중요한 법익은 바로 이런 인간존엄과 인권의 가치가 우리 사회에서 침해되지 않도록 하는 것일 것이다.

둘째, 생명윤리법은 공존, 관용, 소통의 가치를 추구한다. 생명윤리는 의학과 생명과학에 대하여 사회 구성원들이 다양한 견해와 가치를 가지고 있음을 전제하고 있다. 사회구성원들은 종교적으로든 도덕적으로든 자신의 기본 입장을 가지고 있기 때문에 어떤 생명과학 기술의 사회적 쟁점에 대해 서로 대립할 수 있다. 이때 경우에 따라서는 공동체의 혼란과 분열을 가져올 수도 있다. 칸트는 "법이란 각자의 자유와 자유가 공존할 수 있는 조건"이라고 정의한 바 있지만, 이런 근본적인 입장의 대립에 대해 공동체 속에서 서로 공존하기 위해서는 어떤 도덕이나 종교보다는 이를 공존시킬 수 있는 법의 권위가 필요할 것이다. 앞서도 언급했듯이 법의 권위는 그 자체로 절충적인 해결책을 제시할 수도 있지만, 공동체를 분열시키지 않은 채 제도적으로 어떤 협의가 가능한 논의의 틀을 구성할 수도 있다. 나아가 공동체의 공존을 위해서는 그 구성원들이 공존을 위한 관용이 필요하다는 것을 깨달아야 할 것이다. 관용을 통한 공존은 결국 의사소통(communication)을 통해 이루어진다. 더욱이 의생명과학 분야는 전문지식이 필요한 분야로서 그 정보를 정확히 이해하는 것뿐만 아니라, 그 정보의 의의와 가치를 다각도로 살피는 것도 필요하다. 따라서 의생명과학 분야의 정보들이 왜곡되기 시작하면 관용을 통한 공존의 기반은 무너지고 마는 것이다. 이런 의미에서 의생명과학에 있어서는 현장에서 일어나는 생명윤리적 숙고에 못지않게, 새롭게 시도되는 의생명과학 기술의 사회적 의의를 대중들에게 알리고 사회 속에서 그 함의를 생각하게 할 수 있는 공론화 작업도 중요한 것이다. 무엇보다 생명윤리법은 그러한 사회적 커뮤니케이션과 공론화가 가능할 수 있는 제도적 틀을 마련해 주어야 하며, 이것이 생명윤리법의 중요한 과제 가운데 하나가 될 것이다.

Ⅱ. 판례 및 사례

1. 대법원 1985. 6. 11. 선고 84도1958 판결

인간의 생명은 잉태된 때부터 시작되는 것이고 회임된 태아는 새로운 존재와 인격의 근원으로서 존엄과 가치를 지니므로 그 자신이 이를 인식하고 있는지 또 스스로를 방어할 수 있는지에 관계없이 침해되지 않도록 보호되어야 함이 헌법 아래에서 국민일반이 지니는 건전한 도의적 감정과 합치되는 바이다.

2. 대법원 2009. 5. 21. 선고 2009다17417 전원합의체 판결

생명권이 가장 중요한 기본권이라고 하더라도 인간의 생명 역시 인간으로서의 존엄성이라는 인간 존재의 근원적인 가치에 부합하는 방식으로 보호되어야 할 것이다. 따라서 이미 의식의 회복가능성을 상실하여 더 이상 인격체로서의 활동을 기대할 수 없고 자연적으로는 이미 죽음의 과정이 시작되었다고 볼 수 있는 회복불가능한 사망의 단계에 이른 후에는, 의학적으로 무의미한 신체침해 행위에 해당하는 연명치료를 환자에게 강요하는 것이 오히려 인간의 존엄과 가치를 해하게 되므로, 이와 같은 예외적인 상황에서 죽음을 맞이하려는 환자의 의사결정을 존중하여 환자의 인간으로서의 존엄과 가치 및 행복추구권을 보호하는 것이 사회상규에 부합되고 헌법정신에도 어긋나지 아니한다고 할 것이다.

3. 헌법재판소 2010. 5. 27. 2005헌마346 생명윤리안전법 제13조 제1항 등 위헌확인

다만, 오늘날 생명공학 등의 발전과정에 비추어 인간의 존엄과 가치가 갖는 헌법적 가치질서로서의 성격을 고려할 때 인간으로 발전할 잠재성을 갖고 있는 초기배아라는 원시생명체에 대하여도 위와 같은 헌법적 가치가 소홀히 취급되지 않도록 노력해야 할 국가의 보호의무가 있음을 인정하지 않을 수 없다 할 것이다.

4. 서울행법 2010. 7. 22. 선고 2006구합40369 판결【파면처분취소】 항소

따라서 원고가 제2징계사유 기재와 같이 2005. 3.경 환자 맞춤형 줄기세포주로 추정한 줄기세포주는 2개만이 존재하였던 상태에서 2005년 논문에 마치 11개의 환자 맞춤형 체세포 복제 줄기세포주가 실험에 의하여 수립된 것인 양 각종 실험결과를 조작하고 난자의 취득과정 등을 거짓으로 서술함으로써 허위의 학술논문을 발표한 사실이 인정되고, 이러한 원고의 행위는 교육공무원으로서의 체면과 위신을 손상시키고 성실의무도 위반한 행위로서, 교육공무원법 제51조 제1항, 국가공무원법 제78조 제1항 제1 내지 3호, 제56조, 제63조에서 정한 징계사유에 해당한다.

원고는 이 사건 논문의 총괄 연구책임자이자 위 논문의 진실성을 보증하는 공동교신저자임에도 위 논문의 데이터를 고의로 조작하여 과학에 대한 신뢰기반을 훼손하는 중대한 부정행위를 저질렀고, 서울대학교 및 우리나라의 과학수준에 대한 세계인의 평가에도 씻을 수 없이 커다란 타격을 주었다. 이와 같이 원고의 책임이 무거움에도 불구하고, 공동연구의 업무분장 등을 내세우면서 책임을 회피하려는 태도를 보이고 있을 뿐만 아니라 이 사건 징계사유와 같은 비위행위로 인한 업적을 통하여 1등급 훈장 및 석좌교수나 최고과학자와 같은 명성을 얻고 국민의 기대를 한 몸에 받는 등 특별한 혜택을 누렸던 사실 또한 간과할 수 없다.

이러한 사정을 종합하면, 종전의 학문적 공적 등 원고가 주장하는 모든 유리한 사정을 감안하더라도 이 사건 처분이 징계재량권의 범위를 일탈하거나 이를 남용하였다고 볼 수 없고, 원고의 주장대로 이 사건 논문과 관련하여 상당한 연구실체가 존재한다거나 일부 조작행위(특히 2004년 논문 조작 부분)에는 적극적으로 개입하지 아니하였다고 하더라도 달리 볼 바 아니다.

Ⅲ. 분 석

우리는 개요에서 생명윤리법이 인간의 존엄과 인권에 기초하고 있으며, 생명과학의 발달에 따른 사건 사고를 사후에 대처하는 과정에서 생명윤리법의 주요한 법리나 내용이 형성되었다는 것을 살펴보았다. 여기에 든 판례들은 인간의 생명이라는 가치가 인간의 존엄과 인권과 관련되었다는 것을 보여주는 중요한 것들(가, 나, 다)이거나, 생명과학분야에서 일어난 연구내용의 위조, 변조에 대한 것(라)이다.

우선, 〈1 판례〉는 인간의 생명가치에 대해 인간의 생명은 잉태된 때부터 시작하는 것이라는 견해를 가지고 있다. 그리고 회임된 태아는 존재와 인격의 근원으로서 존엄과 가치를 지니므로, 당연히 보호되어야 한다고 하고 있다. 판례에서 사용한 잉태나 회임은 임신을 의미하는 것으로, 임신의 첫 단계인 생식세포들의 수정으로 수정란이 형성될 때부터 개체로 발달하여 출산하기까지의 전 과정을 뜻한다. 이런 관점에서 이 판례를 해석하면 자궁에 착상된 이후 개체로 발달하고 있는 태아도 인간으로서의 존엄과 가치를 지니므로 당연히 보호되어야 한다고 할 수 있다. 물론 이 판례는 우리나라에서 체외수정으로 시험관아기가 탄생한 1985년 10월 이전에 나왔기 때문에 잉태나 회임의 과정이 인위적으로 체외에서 일어날 것이라는 것을 예정하고 있지는 않은 것으로 보인다. 따라서 이 판례에 따르면 태아가 아닌 체외배아도 수정된 상태의 생명이므로 인간의 생명을 지닌 존재로 파악할 수 있으나, 회임된 태아는 아니므로 당연히 보호되어야 하는지에 대해서는 불명확하다. 어쨌든 이 판례는 인간의 생명이 존재와 인격의 근원으로서 존엄과 가치를 지닌다는 점을 밝히고 있다는 점에서 우리나라 생명윤리법 연구에서 중요한 의의를 지닌다고 할 수 있다.

〈2 판례〉는 〈1 판례〉에서 선언된 인간의 생명이라는 가치를 어떻게 보호할 것인가에 대한 중요한 쟁점을 다루고 있다. 이 판례에 따르면, 인간의 생명은 인간으로서의 존엄성이라는 인간 존재의 근원적인 가치에 부합하는 방식으로 보호되어야 한다고 한다. 그리고 한 사람이 인격체로서 활동을 지속할 수 없고 이미 죽음의 과정이 시작되었다고 할 수 있는 상황에서는 그 사람 스스로의 자기결정에 따라 죽음을 맞이하는 방식을 정하는 것이 인간존엄에 부합한다고 하고 있다. 그러므로 〈2 판례〉를 〈1 판례〉와 같이 연계하여 보면, 다음과 같이 정리할 수 있을 것이다. 첫째, 인간의 생명이 없으면 인간존엄도 생각할 수 없다. 둘째, 생명을 가진 인간의 자기결정은 인간존엄의 한 표현이다. 셋째, 생명을 가진 인간의 자기결정은 '예외적인 경우'에 한하여 자신의 죽음에 대해 선택할 수 있어야 인간존엄에 부합한다. 그러므로 인간 생명을 존엄하게 보호하는 방식은 단순히 생명을 유지하는 것만은 아니다.

〈3 판례〉는 〈1 판례〉에서 예정하지 못했던 체외수정 배아의 존재에 대해 언급하고 있다. 이는 〈1 판례〉와 〈3 판례〉 사이의 생명과학의 발달을 전제하고 있다. 우리나라에서 시험관아기 시술이 처음 성공한 것은 〈1 판례〉가 나온 후 몇 달 뒤이기는 하지만, 1998년 미국의 톰슨이 체외수정 배아로부터 배아줄기세포의 배양에 성공하는 등 체외수정 배아를 연구용으로 이용할 수 있는 생명과학 기술이 등장하게 되었다. 〈3 판례〉에서는 이렇게 연구용으로 사용될 수도 있는 체외수정 배아에 대해 다루고 있는데, 초기배아(체외수정 배아)는 생명체이고 국가는 이를 보호할 의무가 있으며 이 의무는 인간의 존엄과 가치라는 헌법적 가치질서의 발로라는 것이다. 다만 이 판례에서 체외수정 배아는 보호받을 생명이기는 하지만, 자궁에 착상되지 않는 한 기본권을 가지는 존재는 아니라고 하고 있는 점에 주의해야 할 것이다.

〈4 판례〉는 생명과학 연구부정과 관련된 이른바 '황우석 사건'을 다루고 있다. 생명과학에 대한 사회와 대중의 기대가 크다 보니 생명과학 연구자들 중에는 실험결과를 위조하거나 변조하는 사례가 적지 않게 생기고 있다. 위조, 변조, 표절 등의 연구부정 행위는 일반적으로 모든 과학과 학문에 해당하는 것이기는 하지만, 그 중 생명과학과 관련된 연구부정 행위는 생명윤리법의 관심대상이 될 수 있다. 이 판례에서는 모든 연구부정 행위에 대해 황 박사가 인식하고 있었다거나 개입하였다고 인정한 것은 아니지만, 일부 연구부정 행위에 대해 인식하고 개입한 부분이 있으며 연구책임자로서 그리고 연구결과를 발표한 논문의 교신저자로서 황 박사는 이에 대한 책임을 져야한다고 판시하고 있다. 황 박사 사건은 그 자체로 현대 사회에서 생명과학 기술이 가지고 있는 다양한 스펙트럼을 보여주고 있다고 할 수 있는데, 특히 대중들이 쉽게 접근할 수 없는 전문 영역인 생명과학에서 현장 과학자들이 생명윤리적 숙고를 하는 것이 얼마나 중요한지를 알려준다고 할 수 있다. 이 사건에서는 정부, 언론매체(media), 심지어는 동료 과학자들까지 황 박사의 연구결과가 실제로 존재하였다고 믿었고, 국익 논란을 비롯한 여러 가지 허상을 우리 사회에 심어주었기 때문이다.

영희와 철수는 결혼 10년차의 부부이다. 두 사람은 그동안 열심히 일한 덕분에 그럭저럭 경제적으로나 사회적으로 안정을 찾게 되었다. 그러나 두 사람은 여전히 큰 근심거리를 가지고 있는데, 그것은 백혈병에 걸린 딸 유리에 관한 것이다. 유리의 치료를 위해서는 골수 이식이 필수적이지만 적절한 골수를 찾기 어려운 탓에 언젠가는 유리를 먼저 저세상으로 떠나보내야 할지도 모르기 때문이다.

그러던 어느 날 두 사람은 이른바 맞춤아이(designer baby)에 대해 듣게 되었다. 맞춤아이 시술이란 착상 전 진단(PGD) 기술을 이용하여 유리와 유전적으로 가장 일치하는 아이를 선별하여 착상시킨 다음 그 아이가 태어나면 그 아이의 골수를 유리에게 이식하는 방법이다. 물론 골수를 이식한다고 해서 태어난 아이가 아주 큰 위험에 빠지거나 죽지는 않는다. 그래서 두 사람은 그 분야의 전문가인 심오한 박사에게 찾아가서 상담을 하였다.

심 박사는 부모의 심각한 유전질환을 자녀에게 물려주지 않기 위한 방법으로 착상 전 진단을 시행한 경험은 있었다. 그러나 언니의 질환치료를 위한 목적으로 동생을 태어나게 하는 맞춤아이에 대해서는 그것이 생명윤리의 관점에서 허용 가능한 것인지 여부에 대해서는 판단이 서지 않았다. 마침 심 박사가 근무하는 병원에는 생명윤리위원회가 잘 운영되고 있다. 그래서 심 박사는 생명윤리위원회에 이 문제에 대한 판단을 요청하였다. 이 경우, 여러분이 병원윤리위원회에 위원으로 참석하고 있는 변호사라고 가정하자. 여러분은 변호사이기 이전에 생명윤리위원회의 위원으로서 인간의 존엄과 인권을 고려한 생명윤리에 관한 판단을 내려야 할 것이다. 그러나 동시에 생명윤리위원회의 다른 위원들과는 다른 법률가의 관점을 그 판단에 투영시켜야 할 것이다. 그렇다면 여러분은 어떤 의견을 제시하겠는가? 혹은 위원회의 심의과정에서 어떤 역할을 수행하겠는가?

V. 토론과제

1. 위 연습문제 사례는 소설과 영화로 전 세계에 큰 반향을 일으켰던 "My Sister's Keeper"를 문제화 한 것이다. 이 소설에서는 맞춤아이로 태어난 동생이 부모를 상대로 소송을 제기하는데, 소설을 읽고 그 소송이 우리나라에서 진행되었다면 어떻게 될 것인지 토론해 보자.

2. 생명윤리의 많은 문제, 예를 들어 연명치료의 중단을 허용할 것인가 말 것인가 배아를 배아줄기세포 연구를 위해 사용하는 것을 허용할 것인가 말 것인가 등은 언제나 사회적으로 많은 찬반양론에 처해 있다. 여러분은 개인적으로 자신의 신념에 따라 이런 문제에 대해 확고한 견해를 가질 수 있지만, 동시에 공동체의 공존을 지향하는 법률 전문가로서 또 다른 의견을 가질 수도 있다. 예를 들어, 특정 쟁점에 대해 사회의 찬반 양론이 너무 극렬하게 대립되어 공동체가 극심한 분열에 처해 있다면 그 경우 이를 조정할 수 있는 좋은 방법 중의 하나는 법이 될 것이다. 여러분은 이런 극심한 찬반 양론에 대해 법은 어떤 방법으로 조정할 수 있다고 생각하는가?

VI. 읽을거리

1. 인간복제, 유전자 조작, 유전공학에 대한 법적, 윤리적 문제점들에 대해서는 Hilary Putnam · Ian Wilmut · Richard Gardner · Jonathan Glover 등 저, 생물학사상연구회 역, "유전자혁명과 생명윤리", 아침이슬, 2004를 참조하시오.

2. 인간의 탄생 이전부터 죽음까지 과학과 의학이 이룬 생물학적 발견에 대해서는 David C. Thomasma, 토머신 쿠시너 저, 김완구 · 이상헌 · 이원봉 역, "탄생에서 죽음까지: 과학과 생명윤리", 문예출판사, 2003을 참조하시오.

3. 사람의 몸에 대한 물질화 및 상품화로 생길 수 있는 법적 · 사회적 · 윤리적 문제들에 대해서는 Dorothy Nelkin · Lori B. Andrews 저, 김명진 · 김병수 역, "인체시장", 궁리, 2006을 참조

하시오.

4. 줄기세포 연구의 가치와 그것에 따른 과학적·윤리적·정치적 문제들에 대해서는 Christopher Thomas Scott 저, 이한음 역, "줄기세포", 한승, 2006을 참조하시오.

5. 우리나라 사람들의 죽음에 대한 생각에 대해서는 이상목 등 저, "한국인의 죽음관과 생명윤리", 세종출판사, 2005를 참조하시오.

부 록

Law and Bioethics

생명윤리 및 안전에
관한 법률

생명윤리 및 안전에 관한 법률

[시행 2014. 6. 19.] [법률 제12447호, 2014. 3. 18., 일부개정]

보건복지부(생명윤리정책과) 044-202-2942

제1조(목적) 이 법은 인간과 인체유래물 등을 연구하거나, 배아나 유전자 등을 취급할 때 인간의 존엄과 가치를 침해하거나 인체에 위해(危害)를 끼치는 것을 방지함으로써 생명윤리 및 안전을 확보하고 국민의 건강과 삶의 질 향상에 이바지함을 목적으로 한다.

제2조(정의) 이 법에서 사용하는 용어의 뜻은 다음과 같다.

1. "인간대상연구"란 사람을 대상으로 물리적으로 개입하거나 의사소통, 대인 접촉 등의 상호작용을 통하여 수행하는 연구 또는 개인을 식별할 수 있는 정보를 이용하는 연구로서 보건복지부령으로 정하는 연구를 말한다.

2. "연구대상자"란 인간대상연구의 대상이 되는 사람을 말한다.

3. "배아"(胚芽)란 인간의 수정란 및 수정된 때부터 발생학적(發生學的)으로 모든 기관(器官)이 형성되기 전까지의 분열된 세포군(細胞群)을 말한다.

4. "잔여배아"란 체외수정(體外受精)으로 생성된 배아 중 임신의 목적으로 이용하고 남은 배아를 말한다.

5. "잔여난자"란 체외수정에 이용하고 남은 인간의 난자를 말한다.

6. "체세포핵이식행위"란 핵이 제거된 인간의 난자에 인간의 체세포 핵을 이식하는 것을 말한다.

7. "단성생식행위"란 인간의 난자가 수정 과정 없이 세포분열하여 발생하도록 하는 것을 말한다.

8. "체세포복제배아"(體細胞複製胚芽)란 체세포핵이식행위에 의하여 생성된 세포군을 말한다.

9. "단성생식배아"(單性生殖胚芽)란 단성생식행위에 의하여 생성된 세포군을 말한다.

10. "배아줄기세포주"(Embryonic stem cell lines)란 배아, 체세포복제배아, 단성생식배아 등으로부터 유래한 것으로서, 배양 가능한 조건에서 지속적으로 증식(增殖)

할 수 있고 다양한 세포로 분화(分化)할 수 있는 세포주(細胞株)를 말한다.

11. "인체유래물"(人體由來物)이란 인체로부터 수집하거나 채취한 조직·세포·혈액·체액 등 인체 구성물 또는 이들로부터 분리된 혈청, 혈장, 염색체, DNA (Deoxyribonucleic acid), RNA(Ribonucleic acid), 단백질 등을 말한다.

12. "인체유래물연구"란 인체유래물을 직접 조사·분석하는 연구를 말한다.

13. "인체유래물은행"이란 인체유래물 또는 유전정보와 그에 관련된 역학정보(疫學情報), 임상정보 등을 수집·보존하여 이를 직접 이용하거나 타인에게 제공하는 기관을 말한다.

14. "유전정보"란 인체유래물을 분석하여 얻은 개인의 유전적 특징에 관한 정보를 말한다.

15. "유전자검사"란 인체유래물로부터 유전정보를 얻는 행위로서 개인의 식별 또는 질병의 예방·진단·치료 등을 위하여 하는 검사를 말한다.

16. "유전자치료"란 질병의 예방 또는 치료를 목적으로 유전적 변이를 일으키는 일련의 행위를 말한다.

17. "개인식별정보"란 연구대상자와 배아·난자·정자 또는 인체유래물의 기증자(이하 "연구대상자등"이라 한다)의 성명·주민등록번호 등 개인을 식별할 수 있는 정보를 말한다.

18. "개인정보"란 개인식별정보, 유전정보 또는 건강에 관한 정보 등 개인에 관한 정보를 말한다.

19. "익명화"(匿名化)란 개인식별정보를 영구적으로 삭제하거나, 개인식별정보의 전부 또는 일부를 해당 기관의 고유식별기호로 대체하는 것을 말한다.

제3조(기본 원칙) ① 이 법에서 규율하는 행위들은 인간의 존엄과 가치를 침해하는 방식으로 하여서는 아니 되며, 연구대상자등의 인권과 복지는 우선적으로 고려되어야 한다.

② 연구대상자등의 자율성은 존중되어야 하며, 연구대상자등의 자발적인 동의는 충분한 정보에 근거하여야 한다.

③ 연구대상자등의 사생활은 보호되어야 하며, 사생활을 침해할 수 있는 개인정보는 당사자가 동의하거나 법률에 특별한 규정이 있는 경우를 제외하고는 비밀로서 보호되어야 한다.

④ 연구대상자등의 안전은 충분히 고려되어야 하며, 위험은 최소화되어야 한다.

⑤ 취약한 환경에 있는 개인이나 집단은 특별히 보호되어야 한다.

⑥ 생명윤리와 안전을 확보하기 위하여 필요한 국제 협력을 모색하여야 하고, 보편

적인 국제기준을 수용하기 위하여 노력하여야 한다.

제4조(적용 범위) ① 생명윤리 및 안전에 관하여는 다른 법률에 특별한 규정이 있는 경우를 제외하고는 이 법에 따른다.

② 생명윤리 및 안전에 관한 내용을 담은 다른 법률을 제정하거나 개정할 경우에는 이 법에 부합하도록 하여야 한다.

제5조(국가와 지방자치단체의 책무) ① 국가와 지방자치단체는 생명윤리 및 안전에 관한 문제에 효율적으로 대처할 수 있도록 필요한 시책을 마련하여야 한다.

② 국가와 지방자치단체는 생명윤리 및 안전 관련 연구와 활동에 대한 행정적·재정적 지원방안을 마련하여야 한다.

③ 국가와 지방자치단체는 각급 교육기관 등에서 생명윤리 및 안전에 대한 교육을 할 수 있도록 하여야 하고, 교육 프로그램을 개발하는 등 교육 여건이 조성되도록 지원하여야 한다.

제6조(생명윤리정책연구센터의 지정) ① 보건복지부장관은 생명윤리정책에 관한 전문적인 조사, 연구 및 교육 등을 실시하기 위하여 해당 업무를 수행할 능력이 있다고 인정하는 기관·단체 또는 시설을 생명윤리정책연구센터로 지정할 수 있다.

② 제1항에 따른 생명윤리정책연구센터의 지정 및 운영 등에 필요한 사항은 보건복지부령으로 정한다.

제7조(국가생명윤리심의위원회의 설치 및 기능) ① 생명윤리 및 안전에 관한 다음 각 호의 사항을 심의하기 위하여 대통령 소속으로 국가생명윤리심의위원회(이하 "국가위원회"라 한다)를 둔다.

1. 국가의 생명윤리 및 안전에 관한 기본 정책의 수립에 관한 사항

2. 제12조 제1항 제3호에 따른 공용기관생명윤리위원회의 업무에 관한 사항

3. 제15조 제2항에 따른 인간대상연구의 심의 면제에 관한 사항

4. 제19조 제3항에 따른 기록·보관 및 정보 공개에 관한 사항

5. 제29조 제1항 제3호에 따른 잔여배아를 이용할 수 있는 연구에 관한 사항

6. 제31조 제2항에 따른 연구의 종류·대상 및 범위에 관한 사항

7. 제35조 제1항 제3호에 따른 배아줄기세포주를 이용할 수 있는 연구에 관한 사항

8. 제36조 제2항에 따른 인체유래물연구의 심의 면제에 관한 사항

9. 제50조 제1항에 따른 유전자검사의 제한에 관한 사항

10. 그 밖에 생명윤리 및 안전에 관하여 사회적으로 심각한 영향을 미칠 수 있다고 판단하여 국가위원회의 위원장이 회의에 부치는 사항

② 국가위원회의 위원장은 제1항 제1호부터 제9호까지의 규정에 해당하는 사항으

로서 재적위원 3분의 1 이상의 위원이 발의한 사항에 관하여는 국가위원회의 회의에 부쳐야 한다.

제8조(국가위원회의 구성) ① 국가위원회는 위원장 1명, 부위원장 1명을 포함한 16명 이상 20명 이하의 위원으로 구성한다. 〈개정 2013. 3. 23.〉

② 위원장은 위원 중에서 대통령이 임명하거나 위촉하고, 부위원장은 위원 중에서 호선(互選)한다.

③ 국가위원회의 위원은 다음 각 호의 사람이 된다. 〈개정 2013. 3. 23.〉

1. 미래창조과학부장관, 교육부장관, 법무부장관, 산업통상자원부장관, 보건복지부 장관, 여성가족부장관

2. 생명과학·의과학(醫科學)·사회과학 등의 연구 분야에 대한 전문지식과 경험이 풍부한 사람 중에서 대통령이 위촉하는 7명 이내의 사람

3. 종교계·윤리학계·법조계·시민단체(「비영리민간단체 지원법」 제2조에 따른 비 영리민간단체를 말한다) 또는 여성계를 대표하는 사람 중에서 대통령이 위촉하 는 7명 이내의 사람

④ 제3항 제2호 및 제3호에 따른 위원의 임기는 3년으로 하되, 연임할 수 있다. 다 만, 위원의 자리가 비게 된 경우에 새로 위촉된 위원의 임기는 전임자 임기의 남은 기간으로 한다.

⑤ 국가위원회에 간사위원 2명을 두되, 간사위원은 미래창조과학부장관과 보건복지 부장관으로 하며, 수석 간사위원은 보건복지부장관으로 한다. 〈개정 2013. 3. 23.〉

⑥ 보건복지부장관은 국가위원회의 사무 처리 등 업무를 지원하기 위하여 보건복 지부령으로 정하는 바에 따라 생명윤리 및 안전에 관련한 전문기관 중 하나를 지정 하여 그 전문기관으로 하여금 사무국의 기능을 수행하게 할 수 있다. 〈신설 2014. 3. 18.〉

제9조(국가위원회의 운영) ① 국가위원회의 효율적인 운영을 위하여 국가위원회에 분야 별 전문위원회를 둘 수 있다.

② 국가위원회의 사무는 수석 간사위원이 처리한다.

③ 국가위원회의 회의 등 활동은 독립적이어야 하고, 공개를 원칙으로 한다.

④ 국가위원회는 필요한 경우에 관련 당사자의 출석, 의견 진술 및 자료 제출 등을 요구할 수 있다. 이 경우 해당 요구를 받은 자는 타당한 사유가 없으면 요구에 따 라야 한다.

⑤ 이 법에서 정한 사항 외에 국가위원회 및 전문위원회의 구성·운영, 그 밖에 필 요한 사항은 대통령령으로 정한다.

제10조(기관생명윤리위원회의 설치 및 기능) ① 생명윤리 및 안전을 확보하기 위하여 다음 각 호의 기관은 기관생명윤리위원회(이하 "기관위원회"라 한다)를 설치하여야 한다.

1. 인간대상연구를 수행하는 자(이하 "인간대상연구자"라 한다)가 소속된 교육·연구 기관 또는 병원 등
2. 인체유래물연구를 수행하는 자(이하 "인체유래물연구자"라 한다)가 소속된 교육·연구 기관 또는 병원 등
3. 제22조 제1항에 따라 지정된 배아생성의료기관
4. 제29조 제2항에 따라 등록한 배아연구기관
5. 제31조 제3항에 따라 등록한 체세포복제배아등의 연구기관
6. 제41조 제1항에 따라 보건복지부장관의 허가를 받은 인체유래물은행
7. 그 밖에 생명윤리 및 안전에 관하여 사회적으로 심각한 영향을 미칠 수 있는 기관으로서 보건복지부령으로 정하는 기관

② 제1항에도 불구하고 보건복지부령으로 정하는 바에 따라 다른 기관의 기관위원회 또는 제12조 제1항에 따른 공용기관생명윤리위원회와 제3항 및 제11조 제4항에서 정한 기관위원회 업무의 수행을 위탁하기로 협약을 맺은 기관은 기관위원회를 설치한 것으로 본다.

③ 기관위원회는 다음 각 호의 업무를 수행한다.

1. 다음 각 목에 해당하는 사항의 심의
가. 연구계획서의 윤리적·과학적 타당성
나. 연구대상자등으로부터 적법한 절차에 따라 동의를 받았는지 여부
다. 연구대상자등의 안전에 관한 사항
라. 연구대상자등의 개인정보 보호 대책
마. 그 밖에 기관에서의 생명윤리 및 안전에 관한 사항
2. 해당 기관에서 수행 중인 연구의 진행과정 및 결과에 대한 조사·감독
3. 그 밖에 생명윤리 및 안전을 위한 다음 각 목의 활동
가. 해당 기관의 연구자 및 종사자 교육
나. 취약한 연구대상자등의 보호 대책 수립
다. 연구자를 위한 윤리지침 마련

④ 제1항에 따라 기관위원회를 설치한 기관은 보건복지부장관에게 그 기관위원회를 등록하여야 한다.

⑤ 제3항 및 제4항에 따른 기관위원회의 기능 및 등록 등에 필요한 사항은 보건복

지부령으로 정한다.

제11조(기관위원회의 구성 및 운영 등) ① 기관위원회는 위원장 1명을 포함하여 5명 이상의 위원으로 구성하되, 하나의 성(性)으로만 구성할 수 없으며, 사회적·윤리적 타당성을 평가할 수 있는 경험과 지식을 갖춘 사람 1명 이상과 그 기관에 종사하지 아니하는 사람 1명 이상이 포함되어야 한다.

② 기관위원회의 위원은 제10조 제1항 각 호의 기관의 장이 위촉하며, 위원장은 위원 중에서 호선한다.

③ 기관위원회의 심의대상인 연구·개발 또는 이용에 관여하는 위원은 해당 연구·개발 또는 이용과 관련된 심의에 참여하여서는 아니 된다.

④ 제10조 제1항 각 호의 기관의 장은 해당 기관에서 수행하는 연구 등에서 생명윤리 또는 안전에 중대한 위해가 발생하거나 발생할 우려가 있는 경우에는 지체 없이 기관위원회를 소집하여 이를 심의하도록 하고, 그 결과를 보건복지부장관에게 보고하여야 한다.

⑤ 제10조 제1항 각 호의 기관의 장은 기관위원회가 독립성을 유지할 수 있도록 하여야 하며, 행정적·재정적 지원을 하여야 한다.

⑥ 제10조 제1항에 따라 둘 이상의 기관위원회를 설치한 기관은 보건복지부령으로 정하는 바에 따라 해당 기관위원회를 통합하여 운영할 수 있다.

⑦ 제1항부터 제6항까지에서 규정한 사항 외에 기관위원회의 구성 및 운영에 필요한 사항은 보건복지부령으로 정한다.

제12조(공용기관생명윤리위원회의 지정 및 기관위원회의 공동 운영) ① 보건복지부장관은 다음 각 호의 업무를 하게 하기 위하여 제10조 제1항에 따라 설치된 기관위원회 중에서 기관 또는 연구자가 공동으로 이용할 수 있는 공용기관생명윤리위원회(이하 "공용위원회"라 한다)를 지정할 수 있다.

1. 제10조 제2항에 따라 공용위원회와 협약을 맺은 기관이 위탁한 업무

2. 교육·연구 기관 또는 병원 등에 소속되지 아니한 인간대상연구자 또는 인체유래물연구자가 신청한 업무

3. 그 밖에 국가위원회의 심의를 거쳐 보건복지부령으로 정하는 업무

② 둘 이상의 기관이 공동으로 수행하는 연구로서 각각의 기관위원회에서 해당 연구를 심의하는 것이 적절하지 아니하는 경우에 수행 기관은 각각의 소관 기관위원회 중 하나의 기관위원회를 선정하여 해당 연구를 심의하게 할 수 있다.

③ 제1항 및 제2항에 따른 공용위원회의 지정, 기능, 운영 및 기관위원회의 공동 운영 등에 필요한 사항은 보건복지부령으로 정한다.

제13조(기관위원회의 지원 등) ① 보건복지부장관은 기관위원회의 운영을 적절하게 감독·지원하기 위하여 다음 각 호의 업무를 수행한다.

1. 기관위원회의 조사
2. 기관위원회 위원의 교육
3. 그 밖에 기관위원회의 감독 및 지원에 필요한 업무로서 보건복지부령으로 정하는 업무

② 기관위원회의 조사 및 교육 지원 등에 필요한 사항은 보건복지부령으로 정한다.

제14조(기관위원회의 평가 및 인증) ① 보건복지부장관은 기관위원회의 구성 및 운영실적 등을 정기적으로 평가하여 인증할 수 있다.

② 보건복지부장관은 제1항에 따라 인증을 받은 기관위원회의 인증 결과를 인터넷 홈페이지 등에 공표할 수 있다.

③ 중앙행정기관의 장은 제1항에 따른 인증 결과에 따라 그 기관에 예산 지원 및 국가 연구비 지원 제한 등의 조치를 할 수 있다.

④ 보건복지부장관은 제1항에 따라 인증을 받은 기관위원회가 다음 각 호의 어느 하나에 해당하면 그 인증을 취소할 수 있다. 다만, 제1호에 해당하는 경우에는 그 인증을 취소하여야 한다.

1. 거짓이나 부정한 방법으로 인증을 받은 경우
2. 기관위원회의 구성 및 운영에 중요한 변동사항이 발생하여 제5항에 따른 인증기준에 맞지 아니하는 경우

⑤ 제1항에 따른 인증의 기준 및 유효기간 등에 관하여 필요한 사항은 대통령령으로 정한다.

제15조(인간대상연구의 심의) ① 인간대상연구를 하려는 자는 인간대상연구를 하기 전에 연구계획서를 작성하여 기관위원회의 심의를 받아야 한다.

② 제1항에도 불구하고 연구대상자 및 공공에 미치는 위험이 미미한 경우로서 국가위원회의 심의를 거쳐 보건복지부령으로 정한 기준에 맞는 연구는 기관위원회의 심의를 면제할 수 있다.

제16조(인간대상연구의 동의) ① 인간대상연구자는 인간대상연구를 하기 전에 연구대상자로부터 다음 각 호의 사항이 포함된 서면동의(전자문서를 포함한다. 이하 같다)를 받아야 한다.

1. 인간대상연구의 목적
2. 연구대상자의 참여 기간, 절차 및 방법
3. 연구대상자에게 예상되는 위험 및 이득

4. 개인정보 보호에 관한 사항

5. 연구 참여에 따른 손실에 대한 보상

6. 개인정보 제공에 관한 사항

7. 동의의 철회에 관한 사항

8. 그 밖에 기관위원회가 필요하다고 인정하는 사항

② 제1항에도 불구하고 동의 능력이 없거나 불완전한 사람으로서 보건복지부령으로 정하는 연구대상자가 참여하는 연구의 경우에는 다음 각 호에서 정한 대리인의 서면동의를 받아야 한다. 이 경우 대리인의 동의는 연구대상자의 의사에 어긋나서는 아니 된다.

1. 법정대리인

2. 법정대리인이 없는 경우 배우자, 직계존속, 직계비속의 순으로 하되, 직계존속 또는 직계비속이 여러 사람일 경우 협의하여 정하고, 협의가 되지 아니하면 연장자가 대리인이 된다.

③ 제1항에도 불구하고 다음 각 호의 요건을 모두 갖춘 경우에는 기관위원회의 승인을 받아 연구대상자의 서면동의를 면제할 수 있다. 이 경우 제2항에 따른 대리인의 서면동의는 면제하지 아니한다.

1. 연구대상자의 동의를 받는 것이 연구 진행과정에서 현실적으로 불가능하거나 연구의 타당성에 심각한 영향을 미친다고 판단되는 경우

2. 연구대상자의 동의 거부를 추정할 만한 사유가 없고, 동의를 면제하여도 연구대상자에게 미치는 위험이 극히 낮은 경우

④ 인간대상연구자는 제1항 및 제2항에 따른 서면동의를 받기 전에 동의권자에게 제1항 각 호의 사항에 대하여 충분히 설명하여야 한다.

제17조(연구대상자에 대한 안전대책) ① 인간대상연구자는 사전에 연구 및 연구환경이 연구대상자에게 미칠 신체적·정신적 영향을 평가하고 안전대책을 마련하여야 하며, 수행 중인 연구가 개인 및 사회에 중대한 해악(害惡)을 초래할 가능성이 있을 때에는 이를 즉시 소속 기관의 장에게 보고하고 적절한 조치를 하여야 한다.

② 인간대상연구자는 질병의 진단이나 치료, 예방과 관련된 연구에서 연구대상자에게 의학적으로 필요한 치료를 지연하거나 진단 및 예방의 기회를 박탈하여서는 아니 된다.

제18조(개인정보의 제공) ① 인간대상연구자는 제16조 제1항에 따라 연구대상자로부터 개인정보를 제공하는 것에 대하여 서면동의를 받은 경우에는 기관위원회의 심의를 거쳐 개인정보를 제3자에게 제공할 수 있다.

② 인간대상연구자가 제1항에 따라 개인정보를 제3자에게 제공하는 경우에는 익명화하여야 한다. 다만, 연구대상자가 개인식별정보를 포함하는 것에 동의한 경우에는 그러하지 아니하다.

제19조(기록의 유지와 정보의 공개) ① 인간대상연구자는 인간대상연구와 관련한 사항을 기록·보관하여야 한다.

② 연구대상자는 자신에 관한 정보의 공개를 청구할 수 있으며, 그 청구를 받은 인간대상연구자는 특별한 사유가 없으면 정보를 공개하여야 한다.

③ 제1항 및 제2항에 따른 기록·보관 및 정보 공개에 관한 구체적인 사항은 국가위원회의 심의를 거쳐 보건복지부령으로 정한다.

제20조(인간복제의 금지) ① 누구든지 체세포복제배아 및 단성생식배아(이하 "체세포복제배아등"이라 한다)를 인간 또는 동물의 자궁에 착상시켜서는 아니 되며, 착상된 상태를 유지하거나 출산하여서는 아니 된다.

② 누구든지 제1항에 따른 행위를 유인하거나 알선하여서는 아니 된다.

제21조(이종 간의 착상 등의 금지) ① 누구든지 인간의 배아를 동물의 자궁에 착상시키거나 동물의 배아를 인간의 자궁에 착상시키는 행위를 하여서는 아니 된다.

② 누구든지 다음 각 호의 행위를 하여서는 아니 된다.

1. 인간의 난자를 동물의 정자로 수정시키거나 동물의 난자를 인간의 정자로 수정시키는 행위. 다만, 의학적으로 인간의 정자의 활동성을 시험하기 위한 경우는 제외한다.

2. 핵이 제거된 인간의 난자에 동물의 체세포 핵을 이식하거나 핵이 제거된 동물의 난자에 인간의 체세포 핵을 이식하는 행위

3. 인간의 배아와 동물의 배아를 융합하는 행위

4. 다른 유전정보를 가진 인간의 배아를 융합하는 행위

③ 누구든지 제2항 각 호의 어느 하나에 해당하는 행위로부터 생성된 것을 인간 또는 동물의 자궁에 착상시키는 행위를 하여서는 아니 된다.

제22조(배아생성의료기관의 지정 등) ① 체외수정을 위하여 난자 또는 정자를 채취·보존하거나 이를 수정시켜 배아를 생성하려는 의료기관은 보건복지부장관으로부터 배아생성의료기관으로 지정받아야 한다.

② 배아생성의료기관으로 지정받으려는 의료기관은 보건복지부령으로 정하는 시설 및 인력 등을 갖추어야 한다.

③ 배아생성의료기관의 지정 기준 및 절차 등에 관하여 필요한 사항은 보건복지부령으로 정한다.

④ 제1항에 따라 지정을 받은 배아생성의료기관(이하 "배아생성의료기관"이라 한다)이 보건복지부령으로 정하는 중요한 사항을 변경할 경우에는 보건복지부장관에게 그 변경사항을 신고하여야 한다.

⑤ 배아생성의료기관의 장은 휴업하거나 폐업하는 경우에는 보건복지부령으로 정하는 바에 따라 보건복지부장관에게 신고하여야 한다.

⑥ 배아생성의료기관의 장은 휴업하거나 폐업할 때에 보건복지부령으로 정하는 바에 따라 보관 중인 배아, 생식세포 및 관련 서류를 질병관리본부 또는 다른 배아생성의료기관으로 이관하여야 한다.

제23조(배아의 생성에 관한 준수사항) ① 누구든지 임신 외의 목적으로 배아를 생성하여서는 아니 된다.

② 누구든지 배아를 생성할 때 다음 각 호의 어느 하나에 해당하는 행위를 하여서는 아니 된다.

1. 특정의 성을 선택할 목적으로 난자와 정자를 선별하여 수정시키는 행위
2. 사망한 사람의 난자 또는 정자로 수정하는 행위
3. 미성년자의 난자 또는 정자로 수정하는 행위. 다만, 혼인한 미성년자가 그 자녀를 얻기 위하여 수정하는 경우는 제외한다.

③ 누구든지 금전, 재산상의 이익 또는 그 밖의 반대급부(反對給付)를 조건으로 배아나 난자 또는 정자를 제공 또는 이용하거나 이를 유인하거나 알선하여서는 아니 된다.

제24조(배아의 생성 등에 관한 동의) ① 배아생성의료기관은 배아를 생성하기 위하여 난자 또는 정자를 채취할 때에는 다음 각 호의 사항에 대하여 난자 기증자, 정자 기증자, 체외수정 시술대상자 및 해당 기증자·시술대상자의 배우자가 있는 경우 그 배우자(이하 "동의권자"라 한다)의 서면동의를 받아야 한다. 다만, 장애인의 경우는 그 특성에 맞게 동의를 구하여야 한다.

1. 배아생성의 목적에 관한 사항
2. 배아·난자·정자의 보존기간 및 그 밖에 보존에 관한 사항
3. 배아·난자·정자의 폐기에 관한 사항
4. 잔여배아 및 잔여난자를 연구 목적으로 이용하는 것에 관한 사항
5. 동의의 변경 및 철회에 관한 사항
6. 동의권자의 권리 및 정보 보호, 그 밖에 보건복지부령으로 정하는 사항

② 배아생성의료기관은 제1항에 따른 서면동의를 받기 전에 동의권자에게 제1항 각 호의 사항에 대하여 충분히 설명하여야 한다.

③ 제1항에 따른 서면동의를 위한 동의서의 서식 및 보관 등에 필요한 사항은 보건복지부령으로 정한다.

제25조(배아의 보존 및 폐기) ① 배아의 보존기간은 5년으로 한다. 다만, 동의권자가 보존기간을 5년 미만으로 정한 경우에는 이를 보존기간으로 한다.

② 제1항에도 불구하고 항암치료 등 보건복지부령으로 정하는 경우에는 동의권자가 보존기간을 5년 이상으로 정할 수 있다.

③ 배아생성의료기관은 제1항 또는 제2항에 따른 보존기간이 끝난 배아 중 제29조에 따른 연구의 목적으로 이용하지 아니할 배아는 폐기하여야 한다.

④ 배아생성의료기관은 배아의 폐기에 관한 사항을 기록·보관하여야 한다.

⑤ 제3항 및 제4항에 따른 배아의 폐기 절차 및 방법, 배아의 폐기에 관한 사항의 기록·보관에 필요한 사항은 보건복지부령으로 정한다.

제26조(잔여배아 및 잔여난자의 제공) ① 배아생성의료기관은 연구에 필요한 잔여배아를 제30조 제1항에 따라 배아연구계획서의 승인을 받은 배아연구기관에 제공하거나 잔여난자를 제31조 제4항에 따라 체세포복제배아등 연구계획서의 승인을 받은 체세포복제배아등의 연구기관에 제공하는 경우에는 무상으로 하여야 한다. 다만, 배아생성의료기관은 잔여배아 및 잔여난자의 보존 및 제공에 든 경비의 경우에는 보건복지부령으로 정하는 바에 따라 제공받는 연구기관에 대하여 경비지급을 요구할 수 있다.

② 제1항에 따른 잔여배아 및 잔여난자의 제공 절차, 경비의 산출, 그 밖에 필요한 사항은 보건복지부령으로 정한다.

③ 배아생성의료기관은 잔여배아 및 잔여난자의 보존 및 제공 등에 관한 사항을 보건복지부령으로 정하는 바에 따라 보건복지부장관에게 보고하여야 한다.

제27조(난자 기증자의 보호 등) ① 배아생성의료기관은 보건복지부령으로 정하는 바에 따라 난자를 채취하기 전에 난자 기증자에 대하여 건강검진을 하여야 한다.

② 배아생성의료기관은 보건복지부령으로 정하는 건강 기준에 미치지 못하는 사람으로부터 난자를 채취하여서는 아니 된다.

③ 배아생성의료기관은 동일한 난자 기증자로부터 대통령령으로 정하는 빈도 이상으로 난자를 채취하여서는 아니 된다.

④ 배아생성의료기관은 난자 기증에 필요한 시술 및 회복에 걸리는 시간에 따른 보상금 및 교통비 등 보건복지부령으로 정하는 항목에 관하여 보건복지부령으로 정하는 금액을 난자 기증자에게 지급할 수 있다.

제28조(배아생성의료기관의 준수사항) 배아생성의료기관은 다음 각 호의 사항을 준수하

여야 한다.

1. 제24조에 따른 동의서에 적힌 내용대로 배아·난자 및 정자를 취급할 것
2. 보건복지부령으로 정하는 바에 따라 잔여배아 및 잔여난자의 보존·취급 및 폐기 등의 관리를 철저히 할 것
3. 그 밖에 생명윤리 및 안전의 확보를 위하여 필요하다고 인정하여 보건복지부령으로 정하는 사항

제29조(잔여배아 연구) ① 제25조에 따른 배아의 보존기간이 지난 잔여배아는 발생학적으로 원시선(原始線)이 나타나기 전까지만 체외에서 다음 각 호의 연구 목적으로 이용할 수 있다.

1. 난임치료법 및 피임기술의 개발을 위한 연구
2. 근이영양증(筋異營養症), 그 밖에 대통령령으로 정하는 희귀·난치병의 치료를 위한 연구
3. 그 밖에 국가위원회의 심의를 거쳐 대통령령으로 정하는 연구

② 제1항에 따라 잔여배아를 연구하려는 자는 보건복지부령으로 정하는 시설·인력 등을 갖추고 보건복지부장관에게 배아연구기관으로 등록하여야 한다.

③ 제2항에 따라 등록한 배아연구기관(이하 "배아연구기관"이라 한다)이 보건복지부령으로 정하는 중요한 사항을 변경하거나 폐업할 경우에는 보건복지부장관에게 신고하여야 한다.

제30조(배아연구계획서의 승인) ① 배아연구기관은 잔여배아의 연구를 하려면 미리 보건복지부장관에게 배아연구계획서를 제출하여 승인을 받아야 한다. 배아연구계획서의 내용 중 대통령령으로 정하는 중요한 사항을 변경하는 경우에도 또한 같다.

② 제1항에 따른 배아연구계획서에는 기관위원회의 심의 결과에 관한 서류가 첨부되어야 한다.

③ 보건복지부장관은 다른 중앙행정기관의 장이 연구비를 지원하는 배아연구기관으로부터 배아연구계획서를 제출받았을 때에는 승인 여부를 결정하기 전에 그 중앙행정기관의 장과 협의하여야 한다.

④ 배아연구계획서의 승인 기준 및 절차, 제출서류, 그 밖에 필요한 사항은 보건복지부령으로 정한다.

제31조(체세포복제배아등의 연구) ① 누구든지 제29조 제1항 제2호에 따른 희귀·난치병의 치료를 위한 연구 목적 외에는 체세포핵이식행위 또는 단성생식행위를 하여서는 아니 된다.

② 제1항에 따른 연구의 종류·대상 및 범위는 국가위원회의 심의를 거쳐 대통령령

으로 정한다.

③ 체세포복제배아등을 생성하거나 연구하려는 자는 보건복지부령으로 정하는 시설 및 인력 등을 갖추고 보건복지부장관에게 등록하여야 한다.

④ 제3항에 따라 등록한 기관(이하 "체세포복제배아등의 연구기관"이라 한다)은 체세포복제배아등을 생성하거나 연구하려면 보건복지부령으로 정하는 바에 따라 미리 보건복지부장관에게 연구계획서(이하 "체세포복제배아등 연구계획서"라 한다)를 제출하여 승인을 받아야 한다.

⑤ 체세포복제배아등 연구계획서의 승인에 관하여는 제30조를 준용한다. 이 경우 "잔여배아"는 "체세포복제배아등"으로, "배아연구계획서"는 "체세포복제배아등 연구계획서"로 각각 본다.

제32조(배아연구기관 등의 준수사항) ① 배아연구기관 및 체세포복제배아등의 연구기관은 해당 기관에서 수행하는 연구로 인하여 생명윤리 또는 안전에 중대한 위해가 발생하거나 발생할 우려가 있는 경우에는 연구 중단 등 적절한 조치를 하여야 한다.

② 배아연구기관 및 체세포복제배아등의 연구기관이 잔여배아 및 잔여난자를 제공받은 후 이를 연구의 목적으로 이용하지 아니하려는 경우에는 제25조 제3항부터 제5항까지의 규정을 준용한다. 이 경우 "배아"는 "잔여배아 및 잔여난자"로 본다.

③ 배아연구기관이 잔여배아를 관리하는 경우 및 체세포복제배아등의 연구기관이 잔여난자, 체세포복제배아등을 관리하는 경우에는 제28조를 준용한다.

제33조(배아줄기세포주의 등록) ① 배아줄기세포주를 수립하거나 수입한 자는 그 배아줄기세포주를 제34조에 따라 제공하거나 제35조에 따라 이용하기 전에 보건복지부령으로 정하는 바에 따라 그 배아줄기세포주를 보건복지부장관에게 등록하여야 한다.

② 보건복지부장관은 배아줄기세포주의 등록을 신청한 자가 다른 중앙행정기관의 장으로부터 과학적 검증을 받은 경우에는 제1항에 따른 등록을 하는 데에 그 검증자료를 활용하여야 한다.

③ 보건복지부장관은 제1항에 따라 배아줄기세포주를 등록한 자에게 배아줄기세포주의 검증 등에 든 비용의 전부 또는 일부를 지원할 수 있다.

제34조(배아줄기세포주의 제공) ① 배아줄기세포주를 수립한 자가 그 배아줄기세포주를 타인에게 제공하려면 보건복지부령으로 정하는 바에 따라 기관위원회의 심의를 거쳐야 한다.

② 제1항에 따라 배아줄기세포주를 제공한 자는 보건복지부령으로 정하는 바에 따라 보건복지부장관에게 배아줄기세포주의 제공현황을 보고하여야 한다.

③ 제1항에 따라 배아줄기세포주를 제공하는 경우에는 무상으로 하여야 한다. 다만, 배아줄기세포주를 제공하는 자는 배아줄기세포주의 보존 및 제공에 든 경비의 경우에는 보건복지부령으로 정하는 바에 따라 이를 제공받는 자에 대하여 경비지급을 요구할 수 있다.

④ 제1항부터 제3항까지의 규정에 따른 배아줄기세포주의 제공 및 보고, 경비의 산출 방법 등에 관하여 필요한 사항은 보건복지부령으로 정한다.

제35조(배아줄기세포주의 이용) ① 제33조 제1항에 따라 등록된 배아줄기세포주는 체외에서 다음 각 호의 연구 목적으로만 이용할 수 있다.

1. 질병의 진단·예방 또는 치료를 위한 연구

2. 줄기세포의 특성 및 분화에 관한 기초연구

3. 그 밖에 국가위원회의 심의를 거쳐 대통령령으로 정하는 연구

② 제1항에 따라 배아줄기세포주를 이용하려는 자는 해당 연구계획서에 대하여 보건복지부령으로 정하는 바에 따라 기관위원회의 심의를 거쳐 해당 기관의 장의 승인을 받아야 한다. 승인을 받은 연구계획서의 내용 중 대통령령으로 정하는 중요한 사항을 변경하는 경우에도 또한 같다.

③ 제2항에 따라 승인 또는 변경승인을 받은 자는 보건복지부령으로 정하는 바에 따라 그 사실을 보건복지부장관에게 보고하여야 한다.

④ 제2항에 따라 승인을 받은 자는 배아줄기세포주를 제공한 자에게 제공받은 배아줄기세포주의 이용계획서를 작성하여 제출하여야 한다.

⑤ 제2항에 따라 연구를 승인한 기관의 장은 연구를 하는 자가 연구계획에 적합하게 연구를 하도록 감독하여야 한다.

제36조(인체유래물연구의 심의) ① 인체유래물연구를 하려는 자는 인체유래물연구를 하기 전에 연구계획서에 대하여 기관위원회의 심의를 받아야 한다.

② 제1항에도 불구하고 인체유래물 기증자 및 공공에 미치는 위험이 미미한 경우로서 국가위원회의 심의를 거쳐 보건복지부령으로 정한 기준에 맞는 연구는 기관위원회의 심의를 면제할 수 있다.

제37조(인체유래물연구의 동의) ① 인체유래물연구자는 인체유래물연구를 하기 전에 인체유래물 기증자로부터 다음 각 호의 사항이 포함된 서면동의를 받아야 한다.

1. 인체유래물연구의 목적

2. 개인정보의 보호 및 처리에 관한 사항

3. 인체유래물의 보존 및 폐기 등에 관한 사항

4. 인체유래물과 그로부터 얻은 유전정보(이하 "인체유래물등"이라 한다)의 제공에

관한 사항

5. 동의의 철회, 동의 철회 시 인체유래물등의 처리, 인체유래물 기증자의 권리, 연구 목적의 변경, 그 밖에 보건복지부령으로 정하는 사항

② 제1항에도 불구하고 인체유래물연구자가 아닌 인체유래물 채취자로부터 인체유래물을 제공받아 연구를 하는 인체유래물연구자의 경우에 그 인체유래물 채취자가 인체유래물 기증자로부터 제1항 각호의 사항이 포함된 서면동의를 받았을 때에는 제1항에 따른 서면동의를 받은 것으로 본다.

③ 인체유래물연구의 서면동의 면제에 관하여는 제16조 제3항을 준용한다. 이 경우 "연구대상자"는 "인체유래물 기증자"로 본다.

④ 인체유래물연구자는 제1항에 따른 서면동의를 받기 전에 인체유래물 기증자에게 제1항 각 호의 사항에 대하여 충분히 설명하여야 한다.

⑤ 제1항에 따른 서면동의를 위한 동의서의 서식 등에 관하여 필요한 사항은 보건복지부령으로 정한다.

제38조(인체유래물등의 제공) ① 인체유래물연구자는 제37조 제1항에 따라 인체유래물 기증자로부터 인체유래물등을 제공하는 것에 대하여 서면동의를 받은 경우에는 기관위원회의 심의를 거쳐 인체유래물등을 인체유래물은행이나 다른 연구자에게 제공할 수 있다.

② 인체유래물연구자가 제1항에 따라 인체유래물등을 다른 연구자에게 제공하는 경우에는 익명화하여야 한다. 다만, 인체유래물 기증자가 개인식별정보를 포함하는 것에 동의한 경우에는 그러하지 아니하다.

③ 제1항에 따라 인체유래물등을 제공할 경우 무상으로 하여야 한다. 다만, 인체유래물연구자가 소속된 기관은 인체유래물등의 보존 및 제공에 든 경비의 경우에는 보건복지부령으로 정하는 바에 따라 인체유래물등을 제공받아 연구하는 자에게 경비지급을 요구할 수 있다.

④ 인체유래물연구자는 제1항에 따라 인체유래물등을 제공하거나 제공받았을 때에는 보건복지부령으로 정하는 바에 따라 인체유래물등의 제공에 관한 기록을 작성·보관하여야 한다.

⑤ 인체유래물등의 제공 방법 및 절차, 경비의 산출, 그 밖에 필요한 사항은 보건복지부령으로 정한다.

제39조(인체유래물등의 보존 및 폐기) ① 인체유래물연구자는 동의서에 정한 기간이 지난 인체유래물등을 폐기하여야 한다. 다만, 인체유래물등을 보존하는 중에 인체유래물 기증자가 보존기간의 변경이나 폐기를 요청하는 경우에는 요청에 따라야 한다.

② 인체유래물연구자는 제1항에 따른 인체유래물등의 폐기에 관한 사항을 보건복지부령으로 정하는 바에 따라 기록·보관하여야 한다.

③ 인체유래물연구자가 부득이한 사정으로 인하여 인체유래물등을 보존할 수 없는 경우에는 기관위원회의 심의를 거쳐 인체유래물등을 처리하거나 이관하여야 한다.

④ 인체유래물등의 보존, 폐기, 처리 또는 이관 등에 필요한 사항은 보건복지부령으로 정한다.

제40조(인체유래물연구자의 준수사항) 인체유래물연구자의 인체유래물 기증자에 대한 안전대책 및 기록의 유지와 정보 공개에 관하여는 제17조 및 제19조를 각각 준용한다. 이 경우 "인간대상연구"는 "인체유래물연구"로, "연구대상자"는 "인체유래물 기증자"로 각각 본다.

제41조(인체유래물은행의 허가 및 신고) ① 인체유래물은행을 개설하려는 자는 대통령령으로 정하는 바에 따라 보건복지부장관의 허가를 받아야 한다. 다만, 국가기관이 직접 인체유래물은행을 개설하고자 하는 경우는 제외한다.

② 제1항에도 불구하고 다른 법령에 따라 중앙행정기관의 장으로부터 연구비 지원의 승인을 받아 인체유래물은행을 개설하려는 경우에는 그 중앙행정기관의 장으로부터 연구비 지원의 승인을 받은 후 보건복지부장관에게 신고하면 제1항에 따른 허가를 받은 것으로 본다. 이 경우 그 중앙행정기관의 장은 미리 보건복지부장관과 협의하여야 한다.

③ 제1항 및 제2항에 따라 개설된 인체유래물은행이 대통령령으로 정하는 중요한 사항을 변경하거나 휴업 또는 폐업하려는 경우에는 보건복지부장관에게 신고하여야 한다.

④ 인체유래물은행의 시설·장비 기준 및 허가·신고 절차, 그 밖에 필요한 사항은 대통령령으로 정한다.

제42조(인체유래물 채취 시의 동의) ① 인체유래물은행은 인체유래물연구에 쓰일 인체유래물을 직접 채취하거나 채취를 의뢰할 때에는 인체유래물을 채취하기 전에 인체유래물 기증자로부터 다음 각 호의 사항이 포함된 서면동의를 받아야 한다.

1. 인체유래물연구의 목적(인체유래물은행이 인체유래물연구를 직접 수행하는 경우만 해당한다)
2. 개인정보의 보호 및 처리에 관한 사항
3. 인체유래물등이 제공되는 연구자 및 기관의 범위에 관한 사항
4. 인체유래물등의 보존, 관리 및 폐기에 관한 사항
5. 동의의 철회, 동의의 철회 시 인체유래물등의 처리, 인체유래물 기증자의 권리나

그 밖에 보건복지부령으로 정하는 사항

② 인체유래물은행은 제1항에 따른 서면동의를 받기 전에 인체유래물 기증자에게 제1항 각 호의 사항에 대하여 충분히 설명하여야 한다.

③ 제1항에 따른 서면동의를 위한 동의서의 서식 등에 관하여 필요한 사항은 보건복지부령으로 정한다.

제43조(인체유래물등의 제공) ① 인체유래물은행의 장은 인체유래물등을 제공받으려는 자로부터 이용계획서를 제출받아 그 내용을 검토하여 제공 여부를 결정하여야 한다.

② 인체유래물은행의 장은 인체유래물등을 타인에게 제공하는 경우에는 익명화하여야 한다. 다만, 인체유래물 기증자가 개인식별정보를 포함하는 것에 동의한 경우에는 그러하지 아니하다.

③ 인체유래물은행의 장은 인체유래물등을 타인에게 제공하는 경우에는 무상으로 하여야 한다. 다만, 인체유래물등의 보존 및 제공에 든 경비를 보건복지부령으로 정하는 바에 따라 인체유래물등을 제공받는 자에게 요구할 수 있다.

④ 기관위원회는 인체유래물등의 제공에 필요한 지침을 마련하고, 지침에 따라 적정하게 제공되고 있는지 정기적으로 심의하여야 한다.

⑤ 인체유래물등 이용계획서의 기재내용·제출절차, 제공에 필요한 지침, 기관위원회의 심의, 그 밖에 인체유래물등의 제공 및 관리에 필요한 사항은 보건복지부령으로 정한다.

제44조(인체유래물은행의 준수사항) ① 인체유래물은행의 장 또는 그 종사자는 보존 중인 인체유래물등을 타당한 사유 없이 사용, 폐기, 손상하여서는 아니 된다.

② 인체유래물은행이 제38조 제1항 및 제53조 제1항에 따라 인체유래물등을 제공받은 경우에는 익명화하여야 한다.

③ 인체유래물은행의 인체유래물등의 보존 및 폐기에 관하여는 제39조를 준용한다.

④ 인체유래물은행의 장은 보건복지부령으로 정하는 바에 따라 인체유래물등의 익명화 방안이 포함된 개인정보 보호 지침을 마련하고, 개인정보 관리 및 보안을 담당하는 책임자를 지정하여야 한다.

제45조(인체유래물은행에 대한 지원) 국가나 지방자치단체는 예산의 범위에서 인체유래물은행의 운영에 필요한 비용을 지원할 수 있다.

제46조(유전정보에 의한 차별 금지 등) ① 누구든지 유전정보를 이유로 교육·고용·승진·보험 등 사회활동에서 다른 사람을 차별하여서는 아니 된다.

② 다른 법률에 특별한 규정이 있는 경우를 제외하고는 누구든지 타인에게 유전자검사를 받도록 강요하거나 유전자검사의 결과를 제출하도록 강요하여서는 아니 된다.

③ 의료기관은 「의료법」 제21조 제2항에 따라 환자 외의 자에게 제공하는 의무기록 및 진료기록 등에 유전정보를 포함시켜서는 아니 된다. 다만, 해당 환자와 동일한 질병의 진단 및 치료를 목적으로 다른 의료기관의 요청이 있고 개인정보 보호에 관한 조치를 한 경우에는 그러하지 아니하다.

제47조(유전자치료) ① 유전자치료에 관한 연구는 다음 각 호의 모두에 해당하는 경우에만 할 수 있다. 다만, 보건복지부장관이 정하는 질병의 예방이나 치료를 위하여 필요하다고 인정하는 경우에는 그러하지 아니하다.

1. 유전질환, 암, 후천성면역결핍증, 그 밖에 생명을 위협하거나 심각한 장애를 불러일으키는 질병의 치료를 위한 연구

2. 현재 이용 가능한 치료법이 없거나 유전자치료의 효과가 다른 치료법과 비교하여 현저히 우수할 것으로 예측되는 치료를 위한 연구

② 유전자치료는 배아, 난자, 정자 및 태아에 대하여 시행하여서는 아니 된다.

제48조(유전자치료기관) ① 유전자치료를 하고자 하는 의료기관은 보건복지부장관에게 신고하여야 한다. 대통령령으로 정하는 중요한 사항을 변경하는 경우에도 또한 같다.

② 제1항에 따라 보건복지부장관에게 신고한 의료기관(이하 "유전자치료기관"이라 한다)은 유전자치료를 하고자 하는 환자에 대하여 다음 각 호의 사항에 관하여 미리 설명한 후 서면동의를 받아야 한다.

1. 치료의 목적

2. 예측되는 치료 결과 및 그 부작용

3. 그 밖에 보건복지부령으로 정하는 사항

③ 유전자치료기관의 신고 요건 및 절차, 동의서의 서식, 그 밖에 필요한 사항은 보건복지부령으로 정한다.

제49조(유전자검사기관) ① 유전자검사를 하려는 자는 유전자검사항목에 따라 보건복지부령으로 정하는 시설 및 인력 등을 갖추고 보건복지부장관에게 신고하여야 한다. 다만, 국가기관이 유전자검사를 하는 경우에는 그러하지 아니하다.

② 제1항에 따라 신고한 사항 중 대통령령으로 정하는 중요한 사항을 변경하는 경우에도 신고하여야 한다.

③ 보건복지부장관은 제1항에 따라 신고한 유전자검사기관(이하 "유전자검사기관"이라 한다)으로 하여금 보건복지부령으로 정하는 바에 따라 유전자검사의 정확도 평가를 받게 할 수 있고, 그 결과를 공개할 수 있다.

④ 유전자검사기관은 유전자검사의 업무를 휴업하거나 폐업하려는 경우에는 보건

복지부령으로 정하는 바에 따라 보건복지부장관에게 신고하여야 한다.

⑤ 보건복지부장관은 유전자검사기관이 「부가가치세법」 제5조에 따라 관할 세무서장에게 폐업신고를 하거나 관할 세무서장이 사업자등록을 말소한 경우에는 신고사항을 직권으로 말소할 수 있다.

제50조(유전자검사의 제한 등) ① 유전자검사기관은 과학적 증명이 불확실하여 검사대상자를 오도(誤導)할 우려가 있는 신체 외관이나 성격에 관한 유전자검사 또는 그 밖에 국가위원회의 심의를 거쳐 대통령령으로 정하는 유전자검사를 하여서는 아니 된다.

② 유전자검사기관은 근이영양증이나 그 밖에 대통령령으로 정하는 유전질환을 진단하기 위한 목적으로만 배아 또는 태아를 대상으로 유전자검사를 할 수 있다.

③ 의료기관이 아닌 유전자검사기관에서는 질병의 예방, 진단 및 치료와 관련한 유전자검사를 할 수 없다. 다만, 의료기관의 의뢰를 받아 유전자검사를 하는 경우에는 그러하지 아니하다.

④ 유전자검사기관은 유전자검사에 관하여 거짓표시 또는 과대광고를 하여서는 아니 된다. 이 경우 거짓표시 또는 과대광고의 판정 기준 및 절차, 그 밖에 필요한 사항은 보건복지부령으로 정한다.

제51조(유전자검사의 동의) ① 유전자검사기관이 유전자검사에 쓰일 검사대상물을 직접 채취하거나 채취를 의뢰할 때에는 검사대상물을 채취하기 전에 검사대상자로부터 다음 각 호의 사항에 대하여 서면동의를 받아야 한다. 다만, 장애인의 경우는 그 특성에 맞게 동의를 구하여야 한다.

1. 유전자검사의 목적
2. 검사대상물의 관리에 관한 사항
3. 동의의 철회, 검사대상자의 권리 및 정보보호, 그 밖에 보건복지부령으로 정하는 사항

② 유전자검사기관이 검사대상물을 인체유래물연구자나 인체유래물은행에 제공하기 위하여는 검사대상자로부터 다음 각 호의 사항이 포함된 서면동의를 제1항에 따른 동의와 별도로 받아야 한다.

1. 개인정보의 보호 및 처리에 대한 사항
2. 검사대상물의 보존, 관리 및 폐기에 관한 사항
3. 검사대상물의 제공에 관한 사항
4. 동의의 철회, 동의 철회 시 검사대상물의 처리, 검사대상자의 권리, 그 밖에 보건복지부령으로 정하는 사항

③ 유전자검사기관 외의 자가 검사대상물을 채취하여 유전자검사기관에 유전자검사를 의뢰하는 경우에는 제1항에 따라 검사대상자로부터 서면동의를 받아 첨부하여야 하며, 보건복지부령으로 정하는 바에 따라 개인정보를 보호하기 위한 조치를 하여야 한다.

④ 검사대상자가 동의 능력이 없거나 불완전한 경우의 대리인 동의에 관하여는 제16조 제2항을 준용한다. 이 경우 "연구대상자"는 "검사대상자"로, "연구"는 "검사"로 각각 본다.

⑤ 다음 각 호의 어느 하나에 해당하는 경우에는 동의 없이 유전자검사를 할 수 있다.

1. 시체 또는 의식불명인 사람이 누구인지 식별하여야 할 긴급한 필요가 있거나 특별한 사유가 있는 경우

2. 다른 법률에 규정이 있는 경우

⑥ 제1항부터 제4항까지의 규정에 따라 서면동의를 받고자 하는 자는 미리 검사대상자 또는 법정대리인에게 유전자검사의 목적과 방법, 예측되는 유전자검사의 결과와 의미 등에 대하여 충분히 설명하여야 한다.

⑦ 유전자검사의 동의 방식, 동의 면제 사항, 그 밖에 필요한 사항은 보건복지부령으로 정한다.

제52조(기록 보관 및 정보의 공개) ① 유전자검사기관은 다음 각 호의 서류를 보건복지부령으로 정하는 바에 따라 기록·보관하여야 한다.

1. 제51조에 따른 동의서

2. 유전자검사 결과

3. 제53조 제2항에 따른 검사대상물의 제공에 관한 기록

② 유전자검사기관은 검사대상자나 그의 법정대리인이 제1항에 따른 기록의 열람 또는 사본의 발급을 요청하는 경우에는 그 요청에 따라야 한다.

③ 제2항에 따른 기록의 열람 또는 사본의 발급에 관한 신청 절차 및 서식 등에 관하여 필요한 사항은 보건복지부령으로 정한다.

제53조(검사대상물의 제공과 폐기 등) ① 유전자검사기관은 제51조 제2항에 따라 검사대상자로부터 검사대상물의 제공에 대한 서면동의를 받은 경우에는 인체유래물연구자나 인체유래물은행에 검사대상물을 제공할 수 있다.

② 제1항에 따른 검사대상물의 제공에 관하여는 제38조 제2항부터 제5항까지의 규정을 준용한다. 이 경우 "인체유래물등"은 "검사대상물"로, "인체유래물 기증자"는 "검사대상자"로 각각 본다.

③ 유전자검사기관은 제1항에 따라 검사대상물을 제공하는 경우 외에는 검사대상

물을 유전자검사 결과 획득 후 즉시 폐기하여야 한다.

④ 유전자검사기관은 검사대상물의 폐기에 관한 사항을 기록·보관하여야 한다.

⑤ 유전자검사기관은 휴업 또는 폐업이나 그 밖에 부득이한 사정으로 인하여 검사대상물을 보존할 수 없는 경우에는 보건복지부령으로 정하는 바에 따라 검사대상물을 처리하거나 이관하여야 한다.

⑥ 검사대상물의 폐기, 폐기에 관한 기록·보관 및 검사대상물의 처리 또는 이관에 필요한 사항은 보건복지부령으로 정한다.

제54조(보고와 조사) ① 보건복지부장관은 생명윤리 및 안전의 확보와 관련하여 필요하다고 인정할 때에는 제10조 제1항 각 호의 기관과 유전자검사기관(이하 "감독대상기관"이라 한다) 및 그 종사자에 대하여 보건복지부령으로 정하는 바에 따라 이 법의 시행에 필요한 보고 또는 자료의 제출을 명할 수 있고, 생명윤리 또는 안전에 중대한 위해가 발생하거나 발생할 우려가 있을 때에는 그 연구 및 연구 성과 이용의 중단을 명하거나 그 밖에 필요한 조치를 할 수 있다.

② 보건복지부장관은 이 법에서 정하고 있는 사항의 이행 또는 위반 여부의 확인을 위하여 필요하다고 인정할 때에는 관계 공무원으로 하여금 감독대상기관 또는 그 사무소 등에 출입하여 그 시설 또는 장비, 관계 장부나 서류, 그 밖의 물건을 검사하게 하거나 관계인에게 질문하게 할 수 있으며, 시험에 필요한 시료(試料)를 최소분량으로 수거하게 할 수 있다. 이 경우 관계 공무원은 그 권한을 표시하는 증표를 지니고 이를 관계인에게 보여주어야 한다.

③ 감독대상기관 또는 그 종사자는 제1항 및 제2항에 따른 명령·검사·질문 등에 대하여 타당한 사유가 없으면 응하여야 한다.

제55조(폐기 및 개선 명령) ① 보건복지부장관은 감독대상기관 또는 그 종사자와 제33조부터 제35조까지의 규정에 따라 배아줄기세포주를 등록·제공 또는 이용한 자에게 다음 각 호의 대상물을 폐기할 것을 명할 수 있다. 이 경우 폐기의 절차 및 방법에 관하여는 제25조 제5항, 제39조 제4항, 제53조 제6항을 각각 준용한다.

1. 제22조 제1항부터 제3항까지, 제23조, 제24조 제1항, 제25조 제3항(제32조 제2항에서 준용하는 경우를 포함한다), 제26조 제1항, 제27조 제1항부터 제3항까지, 제29조 제1항·제2항, 제30조 제1항부터 제3항까지, 제31조 제1항·제3항·제4항, 제33조 제1항, 제34조 제1항·제3항, 제35조 제2항을 위반하여 채취·생성·보존·연구 또는 제공된 배아·체세포복제배아등·배아줄기세포주 또는 난자

2. 제39조 제1항, 제41조 제1항, 제43조 제2항, 제49조 제1항, 제50조 제1항부터 제3항까지, 제51조 제1항·제2항·제4항, 제53조 제1항부터 제3항까지의 규정을 위

반하여 채취·보존 또는 제공된 검사대상물 및 인체유래물

② 보건복지부장관은 감독대상기관의 시설·인력 등이 제22조 제2항, 제29조 제2항, 제31조 제3항 또는 제41조 제4항에서 정하는 기준 등에 맞지 아니하여 연구·채취·보존 또는 배아의 생성 등을 하는 경우에 생명윤리나 안전에 중대한 위해가 발생하거나 발생할 우려가 있다고 인정할 때에는 감독대상기관에 대하여 그 시설의 개선을 명하거나 그 시설의 전부 또는 일부의 사용을 금지할 것을 명할 수 있다.

제56조(등록 등의 취소와 업무의 정지) ① 보건복지부장관은 감독대상기관이 다음 각 호의 어느 하나에 해당할 때에는 그 지정·등록 또는 허가를 취소하거나 1년 이내의 기간을 정하여 그 업무의 전부 또는 일부의 정지를 명할 수 있다.

1. 제10조 제1항(같은 항 제1호 및 제2호에 해당하는 기관의 경우는 제외한다), 제20조, 제21조, 제22조 제1항부터 제3항까지, 제23조, 제24조 제1항·제2항, 제25조 제3항·제4항(제32조 제2항에서 준용하는 경우를 포함한다), 제26조 제1항·제3항, 제27조 제1항부터 제3항까지, 제28조(제32조 제3항에서 준용하는 경우를 포함한다), 제29조 제2항, 제30조 제1항, 제31조 제1항, 제32조 제1항, 제43조 제2항, 제44조 제1항, 제48조 제1항 후단, 제48조 제2항, 제50조, 제51조 제1항부터 제4항까지, 제52조 제1항·제2항 및 제53조 제2항부터 제5항까지의 규정을 위반하였을 때

2. 제54조 제1항 및 제55조에 따른 명령을 이행하지 아니하였을 때

3. 제54조 제2항에 따른 검사·질문·수거에 응하지 아니하였을 때

② 제1항에 따른 행정처분의 세부 기준은 그 위반행위의 유형과 위반 정도 등을 고려하여 보건복지부령으로 정한다.

제57조(청문) 보건복지부장관은 제56조에 따라 기관의 지정·등록 또는 허가를 취소하려는 경우에는 청문을 하여야 한다.

제58조(과징금) ① 보건복지부장관은 감독대상기관이 다음 각 호의 어느 하나에 해당하여 업무정지처분을 하여야 할 경우로서 그 업무정지가 해당 사업의 이용자에게 심한 불편을 주거나 그 밖에 공익을 해칠 우려가 있을 때에는 대통령령으로 정하는 바에 따라 그 업무정지처분을 갈음하여 2억원 이하의 과징금을 부과할 수 있다.

1. 제22조 제1항부터 제3항까지, 제24조 제1항·제2항, 제25조 제3항·제4항(제32조 제2항에서 준용하는 경우를 포함한다) 및 제27조 제1항부터 제3항까지의 규정을 위반하였을 때

2. 제28조(제32조 제3항에서 준용하는 경우를 포함한다) 및 제32조 제1항에 따른 준수사항을 위반하였을 때

3. 제54조 제1항 및 제55조에 따른 명령을 이행하지 아니하였을 때

4. 제54조 제2항에 따른 검사·질문·수거에 응하지 아니하였을 때

② 제1항에 따라 과징금을 부과하는 위반행위의 종류와 위반 정도 등에 따른 과징금의 금액이나 그 밖에 필요한 사항은 보건복지부령으로 정한다.

③ 보건복지부장관은 제1항에 따른 과징금을 내야 할 자가 납부기한까지 내지 아니하였을 때에는 국세 체납처분의 예에 따라 징수한다.

제59조(수수료) 보건복지부장관은 이 법의 규정에 따라 지정·허가·등록·승인을 받으려 하거나 신고를 하는 자 또는 그 내용을 변경하려는 자로 하여금 보건복지부령으로 정하는 바에 따라 수수료를 내게 할 수 있다.

제60조(국고 보조) 보건복지부장관은 이 법에 따른 생명윤리 및 안전의 확보에 이바지할 수 있는 연구사업 및 교육을 육성·지원하기 위하여 대통령령으로 정하는 바에 따라 해당 단체·기관 또는 종사자에게 필요한 비용의 전부 또는 일부를 지원할 수 있다.

제61조(위임 및 위탁 등) ① 보건복지부장관은 이 법에 따른 권한의 일부를 대통령령으로 정하는 바에 따라 소속 기관의 장에게 위임할 수 있다.

② 보건복지부장관은 대통령령으로 정하는 바에 따라 다음 각 호의 어느 하나에 해당하는 업무의 일부를 관계 전문기관 또는 단체에 위탁할 수 있다.

1. 제13조 제1항 제2호에 따른 기관위원회 위원의 교육에 관한 업무

2. 제14조에 따른 기관위원회의 평가·인증에 관한 업무

3. 제49조 제3항에 따른 유전자검사의 정확도 평가에 관한 업무

③ 보건복지부장관은 제2항에 따라 관계 전문기관 또는 단체에 업무를 위탁한 경우에는 필요한 예산을 보조할 수 있다.

④ 제2항에 따른 관계 전문기관 또는 단체에 대한 예산 보조, 보조금 환수(還收), 지원 금지 등에 필요한 사항은 대통령령으로 정한다.

제62조(벌칙 적용 시의 공무원 의제) 보건복지부장관이 제61조에 따라 위탁한 업무에 종사하는 기관, 단체의 임직원은 「형법」 제129조부터 제132조까지의 규정을 적용할 때에는 공무원으로 본다.

제63조(비밀 누설 등의 금지) 감독대상기관 또는 그 종사자나 업무에 종사하였던 사람은 직무상 알게 된 개인정보 등의 비밀을 누설하거나 도용하여서는 아니 된다.

제64조(벌칙) ① 제20조 제1항을 위반하여 체세포복제배아등을 자궁에 착상시키거나 착상된 상태를 유지하거나 출산한 사람은 10년 이하의 징역에 처한다.

② 제1항의 경우 미수범도 처벌한다.

제65조(벌칙) ① 제21조 제1항을 위반하여 인간의 배아를 동물의 자궁에 착상시키거나 동물의 배아를 인간의 자궁에 착상시킨 사람 또는 같은 조 제3항을 위반하여 같은 조 제2항 각 호의 어느 하나에 해당하는 행위로부터 생성된 것을 인간 또는 동물의 자궁에 착상시킨 사람은 5년 이하의 징역에 처한다.

② 제1항의 경우 미수범도 처벌한다.

제66조(벌칙) ① 다음 각 호의 어느 하나에 해당하는 사람은 3년 이하의 징역에 처한다.

1. 제20조 제2항을 위반하여 체세포복제배아등을 자궁에 착상시키거나 착상된 상태를 유지 또는 출산하도록 유인하거나 알선한 사람
2. 제21조 제2항 각 호의 어느 하나에 해당하는 행위를 한 사람
3. 제23조 제1항을 위반하여 임신 외의 목적으로 배아를 생성한 사람
4. 제23조 제3항을 위반하여 금전, 재산상의 이익 또는 그 밖의 반대급부를 조건으로 배아나 난자 또는 정자를 제공 또는 이용하거나 이를 유인하거나 알선한 사람
5. 제31조 제1항을 위반하여 희귀·난치병의 치료를 위한 연구 목적 외의 용도로 체세포핵이식행위 또는 단성생식행위를 한 사람
6. 제63조를 위반하여 비밀을 누설하거나 도용한 사람

② 제29조 제1항을 위반하여 잔여배아를 이용한 자는 3년 이하의 징역 또는 5천만 원 이하의 벌금에 처한다.

③ 제1항 제1호 및 제2호의 경우 미수범도 처벌한다.

제67조(벌칙) ① 다음 각 호의 어느 하나에 해당하는 자는 2년 이하의 징역 또는 3천만원 이하의 벌금에 처한다.

1. 배아를 생성할 때 제23조 제2항 각 호의 어느 하나에 해당하는 행위를 한 자
2. 제24조 제1항을 위반하여 서면동의 없이 난자 또는 정자를 채취한 자
3. 제27조 제1항을 위반하여 난자 기증자에 대하여 건강검진을 하지 아니한 자 또는 같은 조 제2항이나 제3항을 위반하여 난자를 채취한 자
4. 제46조 제1항부터 제3항까지의 규정을 위반하여 유전정보를 이유로 다른 사람을 차별한 자, 유전자검사를 받도록 강요하거나 유전자검사 결과를 제출하도록 강요한 자 또는 환자 외의 자에게 제공하는 기록 등에 유전정보를 포함시킨 자
5. 제47조 제1항 또는 제2항을 위반하여 유전자치료에 관한 연구를 하거나 유전자치료를 시행한 자
6. 제50조 제1항부터 제3항까지의 규정을 위반하여 유전자검사를 한 자
7. 제55조에 따른 폐기명령 또는 개선명령을 이행하지 아니한 자

② 제22조 제6항을 위반하여 배아, 생식세포를 이관하지 아니한 자는 2년 이하의 징역 또는 1천만원 이하의 벌금에 처한다.

제68조(벌칙) 다음 각 호의 어느 하나에 해당하는 자는 1년 이하의 징역 또는 2천만원 이하의 벌금에 처한다.

1. 제22조 제1항부터 제3항까지의 규정을 위반하여 배아생성의료기관으로 지정받지 아니하고 인간의 난자 또는 정자를 채취·보존하거나 이를 수정시켜 배아를 생성한 자

2. 제25조 제3항(제32조 제2항에서 준용하는 경우를 포함한다)을 위반하여 배아를 폐기하지 아니한 자

3. 제26조 제1항을 위반하여 유상(有償)으로 잔여배아 및 잔여난자를 제공한 자

4. 제26조 제3항을 위반하여 보건복지부장관에게 보고하지 아니한 자

5. 제29조 제2항을 위반하여 배아연구기관으로 등록하지 아니하고 잔여배아를 연구한 자

6. 제30조 제1항을 위반하여(제31조 제5항에서 준용하는 경우를 포함한다) 배아연구계획서의 승인을 받지 아니하고 배아연구를 한 자

7. 제31조 제3항을 위반하여 보건복지부장관에게 등록하지 아니하고 체세포복제배아등을 생성하거나 연구한 자

8. 제41조 제1항을 위반하여 허가를 받지 아니하고 인체유래물은행을 개설한 자

9. 제42조 제1항을 위반하여 서면동의 없이 인체유래물을 직접 채취하거나 채취를 의뢰한 자

10. 제50조 제4항을 위반하여 유전자검사에 관하여 거짓표시 또는 과대광고를 한 자

11. 제51조 제1항·제2항·제4항을 위반하여 유전자검사에 관한 서면동의를 받지 아니하고 검사대상물을 채취한 자 또는 같은 조 제3항을 위반하여 서면동의서를 첨부하지 아니하거나 개인정보를 보호하기 위한 조치를 하지 아니하고 유전자검사를 의뢰한 자

제69조(양벌규정) ① 법인의 대표자나 법인 또는 개인의 대리인, 사용인, 그 밖의 종업원이 그 법인 또는 개인의 업무에 관하여 제64조부터 제66조까지의 어느 하나에 해당하는 위반행위를 하면 그 행위자를 벌하는 외에 그 법인 또는 개인을 5천만원 이하의 벌금에 처한다. 다만, 법인 또는 개인이 그 위반행위를 방지하기 위하여 해당 업무에 관하여 상당한 주의와 감독을 게을리하지 아니한 경우에는 그러하지 아니하다.

② 법인의 대표자나 법인 또는 개인의 대리인, 사용인, 그 밖의 종업원이 그 법인

또는 개인의 업무에 관하여 제67조 또는 제68조의 위반행위를 하면 그 행위자를 벌하는 외에 그 법인 또는 개인에게도 해당 조문의 벌금형을 과(科)한다. 다만, 법인 또는 개인이 그 위반행위를 방지하기 위하여 해당 업무에 관하여 상당한 주의와 감독을 게을리하지 아니한 경우에는 그러하지 아니하다.

제70조(과태료) ① 다음 각 호의 어느 하나에 해당하는 자에게는 500만원 이하의 과태료를 부과한다.

1. 제10조 제1항을 위반하여 기관위원회를 설치하지 아니한 자
2. 제33조 제1항을 위반하여 등록하지 아니하고 해당 배아줄기세포주를 제공하거나 이용한 자
3. 제35조 제1항을 위반하여 배아줄기세포주를 이용한 자
4. 제38조 제2항을 위반하여 인체유래물등을 익명화하지 아니하고 다른 연구자에게 제공한 자
5. 제39조 제1항 본문 또는 제3항(제44조 제3항에서 준용하는 경우를 포함한다)에 따라 인체유래물을 폐기, 처리하거나 이관하지 아니한 자
6. 제41조 제2항에 따른 신고를 하지 아니한 자
7. 제44조 제4항을 위반하여 인체유래물등의 익명화 방안이 포함된 개인정보 보호 지침을 마련하지 아니하거나 개인정보 관리 및 보안을 담당하는 책임자를 두지 아니한 자
8. 제48조 제1항을 위반하여 신고하지 아니하고 유전자치료를 한 자
9. 제49조 제1항 본문에 따른 신고를 하지 아니한 자
10. 제54조 제3항을 위반하여 보건복지부장관의 명령·검사·질문 등에 대하여 타당한 사유 없이 응하지 아니한 감독대상기관 또는 그 종사자

② 다음 각 호의 어느 하나에 해당하는 자에게는 300만원 이하의 과태료를 부과한다.

1. 제22조 제4항 또는 제5항, 제29조 제3항을 위반하여 보건복지부장관에게 신고하지 아니한 자
2. 제22조 제6항을 위반하여 관련 서류를 이관하지 아니한 자

③ 다음 각 호의 어느 하나에 해당하는 자에게는 200만원 이하의 과태료를 부과한다.

1. 제10조 제4항을 위반하여 보건복지부장관에게 등록하지 아니한 자
2. 제11조 제4항을 위반하여 보건복지부장관에게 보고하지 아니한 자
3. 제34조 제3항을 위반하여 유상으로 배아줄기세포주를 제공한 자

4. 제38조 제3항을 위반하여 유상으로 인체유래물등을 제공한 자

5. 제41조 제3항에 따른 신고를 하지 아니한 자

6. 제49조 제2항 또는 제4항에 따른 신고를 하지 아니한 자

④ 제1항부터 제3항까지에 따른 과태료는 대통령령으로 정하는 바에 따라 보건복지부장관이 부과·징수한다.

부칙〈제11250호, 2012. 2. 1.〉

제1조(시행일) 이 법은 공포 후 1년이 경과한 날부터 시행한다.

제2조(인체유래물연구의 동의에 관한 경과조치) 이 법 시행 전에 유전자연구 외의 인체유래물연구에서 이미 사용되고 있는 인체유래물에 대하여는 제37조 제1항에 따른 서면동의 없이 계속 연구에 사용할 수 있다. 다만, 이를 타인에게 제공할 경우에는 그러하지 아니하다.

제3조(인체유래물은행의 허가에 관한 경과조치) 이 법 시행 전에 종전의 규정에 따라 허가를 받은 유전자은행은 이 법에 따라 허가를 받은 인체유래물은행으로 본다.

제4조(행정처분에 관한 경과조치) 이 법 시행 전의 위반행위에 대한 행정처분(과징금 부과처분을 포함한다)에 관하여는 종전의 규정에 따른다.

제5조(과태료에 관한 경과조치) 이 법 시행 전의 행위에 대하여 과태료를 적용할 때에는 종전의 규정에 따른다.

제6조(다른 법률의 개정) ① 6·25 전사자유해의 발굴 등에 관한 법률 일부를 다음과 같이 개정한다.

제11조 제2항 중 "「생명윤리 및 안전에 관한 법률」 제29조"를 "「생명윤리 및 안전에 관한 법률」 제52조"로 한다.

② 첨단의료복합단지 지정 및 지원에 관한 특별법 일부를 다음과 같이 개정한다.

제25조 제3항 중 "「생명윤리 및 안전에 관한 법률」 제9조"를 "「생명윤리 및 안전에 관한 법률」 제10조"로, "기관생명윤리심의위원회"를 "기관생명윤리위원회"로 하고, 같은 조 제4항 중 "기관생명윤리심의위원회"를 "기관생명윤리위원회"로 한다.

제7조(다른 법령과의 관계) 이 법 시행 당시 다른 법령에서 종전의 「생명윤리 및 안전에 관한 법률」의 규정을 인용하고 있는 경우에 이 법 중 그에 해당하는 규정이 있으면 종전의 규정을 갈음하여 이 법의 해당 규정을 인용한 것으로 본다.

부칙〈제11690호, 2013. 3. 23.〉(정부조직법)

제1조(시행일) ① 이 법은 공포한 날부터 시행한다.

② 생략

제2조부터 제5조까지 생략

제6조(다른 법률의 개정) ①부터 〈468〉까지 생략

　〈469〉 생명윤리 및 안전에 관한 법률 일부를 다음과 같이 개정한다.

　제8조 제1항 중 "15명 이상 19명"을 "16명 이상 20명"으로 한다.

　제8조 제3항 제1호 중 "교육과학기술부장관, 법무부장관, 지식경제부장관"을 "미래창조과학부장관, 교육부장관, 법무부장관, 산업통상자원부장관"으로 한다.

　제8조 제5항 중 "교육과학기술부장관"을 "미래창조과학부장관"으로 한다.

　〈470〉부터 〈710〉까지 생략

제7조 생 략

부칙〈제12447호, 2014. 3. 18.〉

이 법은 공포 후 3개월이 경과한 날부터 시행한다.

찾아보기

공저자 약력

김 현 철 (현) 이화여자대학교 법학전문대학원 교수
학력 및 주요 경력
서울대학교 법과대학 및 동 대학원 졸업(학사 및 석사)
서울대학교 대학원 법학과 졸업(법학박사)
국립강원대학교 법과대학 교수 역임
현재 한국법철학회 학술이사
주요 저서 및 논문
저서:「생명윤리와 법」
논문: "형식적 권리론, 법적 추론에 대한 법이론적 고찰 — 헌법의 경우",
      "법가치의 객관성에 대한 내재적 실재론의 가능성" 외 다수

고 봉 진 (현) 제주대학교 법학전문대학원 교수
학력 및 주요 경력
고려대학교 법과대학 및 동 대학원 졸업(학사 및 석사)
독일 프랑크푸르트대학교 법학과 졸업(법학박사)
독일 만하임대 소재 '독일, 유럽, 국제 의료법, 보건법 및 생명윤리 연구소'(IMGB) 객원연구원
(보건복지부 지정) 생명윤리정책연구센터 연구원
주요 저서 및 논문
저서:「법철학강의」,「BT, 생명윤리와 법」,「판례 법학방법론」
논문: "상호승인의 결과로서 인간존엄", "생명윤리에서 인간존엄 '개념'의 총체성" 외 다수

박 준 석 (현) 전북대학교 법학전문대학원 교수
학력 및 주요 경력
서울대학교 법과대학 및 동 대학원 졸업(학사 및 석사)
서울대학교 대학원 법학과 졸업(법학박사)
현재 한국법철학회 국제이사
주요 논문
"'정면으로 위배' 논변의 윤리 신학적 기원", "관행과 법의 지배", "재판청구권과 법원의 논증 의무" 외 다수

최 경 석 (현) 이화여자대학교 법학전문대학원 교수
학력 및 주요 경력
서울대학교 인문대학 미학과 및 동 대학원 졸업(학사 및 석사)
미국 미시건주립대학교 대학원 철학과 졸업(철학박사)
현재 한국생명윤리학회 부회장
현재 한국의료윤리학회 편집위원장
주요 논문
"생명윤리와 생명윤리법: 다원주의 사회에서 학제적 생명윤리학의 학문적 정체성과 미래", "생명윤리에서 윤리적 허용가능성 담론과 법제화", "생명의료윤리에서의 '자율성'에 대한 비판적 고찰" 외 다수

생명윤리법론

초판인쇄   2014년 6월 20일
초판발행   2014년 6월 27일

지은이   김현철·고봉진·박준석·최경석
펴낸이   안종만

편 집   김선민·우석진
기획/마케팅   조성호
표지디자인   홍실비아
제 작   우인도·고철민

펴낸곳   (주) **박영사**
            서울특별시 종로구 평동 13-31번지
            등록 1959. 3. 11. 제300-1959-1호(倫)
전 화   02)733-6771
f a x   02)736-4818
e-mail   pys@pybook.co.kr
homepage   www.pybook.co.kr
ISBN   979-11-303-2577-4   93360

정 가   20,000원